教育部人文社会科学研究规划基金项目相关研究成果
(批准号：07JA630079)

中国公共住房理论与实践研究

马光红　田一淋　著

中国建筑工业出版社

图书在版编目（CIP）数据

中国公共住房理论与实践研究/马光红，田一淋著.
北京：中国建筑工业出版社，2010
ISBN 978-7-112-11748-2

Ⅰ. 中… Ⅱ. ①马…②田… Ⅲ. 住宅-经济政策-
研究-中国 Ⅳ. F299.233.1

中国版本图书馆 CIP 数据核字（2010）第 008345 号

中国公共住房理论与实践研究

马光红　田一淋　著

*

中国建筑工业出版社出版、发行（北京西郊百万庄）

各地新华书店、建筑书店经销

霸州市顺浩图文科技发展有限公司制版

世界知识印刷厂印刷

*

开本：850×1168 毫米　1/32　印张：10⅝　字数：306 千字

2010 年 4 月第一版　　2010 年 4 月第一次印刷

定价：**25.00** 元

ISBN 978-7-112-11748-2

（19000）

本书对我国自住房制度货币化改革以来所实行的经济适用住房制度、廉租住房制度的运行现状以及运行中存在的主要问题和矛盾进行了深入的分析，对当前国内城镇居民的住房状况进行了全面的管窥；通过横向对比的方法，介绍了西方国家公共住房制度的运作实践和运作经验，在此基础上，提出了完善我国住房制度的政策建议和实施措施。本书主要从以下几个方面进行了讨论：公共住房运作模式的创新性研究、以中间组织为枢纽的住房保障控制系统研究、公共住房空间区位选择、公共住房产权、内循环以及动态演化。有别于国内其他学者的研究视角，本书首先基于我国公共住房制度在运作中存在的资金瓶颈的约束，在公私合作（Public-Private Partnerships）的基础上，尝试性地提出以中间组织为枢纽的公司合作制（Public-Intermediary-Private Partnerships），即 PIPP 模式，探讨该模式在住房保障体系中的运用和具体的操作形式，并对该模式的居住控制系统进行设计。其次，基于“空间失配”理论，对公共住房的空间分布和选址进行了探讨，通过构建模型，分析了公共住房“空间失配”所引致的福利损失，提出了公共住房的选址建议和开发模式选择；最后，基于新制度经济学的产权理论、制度创新理论对我国公共住房的产权问题、动态演化问题进行了全面的探讨。本书的理论和实证分析为提高我国公共住房制度的运作效率具有重要的意义。

本书适合房地产经济、住房保障、城市经济、城市规划、土地资源管理等领域的研究者以及相关领域的高校教师和学生阅读参考。

* * *

责任编辑：邓　卫
责任设计：董建平
责任校对：兰曼利

前　言

随着我国经济改革的进程和社会主义市场经济体系的建立，在住房领域我国政府逐步实行了住房制度改革，其中主要包括提租补贴制度、公房出售制度、住房制度的货币化改革、住房公积金制度等。住房制度的货币化改革终止了住房的实物分配，住房资源逐步由计划分配改为由市场进行配置，优化了住宅资源的配置。伴随着住房制度的货币化改革，住房市场在我国逐步得以建立和完善，住宅投资、住宅开发量、竣工量、交易量逐步提高，迄今为止，住宅产业已经成长为国民经济的重要部门。

住房具有商品和福利的二元属性特征，具有位置固定、价值量高的特征，具有生活必需品和投资品的双重特性。住房作为不动产，区位特征决定了住房属于完全差异化的产品。住房市场竞争是不充分的，住房市场属于垄断竞争的市场，住宅开发企业在住宅市场上具有较强的市场力量，为了获得垄断利润，开发企业之间往往采取非价格竞争的策略，实行价格合谋的手段。住宅市场的垄断竞争特征，决定了住宅价格不能随着供给、需求的变化迅速、灵活地调整，使住宅总供给和总需求相等。影响住宅价格的因素，除了供给、需求以外，还存在其他因素，如开发企业的价格合谋、消费者的心理预期等非经济因素。住宅所具有的完全差异化的产品特征，决定了住宅市场上的消费者不能掌握较全面的市场信息，住宅交易需要较高的信息搜寻成本。因此，住宅价格缺乏弹性，住宅价格具有刚性。住宅市场的区域性、供给的滞后性、投机性、垄断性、价格刚性、信息成本的存在、未来的不确定性，决定了住宅市场达到供需均衡是一种理想的状态，住宅市场呈现出非均衡的特点，也就是住宅市场均衡是暂时的，而非均衡是一种常态。实证分析表明，我国住宅市场也呈现出明显的非均衡特征，表现在总量上的非均衡，具体而言就是实际供给大于有效供给，有效需求得不到满足，超额供给和超额需求并存；产品结构的非均衡，具体而言，就是住宅市场中各子市场发展非均衡，普通住宅市场、高档公寓市场、别墅市场发展非均衡。住宅市场的非均衡性，需要政府对住宅市场进行干预和调控，通过公共住房政策、土地供应政策、城市规划、税收政策、财政政策、金融政策、法律手段来调控住宅市场。

西方发达市场经济国家对住宅市场进行干预和调控，除了采用法律、税收、金融、土地供应等干预手段外，一般都实行了公共住房制度，特别是实行高福利的西欧、北欧国家，政府把住房保障纳入社会保障体系，公共住房保障达到了较高的水平。借鉴西方国家所实行的住房保障制度，我国政府在推行住房制度改革的进程中，也逐步建立并实行了住房保障制度，主要包括廉租住房制度、经济适用住房制度、住房公积金制度，通过公共住房制度的实施解决城市中低收入居民的居住困难状况，改善保障目标群体的居住条件和居住环境，达到“居者有其屋”的最终目标。我国住房保障制度的实施，在一定程度上缓解了中低收入居住困难家庭的居住条件，解决了住宅市场底线失效问题，弥补了住宅市场的失灵。然而，对我国所实行的住房保障制度进行全面分析和综合管窥可知，住房保障制度的实施结果和保障政策目标之间存在着一定的距离，还有相当大一部分城镇居民居住状况未能得到根本的改善。保障制度在运行中还存在诸多矛盾和问题，具体表现在强大的住房保障需求和有限的供给之间的矛盾、住房保障制度刚性和保障群体动态变化之间的矛盾、制度化实施与体系混乱的矛盾、地方政府在局部利益的驱动下导致公共政策失效的矛盾、制度的不完善与公共住房资源损失之间的矛盾等。为了提高我国公共住房制度的运作绩效，达到住房保障的垂直公平，实现住房保障的目标，本书结合我国公共住房的运作实践，在对西方主要市场经济国家所实行的住房保障政策进行分析的基础上，对我国公共住房的理论和实践进行了较为深入的研究。

本书一共分为六章，主要包括公共住房运作现状及存在的问题、国内外公共住房理论研究与运作实践、公共住房运作模式的创新性研究、PIPP 模式的公共住房保障体系的控制系统、公共住房空间区位选择、公共住房产权、内循环机制及制度创新等六个方面的内容。

本书的主要特点或者创新性主要体现在以下三个方面：

首先，针对我国公共住房制度运作中存在着资金瓶颈的制约而导致住房保障水平较低的现实，基于制度创新、融资机制创新的视角，以产业经济学的中间组织理论、新公共管理理论、民营化理论、制度均衡理论、博弈理论、竞合战略理论、协同理论等对我国公共住房运作模式进行了研究，创新性地提出了以中间组织为枢纽的 PPP（public private partnerships）住房保障理论。基于社会变化和发展的内在需求，在 PPP 模式基础上做适度扩展，即在政府与私人部门的合作中融入中间组织，作为政府与私人部门的协调者和对话者，承担某些政府不应该“管”的职能，或者是政府和私人均失灵的领域，这就是公共部门—中间组织—私人部门的合作模式（public-intermediary-private partnerships），简写为 PIPP。在传统的 PPP 模式中加入中间组织（intermediary），就是说中间组织主导分工的协调和交易的完成，在政府、企业的合作过程中“游走”，这比 PPP 模式在协调和合作成功率上更进了一步，并将其运用于我国住房保障体系之中。PIPP 模式的基本内涵为：中间组织更为广泛地扮演组织、协调角色。中间组织直接组织和协调微观运行，政府和私人机构更多地履行好自身的义务和签订的契约。从资源配置角度看，中间组织为资源配置的主导力量，是减少交易费用的关键环节，由于其自身特殊的地位，拥有较多的资源信息，可以较政府而言更专业地对项目的特许期、操作方式等做出安排。从政府的角度看，该放手时就放手，权责明确，避免了什么都管而什么都管不好。政府可以全身心投入应该进入的领域，提高公共部门的工作绩效。从组织的关系看，中间组织是对单一组织配置经济的超越，将政府、企业和市场的调节与沟通放手于中间组织，发挥着重要的桥梁和纽带作用，其角色可以形象地表示为准市场、准政府。在我国住房保障体系中采用以中间组织为枢纽的PPP运作模式，一方面可以充分利用社会资本较好地解决住房保障的资金瓶颈问题，提高住房保障水平，缩小住房保障供需缺口；另一方面，还可以通过私人机构的高效率，提高住房保障的实施效率。

其次，对PIPP模式的公共住房保障体系的控制系统进行了深入研究。内容包括：第一，在对西方发达国家和我国香港特别行政区PIPP合作形式的时机选择实证分析的基础上，基于混沌控制理论，结合我国住房市场的发展现状，建立了政策回灌效应修正的混沌控制模型，提出了在非理性的房地产市场中，消费者的预期给予公共政策很大的影响，混沌控制模型必须考虑政策回灌效应的观点。第二，合作伙伴控制。借助于香港的表现评估计分系统，建立了PIPP的合作审核评价体系，并基于主成分分析法和数据包络技术形成了PIPP的合作审核机制，在此基础上进行了实证分析。第三，基于生态系统管理控制理论，构建了PIPP模式的公共住房保障体系的生态系统。

最后，应用新制度经济学、西方法学中的产权理论对我国公共住房产权、内循环机制和制度创新进行了探讨。通过对新制度经济学的产权理论进行分析可知，在交易成本为零的理想状态下，只要产权界定清楚，不论最初的产权是如何界定的，市场运行的结果都是相同的，都能达到帕累托最优。但是，在现实世界中，交易成本不可能为零，在存在交易成本的情况下，产权的初始配置状态会影响到资源的配置效率。因此，产权的初始界定问题就显得非常重要，产权的初始界定应该在兼顾公平的基础上，最大限度地降低交易成本。然而，产权的界定、产权明晰化只是社会制度体系中的一部分，对于私有产品而言，着重从资源配置的效率视角进行产权的研究；对于保障性产品而言，如公共住房等，具有保障性、商品性的二元属性，公共住房资源的配置除了考虑经济效率以外，还应该更多地从社会公平、社会伦理等价值体系的视角来研究产权问题。从经济适用住房保障性的视角，提出了经济适用住房产权实行按份共有的观点，根据我国《物权法》关于按份共有的相关规定，针对经济适用住房的福利性和保障性的特点，对经济适用住房的产权及其衍生的其他权利进行详细的界定和分析，在此基础上，对存量经济适用住房的产权让渡机制进行了设计。

在书稿写作期间，本书作者作为主要研究人员获得了教育部人文社会科学规划基金的资助（大都市流动人口居住问题研究，07JA630079），作为项目主持人负责住房和城乡建设部软科学项目的研究（城市化进程中农民工住房问题研究，2008-R-26）。以上两项课题和本书的内容具有较强的联系，在本书中针对我国住房保障制度的刚性效应，利用新制度经济学的制度变迁和创新理论展开初步讨论，后续的研究还在进行中。本书为以上课题的前期研究成果。

本书在写作过程中，虽然参考了国内外许多专家、学者已经出版的文献和著作，借鉴了其中的一些观点，但是，由于作者学术水平有限，加之受到其他研究条件的制约，本书的研究内容还有待于进一步拓展和完善，提出的观点还有待于修正和补充，恳请国内外学者、专家提出宝贵意见，在此，表示衷心的感谢！同时，也希望本书的出版能够丰富我国公共住房理论，引起更多的国内外学者对公共住房的运作实践给予关注，关注我国城镇低收入居民和流动人口的住房问题。

本书写作分工如下：马光红负责第1章、第2章、第5章、第6章的撰写，田一淋负责第1章第3节、第3章、第4章的撰写，全书由马光红审阅。

目　录

1　公共住房运作现状及其存在的问题 ………………………………………… 1

1.1　问题的提出 ………………………………………………………………… 1

1.2　我国公共住房政策及运作现状 …………………………………………… 4

1.2.1　经济适用住房运作现状及存在的问题分析 ……………………………… 6

1.2.2　廉租住房运作现状及存在的问题分析 ………………………………… 19

1.3　我国公共住房运作中存在的突出矛盾 …………………………………… 26

1.3.1　强大需求与有限供给之间的矛盾 ……………………………………… 26

1.3.2　保障机制的转变与当前运行体系滞后的矛盾 ………………………… 28

1.3.3　制度化实施与体系混乱的矛盾 ………………………………………… 30

1.3.4　贫富差距与财富分配的矛盾 …………………………………………… 31

1.3.5　投资旺盛与宏观调控效果微弱之间的矛盾 …………………………… 33

1.4　公共住房理论与实践研究的意义 ………………………………………… 37

1.4.1　丰富并完善我国公共住房理论 ………………………………………… 38

1.4.2　完善我国住房保障体系 ………………………………………………… 39

1.4.3　保证住房保障政策的垂直公平，提高公共住房政策的运行绩效 ……………………………………………………………………… 39

1.5　研究方法 …………………………………………………………………… 40

1.6　主要研究内容及框架 ……………………………………………………… 40

2　国内外公共住房理论研究与运作实践 ……………………………………… 44

2.1　域外国家和地区公共住房理论研究现状述评 …………………………… 44

2.1.1　对住房“入侵”、“过滤”的研究 ………………………………………… 45

2.1.2　对住房“互换”规律的研究 ……………………………………………… 47

2.1.3　对住房“梯级消费”的研究 ……………………………………………… 48

2.1.4　对住房租金管制的市场效应研究 ……………………………………… 49

2.1.5　对住宅市场消费连续性的研究 ………………………………………… 50

2.1.6　对住房政策方面的研究 ………………………………………………… 50

2.1.7　对公共住房政策及实施绩效方面的研究 ……………………………… 51

2.1.8 住房金融研究 …… 52
2.2 国内研究现状综述 …… 54
2.2.1 住房保障政策的国际比较、经验借鉴方面的研究 …… 54
2.2.2 住房保障政策的实施策略研究 …… 56
2.2.3 住房保障政策的作用机制及实施效应研究 …… 58
2.2.4 住房金融研究 …… 59
2.2.5 住房保障法律法规、产权及其收益问题研究 …… 61
2.2.6 准入审核和退出机制的研究 …… 65
2.3 美国、新加坡公共住房政策及其运作实践 …… 66
2.3.1 美国住房保障政策及其实施策略 …… 66
2.3.2 新加坡住房保障政策及其实施策略 …… 79
2.4 公共住房理论与实践有待于继续研究的问题 …… 85
3 公共住房运作模式的创新性研究 …… 87
3.1 PIPP 模式的公共住房保障体系的理论基础 …… 87
3.1.1 新公共管理学理论 …… 87
3.1.2 市场失灵理论 …… 89
3.1.3 制度变迁理论 …… 91
3.1.4 产业组织理论 …… 92
3.1.5 民营化理论 …… 94
3.1.6 合作经济与合作主义 …… 96
3.1.7 制度均衡理论 …… 99
3.1.8 博弈理论 …… 99
3.1.9 协同理论 …… 100
3.1.10 竞合战略理论 …… 100
3.2 PIPP 模式的住房保障体系的文献综述 …… 102
3.2.1 基于公共物品视角 …… 102
3.2.2 基于市场失灵与政府微观规制视角 …… 104
3.2.3 基于 PPP 模式视角 …… 107
3.2.4 基于中间组织视角 …… 109
3.2.5 基于公共住房保障体系视角 …… 115
3.2.6 对现有研究成果的总结 …… 121
3.3 PPP 模式的诠释、起源、类型与组织机构 …… 122

3.3.1 PPP 模式的诠释、起源 …… 122
3.3.2 PPP 模式的典型种类与应用 …… 123
3.3.3 组织机构和运行形式 …… 126
3.4 PPP 模式的利弊分析 …… 130
3.4.1 PPP 模式的优点 …… 130
3.4.2 PPP 模式的缺点 …… 131
3.5 西方国家与我国引入 PPP 模式的现状 …… 132
3.5.1 西方国家引入 PPP 模式的现状 …… 132
3.5.2 中国引入 PPP 模式的现状 …… 133
3.6 PPP 模式的扩展——PIPP 模式的诠释 …… 134
3.6.1 PIPP 模式的基本内涵 …… 135
3.6.2 PIPP 模式的核心内涵 …… 136
3.7 PIPP 模式的必要性分析 …… 138
3.8 PIPP 模式的效率分析 …… 140
3.9 PIPP 模式的激励分析 …… 143
3.9.1 模型假设 …… 143
3.9.2 模型构造与解释 …… 144
3.9.3 激励小结 …… 145
3.10 基于中间组织的分析 …… 146
3.10.1 中间组织存在的必要性分析 …… 146
3.10.2 中间组织的理论基础 …… 149
3.10.3 博弈理论分析 …… 153
3.10.4 中间组织的发展与比较 …… 156
3.11 我国香港地区 PIPP 模式在住房供给中的应用以及西方国家中间组织机构在住房保障体系中的职能分析 …… 159
3.11.1 PIPP 模式在住房供给中的应用——以香港为例 …… 159
3.11.2 西方国家中间组织在住房保障体系中的职能分析 …… 165
3.12 中国 PIPP 模式的公共住房保障体系的基本架构及具体形式的探索 …… 174
3.12.1 私人机构——PIPP 模式生产活动的具体实施者 …… 174
3.12.2 中间组织——PIPP 模式的主导力量和体系的协调核心 …… 178

3.12.3 政府——PIPP 模式的宏观调控者，非直接执行者 ……… 179
4 我国 PIPP 模式的公共住房保障体系的控制系统 ………… 181
4.1 PIPP 模式的时机选择与边界把握的混沌控制 ……… 181
4.1.1 合作形式的时机选择 ………………………………… 181
4.1.2 案例分析——香港红湾半岛事件 …………………… 184
4.1.3 合作边界把握的实证分析 …………………………… 185
4.2 边界把握的形式与混沌控制 ………………………… 189
4.2.1 边界把握形式 ………………………………………… 189
4.2.2 混沌控制 ……………………………………………… 190
4.3 宏观经济政策系统控制 ……………………………… 197
4.3.1 数据分析 ……………………………………………… 198
4.3.2 动态效应 VECM 模型 ……………………………… 200
4.3.3 VECM 的脉冲响应函数与方差分解 ………………… 201
4.3.4 总结 …………………………………………………… 203
4.4 合作伙伴控制 ………………………………………… 204
4.4.1 香港的 PASS 系统 …………………………………… 204
4.4.2 PIPP 的合作审核评价体系 ………………………… 207
4.5 基于 Agent 的对象管理信息系统控制 ……………… 216
4.5.1 结构模块合成图 ……………………………………… 217
4.5.2 系统流程图 …………………………………………… 218
4.5.3 建立合同网络架构与案例数据库 …………………… 219
4.6 生态系统管理控制 …………………………………… 220
4.6.1 优化合作组织的生态位 ……………………………… 222
4.6.2 柔性化其合作边界 …………………………………… 223
4.6.3 相关机构的确定和有效运行 ………………………… 224
5 公共住房空间区位选择 ……………………………………… 226
5.1 我国主要城市经济适用住房发展现状及开发区位的选择 ……………………………………………………… 229
5.1.1 北京市经济适用住房发展现状及开发区位的选择 …… 229
5.1.2 天津市保障性住房发展现状及开发区位的选择 ……… 233
5.1.3 上海市保障性住房发展现状及开发区位的选择 ……… 236
5.1.4 重庆市经济适用住房发展现状及开发区位的选择 …… 241

5.2 “空间失配假设”与公共住房选址 …… 243
5.2.1 “空间失配假设”的诠释及研究综述 …… 243
5.2.2 经营土地与公共住房选址失配 …… 247
5.3 保障性住房“空间失配”引致的福利损失分析 …… 251
5.3.1 住宅租金的构成 …… 251
5.3.2 经济适用住房“空间失配”与福利损失模型的构建 …… 254
5.4 公共住房选址建议及嵌入式开发模式 …… 256
6 公共住房产权、内循环机制及制度创新 …… 259
6.1 房地产产权的概念及产权的取得 …… 259
6.1.1 新制度经济学的产权理论和产权的概念 …… 260
6.1.2 产权的概念 …… 264
6.1.3 西方法学中的产权理论和产权的内涵 …… 266
6.1.4 房地产产权的概念 …… 270
6.1.5 房地产所有权的取得方式 …… 274
6.2 我国公共住房产权 …… 274
6.2.1 经济适用住房产权研究 …… 278
6.2.2 廉租住房产权研究 …… 285
6.3 存量经济适用住房产权让渡的内循环机制 …… 286
6.4 公共住房制度的创新 …… 288
6.4.1 变相财政补贴模式的转变 …… 290
6.4.2 融资机制的创新 …… 292
6.4.3 廉租住房补贴标准的动态变化 …… 303
6.4.4 公共住房模式创新——经济租用住房 …… 308
6.5 公共住房保障边界的拓展与动态演化 …… 315
6.5.1 公共住房保障边界的拓展与动态演化的内涵 …… 316
6.5.2 公共住房保障边界的拓展与动态演化的迫切性和必要性分析 …… 316
6.5.3 流动人口和城市新白领住房保障的实施建议 …… 319
参考文献 …… 321

1 公共住房运作现状及其存在的问题

1.1 问题的提出

伴随着我国住房制度的货币化改革以及住宅市场的逐步建立和完善，市场机制在住宅资源的配置中发挥着主导作用，城镇居民主要依靠其货币支付能力和房地产信贷支持，在住宅市场获取住房，商品住宅已经成为住宅市场的供应主体。我国政府在推进住房制度市场化改革的同时，为了保障城镇中低收入阶层的居住困难问题，保障住房消费的垂直公平（Vertical Equality），解决住房市场底线失效，借鉴域外发达国家住房保障的运作实践与经验，实行了住房保障制度。我国的住房保障制度主要涵盖经济适用住房制度、廉租住房制度及住房公积金制度，并基于城镇居民的收入状况和居住水准，实行住房分类供应体系，即高收入阶层凭借其较高的货币支付能力在住宅市场购买商品住宅，中等收入阶层购买具有保障性质的商品房——经济适用住房，低收入阶层租赁廉租住房。住房公积金在我国作为保障性住房金融，在住宅开发贷款、消费贷款方面，发挥了应有的作用，提高了城镇居民住房消费的货币支付能力，刺激了住宅市场的需求。住房保障制度的实施，在一定程度上缓解了中低收入居民的居住困难，解决了部分城市居民的安居问题，为和谐社会的构建奠定了基础。但是，循着住房保障制度运行的轨迹进行分析可知，住房保障实施结果与政策目标之间存在着一定的距离，受到诸多因素的制约，住房保障制度的实施没有达到政策制定时所追求的垂直公平的目标。住房保障制度在运作中所存在的问题及其负面效应，引起了社会的广泛关注。住房保障制度在运行中存在着诸多的矛盾与问题，这些矛盾主要表现为强大的住房保障需求与有限供给之间的矛盾、保障机制的转变与当前运行体系滞后的矛盾、制度化实施与体系混乱的矛盾、地方政府在局部利益的驱动下导致公共住房政策失效的矛盾等，特别是有相当部分的夹心阶层利益得不到保障，各城市的廉租住房保障范围仅仅局限于城镇双困家庭，而经济适用住房制度在运作中存在着保障标准失控、准入审核机制失效等问题，造成大量的“夹心层”居民。“夹心层”群体的住房保障没有得到重视与政策支持，同时缺乏明确的准入标准和动态监控操作系统。特别是近几年，随着房地产市场的繁荣、经济的发展、人民币升值以及住宅市场外资的大量注入，在以上多种因素的复合作用下，商品住宅销售价格不断攀升，面对高企的房价，城市居住困难新群体又不断涌现，这一部分群体在住宅市场被边缘化了，他们的住房问题迫切需要政府的住房保障来解决。另外，伴随着我国城市化、工业化的进程，农村大量剩余劳动力在各种因素，特别是经济因素的驱动下，由农村迁徙到城市，从事非农产业的工作。自 20 世纪 90 年代以来，城市流动人口急剧增加，截至 2008 年底，我国流动人口已经达到 2.1 亿，流动人口已经成为大中城市重要的劳动力资源，为城市经济发展、城市基础设施建设、产业发展做出了重要的贡献；我国流动人口的流动呈现出极化效应，东部沿海城市成为流动人口的主要吸纳地。但是，不可否认的事实是，受到货币支付能力的制约以及“过客心理”的影响，绝大多数流动人口的居住状况不容乐观，他们的居住条件极其恶劣，通常租住在城市的棚户区、城中村、城市边缘地带等非正规住房中，虽然在城市规划、土地所有权制度的控制下，我国大中城市没有出现如西方国家那样大量的贫民窟和非法建筑，但是，居住条件的恶劣却也是不争的事实。居住状况的不理想严重影响着流动人口市民化的进程，而我国的住房保障制度同样是以户籍为壁垒的，呈现出二元分割的制度特性，住房保障制度存在着严重的社会排斥，非城镇常住居民被排斥在住房保障制度之外，流动人口在长期的制度挤压过程中，居住困难状况始终未能从根本上得到改善。在中央政府一再强调构筑和谐社会的背景条件下，缺乏流动人口的住房保障是不全面的、不彻底的，亦有悖于住房保障垂直公平的目的。通过对国外发达国家公共住房政策、公共住房法的解读可知，域外国家所实行的住房保障制度是惠及全体国民的，然后以收入和住房状况作为准入标准，公共住房保障覆盖面较高，比如，法国公共住房约占住房总量的15%左右，并且在准入方面不受是城镇居民还是农村居民的身份标签的限制。

居住问题，特别是城市市民的居住问题是影响社会安定、城市发展的重大问题，城镇低收入居民和流动人口同样是重要的劳动力资源，在劳动力市场上构成主要的供给主体，也是城市竞争力的重要组成部分，在城市建设、产业升级以及经济发展中发挥着重要的作用。我国政府在推进房地产市场以及住宅市场的发展中，始终把完善住房保障制度作为消弭住宅市场失灵的手段之一，并采取金融、土地、财政政策对住宅市场进行干预和调控，以保持住宅市场的均衡发展。

自2008年由于美国次贷危机导致金融危机，进而引致全球性的经济危机以来，西方国家经济的衰退对我国经济也产生了严重的负面影响和波及效应，对我国出口加工业、机械制造行业、纺织行业、房地产业等产生了严重的影响，应对世界性的金融危机和经济危机，我国政府为了保持经济的稳定增长，对宏观政策进行了调整，实行了扩张性的财政政策和适度宽松的货币政策，以扩大国内需求；在住房保障领域也实行了相应的措施，具体而言就是，加快民生工程、基础设施、生态环境建设和灾后重建，提高城乡居民特别是低收入群体的收入水平，并在今后两年多时间内安排4万亿元资金强力启动内需，促进经济稳定增长。而加快民生工程建设，重要的举措就是加快建设保障性安居工程，加大对廉租住房建设支持力度，加快棚户区改造，实施游牧民定居工程，扩大农村危房改造试点等。根据政策的规定，今后3年，中央财政将投资9000亿元，用于保障性住房的建设与投资，用于解决700多万户城镇低收入家庭的住房问题。

在当前政府实行扩大保障性安居工程投资的政策背景下，如何高效率地利用中央政府和地方政府的财政资金，切实解决城镇居民的居住困难问题，实现住房保障政策的预期目标，保障住房消费的垂直公平，并加快建立健全我国住房保障体系，完善住房保障制度，就显得极为迫切和尤为重要。

1.2 我国公共住房政策及运作现状

我国所实行的住房保障政策主要有经济适用住房政策、廉租住房政策，并通过土地、税收、财政、金融等优惠政策来保证公共住房政策的实施。为了提高公共住房制度的运作效率，避免福利倒置，公共住房的准入具有相应的准入条件，即公共住房的受惠对象是以城镇常住居民为保障范围，然后根据收入水平和居住状况作为准入条件，部分特殊困难城镇居民也纳入廉租住房的保障范围。经济适用住房和廉租住房作为两种主要的保障性住房，在运作机制、房屋产权、保障群体方面具有明显的差异。廉租住房的保障目标群体主要是城镇双困家庭，实行实物补贴和货币补贴，实物补贴以租赁为主，廉租住房产权为城市政府所有。经济适用住房的运作模式为：以售为主；城市政府对经济适用住房实行变相的财政补贴，实行土地划拨、部分税费减免、控制开发商利润等措施；购房者与城市政府共有产权，对保障群体实行严格的准入限制。公共住房政策的实施，解决了住宅市场由于外部性、信息不对称等引起的市场失灵，为“居者有其屋”目标的实现奠定了基础。但是，公共住房政策在运作中存在着一系列的负面问题，如由于经济适用住房准入审核机制设计的缺陷、经济适用住房监督实施成本过高、经济适用住房开发商的违规操作、主管部门的寻租等，导致经济适用住房保障群体错位，福利倒置，经济适用住房还存在着严重的空间失配（Spatial Mismatch）与福利损失、居住隔离、就业困境等问题。上述负面问题的存在，在社会上引起强烈的争议；而廉租住房政策在运作中又存在着保障范围狭窄、准入门槛高、货币化补贴额度低、实物补贴房源有限等诸多问题。另外，我国公共住房制度的实施，在住房法和住房保障法空白的状态下，中央政府缺乏对城市政府公共住房政策运行绩效的考核，城市政府在公共住房领域土地供应、财政投入严重不足，造成了公共住房资源的稀缺，加剧了保障性住房供给不足和强大需求之间的矛盾，待保障的家庭居住条件迟迟未能得到根本改善。

我国住房供应实行分类分层次供应体系，主要涵盖廉租住房、经济适用住房（涵盖部分重大工程配套商品房）、限价商品房、普通商品房及高档商品房几类，通过商品住房价格的过滤效应和公共住房准入审核机制来保证分层次供应体系的实施。由于投资的严重不足、公共住房保障覆盖面过低和准入审核机制设计的缺陷，保障性住房供应与保障目标群体不完全相匹配，产生了“夹心层”，即存在相当大一部分的城镇居民，被排斥在廉租住房保障边界之外，经济适用住房的总价过滤效应又把这部分居民排斥在经济适用住房的保障范围之外，也就是因为住房保障机制设计的缺陷产生了双排斥，具体如图 1.1 所示。产生双排斥的主要原因在于廉租住房保障覆盖面过于狭窄，保障目标群体仅仅为部分低保家庭，而经济适用住房又存在着投资不足、开发标准过高等问题，导致经济适用住房总价超出了廉租住房保障范围以外的部分低收入家庭的货币支付能力，他们无力购买经济适用住房。

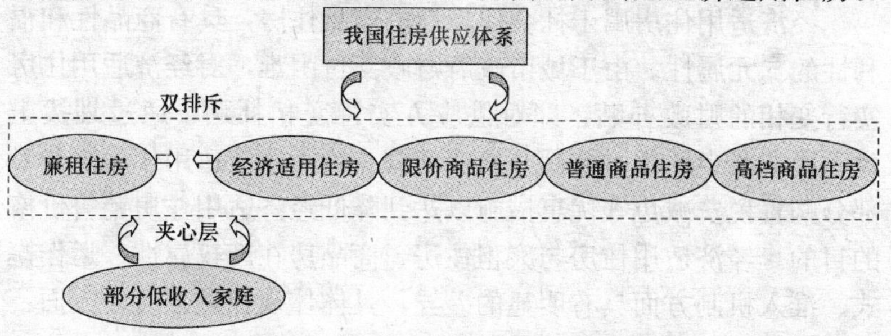

图 1.1　我国住房供应体系及“夹心层”居民的产生

在商品住宅市场，也存在着住宅供应结构不合理的问题，房地产开发商以利益最大化为导向，在商品住宅开发中，迎合高收入阶层的消费偏好，高端房源供应过剩，普通商品住房供应不足，造成供需不相匹配，适合中低收入阶层居住的普通商品住宅偏少。虽然国家和城市政府，针对住宅市场供应结构不合理的问题也进行了规制，颁布了相应的文件就开发商开发户型面积标准和比例进行规定，如建设部在《关于落实新建住房结构比例要求的若干意见》（建住房［2006］165 号）中明确规定，“各城市年度新审批、新开工的商品住房总面积”中，套型建筑面积 $90m^2$ 以下住房（含经济适用住房）面积所占比重必须达到开发总面积的 70%以上。但是，通过几年的运作实践表明，实施效果并不理想，许多开发商在规划、施工环节应对以上政策，采取其他变相手段开发超面积住房。我国住房二级市场还没有健全和完善，不同产权性质的住房在二次交易时存在着制度瓶颈，特别是住房制度改革时房改私房，二次交易存在着严重的制度制约，大量的房改私房不能正常交易，只能在体制内循环，房改私房和商品住宅二次交易实行分离化运作。房改私房作为存量普通住宅，其销售价格与中低收入阶层的货币支付能力是相匹配的，由于存在交易制度瓶颈，房改私房不能在二级市场自由流通。

1.2.1 经济适用住房运作现状及存在的问题分析

1.2.1.1 经济适用住房的运作模式简析

经济适用住房属于社会保障性的商品住房，具有商品性和福利性的二元属性。由于城市政府财政支付困难，对经济适用住房实行变相的财政补贴，即对供应方实行变相补贴，通过划拨土地、税费减半征收、控制开发商利润、给予经济适用住房消费者部分购置税费减免等优惠措施以达到降低经济适用住房销售价格的目的。经济适用住房与廉租住房、商品房在产权属性、运作模式、准入机制方面具有明显的差异，具体体现在以下几个方面：

（1）产权属性不同。

经济适用住房销售价格中不包含土地使用权出让金，经济适用住房的建设用地由城市政府划拨，因此，经济适用住房的消费者对经济适用住房只有部分产权，经济适用住房属于部分产权房，城市政府和经济适用住房消费者共有产权。廉租住房实行实物补贴时，实行租赁运作模式，产权属于城市政府，商品房属于完全产权房，消费者具有房屋产权和法律规定年限的土地使用权，具体如表1.1所示。

不同类型房屋的产权特征　　表1.1

房屋性质	廉租住房	经济适用住房	商品住房
产权属性	城市政府所有	消费者、城市政府共同所有，一定年限后可以上市二次交易，部分交易所得补交土地出让金，二次房屋的承受者拥有完全产权	消费者
特性	福利性	商品性、福利性	商品性

(2) 供应方式不同。

经济适用住房的供应者是城市政府委托的房地产开发商或者开发企业，政府对经济适用住房的销售价格进行控制，受惠群体具有明确的收入限制条件，主要是城市中等、中下和低收入居住困难的城镇居民；廉租住房主要实行货币化补贴，实物补贴的廉租住房房源主要由各城市廉租办通过收购公房、收购房地产开发商开发的普通商品住房，或者政府通过提供财政资金由营利性的机构开发，由城市政府向低收入双困家庭或者特殊目标群体提供。

(3) 保障目标群体及准入机制的差异。

经济适用住房和廉租住房在准入审核机制及退出机制的设计层面存在明显的不同，因而保障目标群体存在着差异。廉租住房的保障目标群体主要是城市双困家庭及特殊困难群体，由于廉租住房房源供给的严重不足，获得实物配租的城镇居民必须经过严格的审核，廉租住房主要解决在住宅市场没有货币支付能力的低收入居住困难群体。如上海市在廉租住房制度推行之初制定的廉租住房的准入标准是：①人均收入不超过本市城镇居民最低生活保障标准；②拥有私有住房和承租公有住房的居住面积不超过人均 $5m^2$；③至少有 1 人取得本市非农业常住户口 5 年以上；④家庭成员之间有法定的赡养、扶养或者抚养关系。

经济适用住房制度作为我国住房保障制度的重要制度，其保障目标群体主要是城镇中低收入阶层，获得经济适用住房福利的准入门槛相对而言要低一些，特别是一些经济适用住房供应较多的城市，如北京、南京等。如北京市 2007 年 11 月颁布的经济适用住房的准入标准为：①经济适用住房申请人须取得本市城镇户籍时间满 3 年，且年满 18 周岁。②人均住房使用面积须在 $10m^2$ 及以下，1 人户家庭年收入须在 22700 元以下，家庭总资产净值须在 24 万元及以下；2 人户家庭年收入须在 36300 元以下，家庭总资产净值须在 27 万元以下；3 人户家庭年收入须在 45300 元以下，家庭总资产净值须在 36 万元以下；4 人户家庭年收入须在 52900 元以下，家庭总资产净值须在 45 万元以下；5 人户家庭年收入须在 60000 元以下，家庭总资产净值须在 48 万元及以下。

1.2.1.2　经济适用住房运作现状及存在的问题

伴随着住房制度货币化改革所启动的经济适用住房制度，其运作现状与政策目标之间存在着一定的距离。自 2000 年以来，我国房地产市场，特别是住宅市场得到了迅速发展，住宅投资额度、开发面积、竣工面积、销售面积不断增加，但是经济适用住房的开发投资却不容乐观，自 2003 年以来，经济适用住房的投资呈现递减态势，经济适用住房占住宅的比重越来越低，如图 1.2 和图 1.3 所示。通过图 1.2 和图 1.3 可知，自 1998 年以来，我国住宅投资增加明显，由 2082 亿元增加到 13266 亿元，住宅投资每年同比增长均超过 20%，2003 年比 2002 年增加 29.6%；自 2003 年以来，我国商品住宅销售价格增长幅度较快，虽然我国政府对房地产市场采取了一系列的宏观调控措施，但是调控绩效并不明显，商品住宅销售价格增长幅度明显高于城镇居民可支配收入增长幅度。在2007年，为了抑制国民经济的过快增长和通货膨胀，保持经济的稳定繁荣，国家实行了从紧的货币政策，并提高了房地产信贷，特别是第二套房的贷款门槛。在国家实行宏观调控政策的作用下，自2008年开始，全国主要城市商品住宅销售价格有所回落，特别是深圳、北京、广州等主要城市。进入2009年以来，应对世界性的经济危机，我国政府实行扩张性的财政政策和货币政策，固定资产投资大幅度增加，在信贷扩张的政策刺激下，房地产市场又逐步回暖，2009年3月以来，国内主要城市的商品住宅销售价格又明显提高。

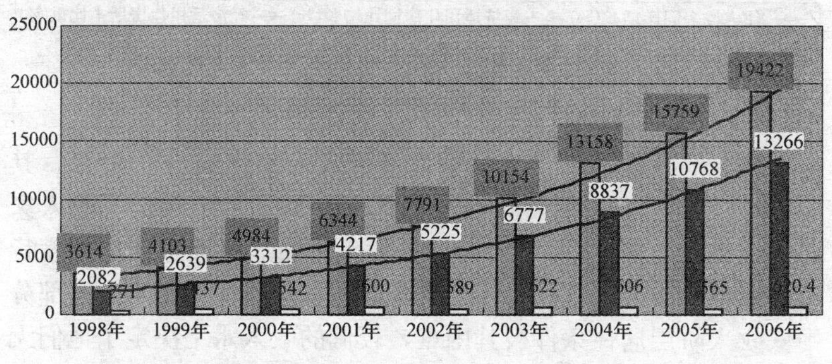

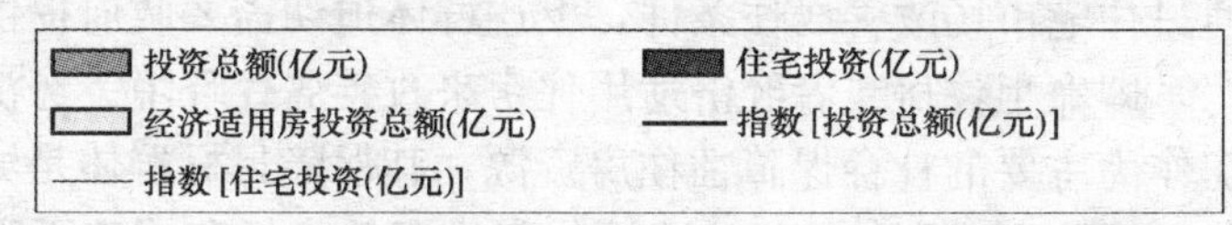

图1.2　1998～2006年住宅投资及经济适用住房投资情况

资料来源：根据历年中国统计年鉴数据整理。

与住宅投资不断增加的趋势不同，自1998年开始，我国经济适用住房的投资状况不容乐观。2000年以前，经济适用住房的投资额度不断增加，由1998年的271亿元增加到2000年的542亿元；但是，自2001年开始，经济适用住房的投资增长幅度非常小，在2002年、2004年、2005年三年甚至出现负增长，经济适用住房占住宅的投资比重由1998年的13.02％降低到2005年的5.25％。根据《2007年中国统计年鉴》城镇居民家庭

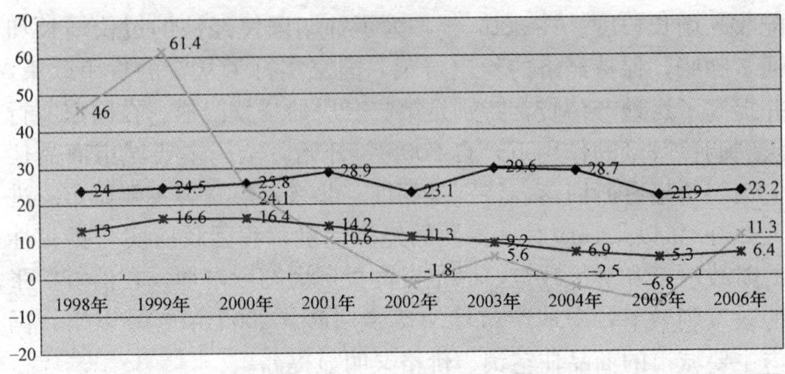

图 1.3　经济适用住房投资变化情况及所占比重

资料来源：根据中国统计年鉴数据整理。

基本情况的数据显示，我国城镇最低收入家庭约占 9.97%，其中困难户约占 4.99%，低收入家庭约占 10%，中等偏下收入家庭约占 20.06%，其中，部分中低收入城镇居民通过住房制度货币化改革购买公房，拥有了公房的产权，但是还有相当大一部分中低收入阶层居住条件极其困难，较低的收入水平决定了他们无法通过住宅市场改善居住条件，上述群体迫切需要政府提供公共住房，即廉租住房或者经济适用住房来改善居住环境。经济适用住房作为主要的社会保障性住房资源，其保障目标群体是城镇中低收入居住困难群体，经济适用住房投资的降低和竣工面积的萎缩，诱致保障性住房供需矛盾突出，经济适用住房资源更加稀缺，获得经济适用住房福利的城镇家庭年度数量减少。

经济适用住房投资的萎缩，导致了住房需求和保障供给之间存在着供需不相匹配的矛盾，此外，经济适用住房在运作中还存在诸多的问题，主要体现在以下几个方面：

(1) 经济适用住房供应户型面积超标，较高的总价对部分保障目标群体产生过滤效应。

经济适用住房的运作模式是，城市政府通过委托—代理的方式，把经济适用住房的规划、开发、销售委托给房地产开发商，开发商全面负责经济适用住房项目的具体实施，城市政府对开发商的开发利润、销售价格进行控制，制定相应的准入审核标准，并对经济适用住房开发商实行税费优惠措施。经济适用住房开发商作为“理性的经济人”，追求利润最大化是其主要目标，而社会责任只是其附属目标之一。政府作为委托人，实行经济适用住房政策的目标是保障住房消费的垂直公平，解决住房市场失灵；而作为代理人的经济适用住房开发商，其经营目标是以利润最大化为导向的，因此，两者的目标函数是不同的。经济适用住房开发商基于个体利益的考虑，在经济适用住房准入审核机制设计不严密、审核流于形式的情况下，往往开发大户型、超标准的经济适用住房，以迎合有货币支付能力的较高收入的城镇居民，以达到缩短销售期限、及时获利的目的。

以北京市经济适用住房的运作为例，北京市规划委员会制定的《经济适用住房设计标准》规定：建设标准经济适用住宅每户应为独立套型、各种使用功能应具有相应独立的功能空间，或者由相同面积叠加的复合功能空间；每户应该有卧室、起居室、厨房、卫生间、贮藏空间和阳台等；每户住宅应该具有良好的采光、日照、通风，卧室、起居室、厨房应该直接对外采光；在户型面积方面将经济适用住房划分为三类：一室一厅、两室一厅、三室一厅。具体建筑面积标准如表 1.2 所示。

北京市经济适用住房开发建筑面积标准　　　表 1.2

户型	使用面积（m^2）	多层建筑面积（m^2）	高层建筑面积（m^2）	起居室（m^2）	卧室（m^2）	厨房（m^2）	卫生间（m^2）	贮藏空间（m^2）
一室一厅	40～50	54～60	60～66	16	14（双人）	5	4	1
两室一厅	55～60	74～80	82～88	18	10～14	6	5	2
三室一厅	70～80	94～107	104～117	20	10～14	8	6	2

国家统计局 2007 年城镇住户大样本抽样调查的分析结果表明，全国城镇居民户均住房建筑面积只有 84.5m^2，使用面积为 62.3m^2，2007 年城镇家庭户均人口为 2.98 人/户，人均住房建筑面积和使用面积分别为 28.3m^2 和 21.3m^2，不同收入组单套

住房的平均建筑面积如图 1.4 所示。不同行政层面的城市户均住房建筑面积如表 1.3 所示。①

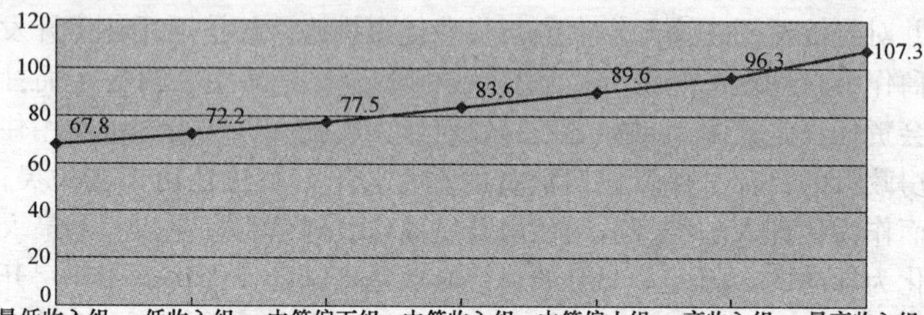

图 1.4　城镇居民不同收入群体单套住房平均建筑面积（m^2）

不同行政层面的城市户均住房建筑面积（m^2）　表 1.3

行政划分	隶属城市	户均住房建筑面积	人均住房建筑面积
直辖市	北京、上海、天津、重庆	75.4	26.6
省会（首府）城市	石家庄、太原、呼和浩特、沈阳、长春、哈尔滨、南京、杭州、合肥、福州、南昌、济南、郑州、武汉、长沙、广州、南宁、海口、成都、贵州、昆明、拉萨、西安、兰州、西宁、银川、乌鲁木齐	81.4	27.7
地级市	主要地级市	89.9	29.2

根据北京市城调总队 2006 年的调查资料，北京市自 2000 年开始到 2006 年，已竣工的经济适用住房每套户型平均面积为 106.85m^2，最大建筑面积为 230m^2，80～120m^2 占 62.9%，120～140m^2 占 15%，具体调查结果如表 1.4 所示。

建设部制定的小康住房人均建筑面积指标为 35m^2，户均建筑面积 110.25m^2，通过对比分析可知，北京市经济适用住房供应总量中，超过小康面积指标部分所占比例高达 40.25%，户型建筑面积在 80m^2 以下的仅占经济适用住房供应总量的 16.4%，北京

① 郑思齐，刘洪玉，任荣荣，余秋梅. 中国地级及以上城市的住房消费特征. 城市与区域规划研究，2009（3）。

北京市经济适用住房开发项目调查分析表　　表 1.4

户型面积	140m² 以上	120～140m²	80～120m²	80m² 以下
经济适用住房户型面积比例	5.70%	15%	62.90%	16.40%
人均建筑面积	45m² 以上	35～45m²	25～35m²	25m² 以下
所占比例	14.60%	30.70%	39.40%	15.30%
经济适用住房建筑形式	板式结构	板塔结合		塔楼
所占比例	69.60%	21.70%		8.70%

市制定的经济适用住房的三种开发面积标准本来已经处于较高的水平，开发商在监控不严的基础上，供应户型面积又有所提高，虽然经济适用住房销售价格实行政府指导价，在销售前经过各城市物价部门的严格审核，但是由于经济适用住房建筑面积严重超标，导致经济适用住房销售总价过高，销售总价与中低收入阶层的购买能力不相匹配，总价的过滤效应把一部分中低收入阶层排除在经济适用住房的保障范围之外。因此，在对经济适用住房销售价格实行价格管制的同时，政府管理部门应该结合低收入居民的货币支付能力和居住诉求，设定开发建设标准，制定开发面积指标，通过指标设置控制经济适用住房的户型面积，并通过城市规划、建设管理等部门对开发商进行控制，避免因户型面积过大、销售总价过高，超出保障目标群体的货币支付能力。

(2) 经济适用住房空间失配（Spatial Mismatch）诱致福利损失。

空间失配是指居住与就业的空间不匹配，也指居住与就业的过度分离。最早是由美国学者 John F. Kain（1968）提出的，其研究焦点为居住隔离与就业困境之间的相关性问题。经济适用住房的空间失配是指经济适用住房选址偏远，受到通勤成本和通勤时间因素的影响，或者说交通、配套设施建设滞后的影响，由于交通成本、子女受教育成本等支出的增加，而给经济适用住房的购买者所带来的福利损失。经济适用住房作为社会保障性住房的一种，保障城市居民的居住权是其主要的政策目标，具有经济性和福利性的双重特征。由于城市城府财政支付困难，在经济适用住房的运作过程中，实行的是变相财政补贴，即免费划拨土地、控制开发商利润、税费减免、实行价格管制的运作模式。经济适用住房的保障性，决定了经济适用住房的保障目标与城市政府以经济利益为导向的经营土地的目标是相悖的，在土地竞租中，经济适用住房项目没有任何竞争力。同时，随着大都市产业“退二进三”政策的实行，人口疏解战略的实施，房地产被动郊区化已经成为大都市房地产业的发展趋势。在上述背景条件下，城市郊区交通便捷的区位已经成为工业、商品住宅、物流等房地产开发项目竞争的重点区位，经济适用住房在房地产郊区化的驱动下，在城市政府以经济利益为导向而经营土地的运作模式下，开发区位将会逐步远离城市边缘，位于交通极其不便、配套设施缺乏的地带，经济适用住房的选址存在着明显的空间失配问题。分析北京市以及国内其他主要城市已经开发的经济适用住房的选址，可以为上述观点提供佐证，例如北京市建委在2007年经济适用住房选址规划中，将经济适用住房选址集中在石景山、东坝、定福庄、黄村、南苑五个边缘区域，另外，通州、顺义、亦庄三个新城也考虑开发一部分经济适用住房。由于社会保障性商品房开发区位存在着严重的空间失配问题，这些项目开发完成后，获得经济适用住房资源的家庭，在购买并入住经济适用住房的同时，往往迁离原有的住区和邻里，造成居住与工作的分离，增加了交通成本和通勤时间，产生了福利损失。国外公共住房的运作实践也表明，公共住房的集中承建模式，容易引致空间失配和居住隔离。

(3) 经济适用住房准入退出机制设计存在缺陷、准入审核主体模糊、审核不严导致经济适用住房保障群体错位、“福利倒置”(Welfare Upside-down)。

福利倒置最早是由国内学者孙炳耀提出的，是指经济适用住房政策在运作中，由于准入标准设计的缺陷、审核主体模糊、管理部门的寻租，导致应该获得经济适用住房保障的城镇中低收入阶层没有获得经济适用住房的福利，而不需要保障、能够依靠其货币支付能力在住宅市场购买商品房的高收入家庭得到经济适用住房的福利，这完全有悖于政府实行住房保障政策的初衷，在经济适用住房保障领域存在着保障目标群体错位、“福利倒置”的问题。

产生福利倒置的主要原因在于经济适用住房准入机制设计存在缺陷、审核主体模糊、审核管理部门的寻租。首先，当地城市政府在制定经济适用住房保障准入标准时，没有对城镇居民居住状况、收入状况、对保障性住房的需求进行深入调查，没有结合经济适用住房的年度发展计划、中长期发展计划、年度供应计划和中长期供应计划制定合理的准入标准，经济适用住房保障准入门槛较低，保障范围相对于有限的经济适用住房供应而言过于宽泛，造成最应该获得经济适用住房保障的家庭没有获得经济适用住房福利。其次，准入审核主题错位，以北京市为例，在经济适用住房运作之初，城市管理部门将经济适用住房的准入审核权分别赋予职工单位、街道办事处、经济适用住房开发商，政府所赋予的审核权力和责任是不对等的，以上主体基于局部利益的考虑，他们不可能对购买经济适用住房的城镇居民进行严格的审核，从而造成经济适用住房准入审核过程流于形式。针对准入审核主体错位所产生的问题，我国有的城市，已经开始明确审核主体，重新设定审核程序，如北京市建委重新确定了经济适用住房审核流程和审核主体，即遵循“三级审核、两次公示、审核入户、公示进门”的原则，开展入户调查和小组评议工作；建立市、区、街乡三级住房保障管理工作机构，由街乡、区、市住房保障管理工作机构负责全面审核，审核主体和审核流程的重新确定，在一定程度上避免了保障群体错位，但是，对审核人员由于“寻租”而造成稀缺的经济适用住房资源的错配没有进行明确规定，特别是对保障管理工作机构审核人员的监督机制和惩罚措施没有进行详细界定。但是，相对而言，国内其他许多城市在经济适用住房的准入审核方面，仍然存在着审核主体模糊、准入标准不明确、审核不严等诸多问题。

(4) 经济适用住房二次交易内循环机制尚未建立和实施。

前已述及，我国保障性住房存在着强大的保障需求与有限的供给之间的矛盾，保障性住房相对于保障需求而言是稀缺的，经济适用住房更是如此。住房过滤理论和梯级消费理论表明，社会保障性商品房目标群体随着经济状况的改善，会进入较高一级的住宅消费市场，会产生社会保障性商品房二次上市交易问题。社会保障性商品房如果产权界定不清，会产生二次交易时增值收益难以界定的问题。城市政府开发社会保障性商品房实行的是变相财政补贴，购房者获得了住房福利。社会保障性商品房不同于一般商品房，商品房产权属于购买者，政府在社会保障性商品房投入了变相财政补贴。因此，社会保障性商品房产权不应完全由购买者所有，当地城市政府应该享有一部分产权，即购买者和城市政府为社会保障性商品房产权共有人。为了充分利用稀缺的经济适用住房资源，降低城市政府住房保障的实施成本，经济适用住房二次交易应该实行内循环机制，即经济适用住房的消费者，不具有将经济适用住房直接上市交易的权利，城市政府对经济适用住房权利让渡具有监督管理权，经济适用住房二次交易时，购买者仍然是住房困难居民，也就是实行内循环机制。在具体运作时，可以采用两种运作交易模式：第一种模式是，在政府管理机构的监督控制、审核下，经济适用住房在保障群体之间直接让渡；第二种模式是，政府作为产权的共有人，根据《物权法》的规定，具有优先回购权，因此，政府所设立的经济适用住房管理机构首先回购经济适用住房，然后重新出售给符合条件的保障目标群体。其中，第一种运作模式，不需要管理机构投入资金回购经济适用住房，相对而言，机构运营成本较低，应优先采用第一种方案，以降低住房保障实施成本。

然而，迄今为止，经济适用住房二次交易内循环机制还没有建立，初次购买经济适用住房的消费者，经过一段居住时间后，在住房二级市场出售经济适用住房时自由交易，交易价格以市场价格为准，虽然按照规定向政府管理部门补交一定的土地出让金，但是补交数额较低，政府对经济适用住房的变相财政补贴和土地增值收益被经济适用住房的初次购买者无代价地获得；二次交易购买者通常不属于住房保障的中低收入居民，经济适用住房无限制二次交易的结果，造成经济适用住房资源被保障范围以外的群体受惠，使经济适用住房资源更加稀缺。城市政府应对城镇新居住困难群体，重新增加土地供应，开发建设经济适用住房，形成一种恶性循环，即城市政府应对住房保障需求，不断增加经济适用住房的供应，这极大地增加了住房保障的实施成本。因此，健全经济适用住房制度的运行机制，城市政府应该成立专门的经济适用住房管理机构，专门负责经济适用住房交付使用后的运营管理，特别是二次交易管理，即对经济适用住房的二次交易价格进行规制、二次交易对象进行严格审核；给予经济适用住房管理机构一定的运作资金，这一部分资金作为周转流动资金，只能用于回购经济适用住房，然后重新以非市场价格出售给待保障群体，这样可以充分利用存量经济适用住房房源，保证二次交易内循环机制的实施，为此，城市政府不需要重复建设大量的经济适用住房，降低了住房保障的实施成本。通过准入审核机制和内循环机制的建立，还有效地杜绝经济适用住房的投机者，保证经济适用住房只能用于自住。

(5) 经济适用住房以售为主的刚性运作模式不适应保障群体的动态变化。

有别于国外公共住房的运作模式，我国公共住房根据保障目标群体、租售方式、产权主体的不同，分为经济适用住房和廉租住房。经济适用住房以售为主，这种运作模式与经济适用住房开发商以经济利益为导向的企业发展战略目标是相吻合的，城市政府虽然对经济适用住房开发商进行利润率、销售价格控制，但是经济适用住房开发往往具有规模效益，大规模的经济适用住房项目，给开发商带来了较高的总利润；此外，经济适用住房巨大的需求，开发商不必担心销售状况，空置率较低，这也是开发商热衷于经济适用住房开发的主要原因。但是，以售为主的运作模式与保障群体的动态变化不相适应，随着时间的推移，一部分住房保障受惠群体因收入状况的变化会增加住房的消费，会逐步进入高一级的住宅消费市场，这一部分群体已经不需要政府提供的住房保障，而以售为主的运作模式往往伴随着退出机制、产权让渡的复杂和增值收益界定不清，已经进入商品住宅消费市场的这一部分群体，最佳的选择就是将原有的经济适用住房以市场租金租赁出去，获得持续的市场租金收入，具有保障性的经济适用住房被体制外群体占用，这与经济适用住房的保障目的相抵触。经济适用住房以售为主的刚性运作模式不利于经济适用住房流转，也降低了住房保障政策的运作效率，造成经济适用住房福利损失。为适应住房保障群体的动态需求，经济适用住房应该改变以售为主的运作模式，实行租售并举或者以租为主的运作模式，简化退出程序，降低退出成本。

采用以租为主的方式，对开发商而言，投资回收期将会延长，投资风险将会提高，他们对经济适用住房项目开发将会失去积极性，对此，城市政府应该采取其他相应的土地供应、财政、税收优惠措施，或者对经济适用住房项目采用公共财政支出的方式委托开发商进行开发，产权属于政府。由于各级政府财政支付困难，一直以来，经济适用住房的运作实行的是变相财政补贴的方式，其余投资来自于商业银行、金融机构的贷款和开发商自有资金、房屋预售款，投资风险由开发商和金融机构共同承担，为了规避投资风险，开发商缩短投资回报期，首先采用以售为主的运作方式。随着我国经济的稳定增长，中央政府和地方政府税收收入不断增加，根据国家税务总局公布的数据，2008 年上半年全国税收已经高达 32533 亿元，同比增长 30.5%，上半年个人所得税完成 2135 亿元，同比增长 27.3%，同期 GDP 增长 10.4%，政府财富增长速度明显超过经济增长和居民收入的增长。有关统计数据表明，我国税负加上行政事业性收费在内，实际税负已经超过 30%，在世界上属于税负较高的国家之一，但是与西方国家高税负、高福利的模式不同，在我国，高税负并没有带来相应的高福利。因此，伴随着城市政府税收收入的快速增加，城市政府亦应当增加在住房保障领域的财政支出，由变相的财政补贴逐步改为财政投入，然后委托开发商进行经济适用住房项目的运作，经济适用住房产权和后期的运营由政府相应的管理机构所有和承担，并实行以租为主的运作模式。

1.2.2 廉租住房运作现状及存在的问题分析

自1999年建设部颁布《城镇廉租住房管理办法》以来，上海市率先在城镇居民住房保障中推行廉租住房保障，随后各级城市政府逐步实行廉租住房制度，特别是2004年3月国家颁布《城镇最低收入家庭廉租住房管理办法》以后，廉租住房制度在全国大中城市推行。但是，在各种因素的制约和影响下，廉租住房制度的运行并不理想，廉租住房制度在运行中也存在一定的问题，如廉租住房资金供应瓶颈、保障覆盖面过于狭窄、实物补贴比例过低、廉租住房供需矛盾突出、待保障家庭轮候时间过长等等。以上海市为例，上海是我国廉租住房保障运作效率较高的城市之一，但是，截至2007年底，廉租住房货币配租只有25729户，实物配租397户，廉租住房保障户数占上海市居民户数的比例仅为0.61%，保障覆盖面不到1%，具体如表1.5所示。概括而言，我国当前廉租住房制度运行中存在的主要问题为：

上海市各区县廉租住房实物配租与货币配租户数统计　表1.5

上海市城镇廉租住房工作进度表(2000.01～2007.10)

区县	累计享受户数	租金配租户数	实物配租户数
黄浦区	4233	4228	5
卢湾区	3051	3042	9
徐汇区	1711	1656	55
长宁区	2156	2138	18
静安区	1134	1119	15
普陀区	1584	1555	29

续表

上海市城镇廉租住房工作进度表(2000.01～2007.10)			
区县	累计享受户数	租金配租户数	实物配租户数
闸北区	1935	1908	27
虹口区	1560	1540	20
杨浦区	4439	4283	156
浦东新区	2423	2407	16
宝山区	795	783	12
闵行区	322	317	5
嘉定区	228	220	8
金山区	83	83	0
松江区	84	76	8
青浦区	53	53	0
南汇区	65	65	0
奉贤区	230	230	0
崇明县	40	26	14
合计	26126	25729	397

数据来源：上海市房屋土地管理局住房保障处。

(1) 廉租住房制度的推行受到资金供给不足的制约。

廉租住房保障在运作中存在的首要问题在于保障资金供应严重不足。根据财政部、建设部、国土资源部颁布的《关于切实落实城镇廉租住房保障资金的通知》要求，廉租住房保障资金的来源主要有：①中央、市、区县财政预算安排资金。②住房公积金增值收益扣除计提住房公积金贷款风险准备金、管理费等费用后的余额用作城镇廉租住房保障补充资金。③从土地出让净收益中安排一定资金用于城镇廉租住房建设。从土地出让净收益中用于城镇廉租住房建设的资金，可以按照当年实际收取的土地出让总价款扣除实际支付的征地补偿费（含土地补偿费、安置补助费、地上附着物和青苗补偿费）、拆迁补助费、土地开发费、计提用于农业土地开发的资金以及土地出让业务费后余额的10%左右用于廉租住房保障。④社会捐赠资金。

从以上的内容可知，廉租住房保障资金来源渠道具有多元化的特点，但是仅仅依靠上述资金来源渠道，进行货币化补贴或进行廉租住房开发建设还存在着巨大的资金缺口。首先，土地出让金按比例提成、财政预算资金两种供应模式均没有相应的制度作为保证，没有相关的法律、法规明确规定上述资金用于廉租住房的比例，仅仅以条例的形式出现，法律位阶较低，对城市政府难以形成有效的控制与管束，各地城市政府以土地出让收益作为政府第二财政的背景条件下，在住房保障法律缺失的前提下，财政转移支付、财政预算资金、土地出让收益按比例提取没有形成制度化安排，没有形成长效机制，城市政府往往采取项目化运作机制，投入一部分资金，集中建设一批廉租住房，作为政府绩效工程和形象工程；资金投入缺乏连续性，廉租住房的供应始终不能保证，这直接影响廉租住房的运作绩效。其次，住房公积金运作效率较低，目前住房公积金的主要运作方式为购买国债、发放个人购房贷款、通过再存款获得利差收益，由于公积金投资方式的限制，住房公积金增值有限，增值收益扣除补偿风险准备金及管理费用后，用于廉租住房的资金非常有限。而社会捐赠资金也相当有限，在我国，各种形式的非政府组织（NGO）、非营利组织（NPO）还不完善和健全，特别是自下而上的公益性 NGO 还非常少，已有的公益性 NGO 救助活动主要侧重于医疗、灾害及儿童教育等方面，在廉租住房保障方面，迄今为止，国内公益性 NGO 还没有介入。总括而言，廉租住房保障资金不足，影响了廉租住房制度高效率的运行，导致实物补贴房源不足，货币补贴额度低，获得货币补贴的城镇家庭无法从根本上脱离居住困境。

（2）住房保障法律、法规的缺失影响廉租住房制度的运行。

域外国家公共住房保障政策的有效实施，依赖于住房保障法律、法规的规范与约束。大陆法系将调整不动产的法律规范纳入民法的物权法中，英美法系则将调整不动产的法律归并为财产法的范畴；两大法系的国家在其完善的法律体系框架下，考虑到房地产关系的复杂性、专业性和技术性，单纯依靠大陆法系的民法及英美法系的财产法和判例法尚不足以很好地调控纷繁复杂的房地产关系，因此，采用两大法系的各国除用民法物权法和财产法规范房地产关系外，还颁布了相应的单行法规，如美国在不同的发展时期分别了颁布了《住房和城市发展法》（Housing and City development Act，1968）、《住房和社区发展法》（Housing and Community Development Act，1974）、《全国可支付住宅法》（National Affordable Housing Act，1990）等住房及保障法规；英国颁布了《住房法》（Housing Act，1980）、《住房租赁、住房和城市发展法》（Leasehold Reform，Housing and Urban Development Act，1993）等单行法规。在住房保障单行法规中，对公共住房发展计划、政府支出预算、税收政策、土地供应、抵押贷款利息所得税扣减政策等诸多方面进行了明确的规定。住房保障法律、法规的完善，为公共住房制度的高效率实施奠定了基础。我国自 20 世纪 80 年代启动的住房制度改革，虽然在不同的时期曾经颁布了相应的条令，但迄今为止，还没有一部专门涉及住房保障的法令，与国民生活密切相关的“住宅法”、“住房保障法”尚处于空白状态，住房保障主要依靠行政手段加以干预，廉租住房立法层次位阶较低，仅仅以条例的形式出现，廉租住房政策的实施缺乏立法体系的保障。

（3）廉租住房房源供给不足，实物配租的比例较低。

根据我国《城镇最低收入家庭廉租住房管理办法》的相关规定，廉租住房的房源主要有：①腾空的公有住房；②政府财政支出建设的廉租住房；③政府收购的廉租住房；④社会捐赠和其他渠道筹集的住房。实践表明，以上四类房源在供给方面均存在着问题。首先，伴随着住房制度货币化改革和城市更新、城市动拆迁的进行，腾空的公有住房房源越来越少，公有住房主要被居住者购买成为房改私房，剩余的房源或者为危房，或者因为城市更新的需要大量被拆除，腾空的公有住房已经无法成为廉租住房的房源。其次，政府财政支出建设的廉租住房，由于财政支付困难，各地城市政府投入廉租住房建设的资金非常少，如上海市截至2007年末，依靠财政投入来承建廉租住房还处于空白，其他城市的承建状况也不容乐观。而政府收购的廉租住房，房源主要是房地产开发商开发的商品住宅销售状况不理想而空置的房屋，这一部分空置住房，其户型面积标准和城镇廉租住房的实物配租标准是不相匹配的，况且空置商品住宅在区位分布、配套设施方面存在着一系列问题，政府收购空置的普通商品住宅一方面还要进行大规模的改造，另一方面收购的商品住宅分布零散，增加了后期管理的难度。收购模式同样需要政府投入大量的财政资金。社会捐赠的廉租住房也存在捐赠数量有限的现实，不可能构成廉租住房的供应主体。以上四种廉租住房供应方式，均存在供给不足的问题，这直接影响到廉租住房实物补贴的实施。

（4）廉租住房中长期发展规划、年度发展计划的缺失影响廉租住房长效机制的形成。

有效解决城市双困家庭、特殊目标群体的居住困难，城市政府应该在全面把握城镇居民居住状况、待保障群体居住诉求、收入状况的基础上，制定符合城市发展要求的公共住房中长期发展规划、年度发展计划，并根据发展计划制定的保障目标安排年度、中长期财政支出用于廉租住房建设或者用于货币化补贴。新加坡政府在国民的住房保障方面为我们提供了可资借鉴的成功经验，除了在全国范围内推行强制性的中央公积金制度外，新加坡政府还成立了专门的公共住房管理运行机构（Housing Development Board，HDB），负责公共住房土地的征用、开发、分配和物业的后期运营管理；此外，半官方性质的公共住房管理机构还在不同的经济发展时期，根据新加坡居民的居住状况、收入水平、中央公积金的缴纳情况、政府用于公共住房的财政支出、土地征用规划，制定了符合新加坡国情的公共住房中长期保障计划。中长期住房保障计划的制订为新加坡公共住房的运作提供明确的发展目标，也为住房保障制度化实施奠定了基础。新加坡公共住房运作的高效率，在一定程度上源于有明确的保障实施计划。纵观我国的廉租住房保障制度，在住房保障法律缺失、保障资金供给不足的情况下，城市政府没有制定适合居民保障要求的中长期、年度发展计划，同时缺乏明确的实施主体。我国主要城市虽然在区、县一级成立了廉租办，但是廉租办职责模糊，权力有限，区、县廉租办虽然对廉租住房保障目标群体有较为全面的了解和把握，可以根据具体情况制定相应的保障计划，但是，在其权限范围内，很难与住房公积金管理中心、房屋土地管理机构、财政部门进行有效合作。因此，城市政府应该明确廉租办的职责，形成自下而上的可行性的保障计划，并根据年度发展计划落实廉租住房保障所需要的资金。

(5) 以户籍为壁垒的公共住房保障制度存在着严重的社会排斥。

关于社会排斥的内涵早在 1950 年 T. H. 马歇尔曾在《公民资格与社会阶级》一文中指出，公民资格由市民权利、政治权利、社会权利三部分组成。20 世纪 80 年代末，深受马歇尔学派的影响，社会排斥概念为欧洲委员会所采纳并作为其形成社会政策的核心。欧洲委员会把社会排斥概念更紧密地与社会权没有充分实现这个理念联系起来，它们把社会排斥定义为“涉及公民的社会权……，涉及一定的生活水平和涉及参与社会中主要的社会与职业的机会”。戴维·波普诺（1999）认为，所谓“社会排斥”（Social Exclusion），原先是针对大民族完全或者部分排斥少数民族的种族歧视和种族偏见的，这种偏见和歧视建立在一个社会有意达成的政策基础上。“主导群体已经握有社会权利，不愿意别人分享之”。譬如他们担心移民具有潜在的破坏性，因而感到有必要对这些人加以社会排斥。现在，在社会学、社会工作、社会政策以及其他一些相关领域中这个词的含义已经被泛化，意指主导群体在社会意识和政策法规等不同层面上对边缘化的贫弱群体的社会排斥。英国政府“社会排斥办公室”指出：“社会排斥作为一个简洁的术语，指的是某些人们或地区受到的诸如失业、技能缺乏、收入低下、住房困难、罪案高发的环境、丧失健康以及家庭破裂等等交织在一起的综合性问题时所发生的现象”。国内学者唐钧认为，社会排斥是游戏规则造成的，而社会政策研究的目标就是要修订游戏规则，使之尽可能地惠及每一个社会成员，从而趋于更合理、更公平。他指出，所有的游戏规则都是双刃剑，它在使一部分人成为“赢者”的同时，另一部分人就会成为“输者”；在市场经济社会中，为了鼓励“效率”，常常将“效率”与“赢者”的利益捆绑在一起，所以其游戏规则表达的是社会中“赢者”的声音，而“输者”则成为贫弱群体，他们的利益往往会被忽视，而他们的声音也会被淹没。社会政策研究在某种意义上就是要代表贫弱群体的利益来参与修订游戏规则，使之趋于更合理、更公平。社会排斥分为显性的社会排斥与隐性的社会排斥。所谓显性的社会排斥是通过明确的制度、政策、法律、习俗的规定，将一部分人排除于享受正常的社会权利之外；隐性的排斥是在一些看似平等的游戏规则之下，却因为文化上、偏见上、习惯上或游戏执行过程中裁判者的原因而造成实际上的不公正。

通过对域外国家公共住房保障政策的广泛解读可知，为了避免在住房保障领域的社会排斥，体现住房消费的公平，西方高福利发达国家所实行的住房保障政策是惠及全体国民的，通过准入机制的设计，根据国民的居住状况和收入水平确定受惠群体。与西方国家住房保障制度有明显不同的是，我国所启动的住房保障制度，与所实行的其他保障制度相类似，具有二元分割的制度特性，保障准入标准是以户籍为壁垒的，受惠群体是具有城镇户口的中低收入城镇居民，流动人口因身份标签的制约，被排斥在住房保障边界之外，住房保障领域存在的社会排斥主要体现为显性排斥，即通过游戏规则的制定，将一部分群体排斥在社会权利之外。住房保障政策设计之初，根据城镇低收入居住困难群体的诉求，以城镇居民为保障主体具有一定的现实性和紧迫性。但是，随着我国经济的快速发展，城乡一体化的进程，流动人口已经成为我国大中城市主要劳动力和产业工人的供给者，由于受到货币支付能力的制约和缺乏财富积累的过程，流动人口已经成为名副其实的弱势群体，他们在住房市场被边缘化了。在居住困难群体呈现多元化的背景条件下，应该重新审视住房保障政策的合理性、公平性，应该突破政策设计之初的户籍壁垒，根据城市产业规划、劳动力需求及供给、劳动力居住状况，适时调整保障性住房的目标群体，逐步消除住房保障领域存在的社会排斥。

1.3 我国公共住房运作中存在的突出矛盾

1.3.1 强大需求与有限供给之间的矛盾

首先，中国的人口结构还不是橄榄形，中低收入家庭占了总人口的70%～80%，要满足这70%～80%人的住房需求不是容易之事。建设部明文要求各地住宅建设中经济适用住房占有一定的比例，但实际建设中，经济适用住房只占住宅建设中的很小一部分。来自有关部门的统计资料显示，2004年全国经济适用住房投资占房地产总投资的比例不到6%；2005年11月，全国房地产开发投资总额为13240亿元，同比增长22.2%，住宅投资总额为8993亿元，同比增长22.3%，经济适用住房投资额为477亿元，经济适用住房投资额在2004年负增长（−2.5%）的基础上继续下滑8.8%，2005年1～10月，全国经济适用房投资下降了11.1%，供应量与上年同比下降1.6%，1～11月平均降幅为13.22%，占房地产开发投资的比重为3.6%，比2004年（4.6%）低1个百分点。2004年经济适用住房销售面积占住宅销售面积的比重为9.6%，比2003年低3.9个百分点。比例的不升反降，加剧中低收入者住房问题，而且即使买到经济适用住房，在建设标准、地点、价格、出售对象等很多方面都存在一些问题：户型面积超标，开发位置偏远，交通不便，销售审核不严，不需要保障的家庭也获得了经济适用住房等。同时商品房价格仍然高涨，以北京为例，在国家一系列严格的宏观调控下，2006年1～10月，北京市普通住宅价格指数累计为111%，10月当月住宅价格指数为 110.7%，相比 2006 年 9 月份提升 0.4%，北京商品住宅新开工面积和施工面积均有所增加，商品房价格继续保持上升趋势。

其次，廉租住房也出现了储备不足、发展缓慢与地区之间发展不平衡的现象。因为在住房体制改革时，政府手中并没有廉租住房储备，也没有有计划地兴建廉租住房，到 2000 年，绝大部分城镇都没建立起廉租住房市场。只有上海、天津、广州、青岛等少数城市进入了建立廉租住房制度的实际操作阶段，许多省市还没有制定廉租住房的筹集、建设、管理及申请、审批办法，加之地区之间缺乏充分的交流与沟通，相当多的城市还处于摸索阶段，发展明显滞后，从保障标准、保障对象和保障资金来源上，各地的差异也较大。建设部通报的全国城镇廉租住房制度建设和实施情况显示，截至 2006 年 4 月，全国范围内仍有 70 个地级以上城市没有建立廉租住房制度，包括福建、河南、云南、吉林、甘肃、内蒙古等 6 个省（区），实施廉租住房制度的城市不足 50%。廉租住房制度的突出问题在于：部分地区对廉租住房制度建设重视不够；没有建立稳定的廉租住房资金来源渠道；廉租住房制度覆盖面小，夹心阶层家庭得不到保障；部分城市廉租住房制度不完善，有 122 个地级以上城市没有建立严格的申请审批程序。

再次，基于社会住房保障体系对象的角度，狭义上讲是低保户、贫困人口；广义上应包括所有无法从市场获得住宅的中低收入居民家庭，既包括具有城镇户口的城镇居民，也包括城市中大量流动的但实际常住的“农业人口”。现实中各城市出台的廉租住房政策，保障对象多限定在低保户、优抚家庭中的住房困难户，而城市中既买不起房又非低保的“夹心阶层”和大量“流动人口”，则不在廉租住房保障范围之内。

在需求旺盛的现实背景下，截至 2005 年 12 月末，全国商品房空置面积却达到 1.43 亿 m^2，同比增长 15.7%。其中，商品住宅空置面积 8319 万 m^2，同比增长 12.4%。据全国商业地产联盟发布的资料，2004 年全国商业地产投资达到 1700 亿元，但空置面积达到 2610 万 m^2，到 2005 年一季度空置面积上升了 20.3%。国家统计局数据显示：截至 2007 年 3 月，全国商品房空置面积已经达到 12617 万 m^2，在商品房空置率不断上升的同时，如何及时消化空置房，扩展中低收入者住房需求渠道显得尤为必要。全国商品房空置面积如表 1.6 所示。

全国商品房空置面积（单位：万 m^2） **表 1.6**

年份	空置面积	年份	空置面积
1999 年	10171.7	2003 年	13427.8
2000 年	10175.7	2004 年	12326.1
2001 年	11952.5	2005 年	14285.1
2002 年	13156.1	截至 2006 年 9 月	12100.0
截至 2006 年 11 月	12355.0	截至 2007 年 3 月	12617.0

资料来源：http：//cn.ibtimes.com/articles/20070421/rew.htm，http：//www.china-consulting.cn/article/html/2006/0523/296703.php。

1.3.2 保障机制的转变与当前运行体系滞后的矛盾

首先，当前廉租住房体系的运行缺乏相应的保障机制，表现为投资不足，房源稀缺，供需存在巨大的缺口。机制性的缺位，导致完全靠财政性的补贴不足以解决供需缺口，城市政府应该把廉租住房责任承担起来，开辟新的金融渠道。国内学者郑智峰认为，应该鼓励民营房地产企业建设廉租住房①。房地产企业参与公共住房的建设，在香港、新加坡等房地产较为成熟的地区已经有过很多的成功案例，其公共住房建设的三分之一以上都有民营企业参与，基本上收益率在 10%左右。政府可以不收地价，只收配套费或给予开发商地价优惠，开发商则划出部分土地来建设廉租住房，政府应鼓励民营房地产企业加入廉租住房的建设。

其次，就属于住房保障体系的住房公积金的发展现状来看，运作状况并非理想，主要表现在目前申请住房公积金贷款的借款

① 郑智峰. 落实廉租住房制度的三大“绊脚石”——对“九部委意见”中加快廉租住房建设意见的思考. 中国房地信息，2006 (11)。

人占参加缴存公积金储户的比例较低，且他们大多数是有一定经济实力的家庭，或者说属于中等、偏高收入人群，而低收入家庭申请住房公积金的比例很小，背离了住房公积金的最初目的，形成低收入阶层资助高收入阶层进行住房消费的奇特现象。国内学者陈淑云、王志彬提出可以借鉴新加坡经验，把住房公积金管理中心改制为真正的政策性住房金融机构，由政府的信誉担保，为政府的住宅政策目标服务，是一种以资金有条件让渡（本息回流）为特征的融资活动，与财政资金运作相区别，享有政府的政策优惠，且又不同于一般的商业性金融。在丹麦等北欧国家，社会保障基金主要由非官方设立的社会保障基金组织、银行和商业性保险公司等金融机构按照市场化方式进行投资运营，但政府对基金的投资运营仍然发挥着重要的作用①。

国外除了有民营企业的参与，还有很多中间组织的支持，比如一些类似政府、半政府机构，提供抵押贷款的担保，首付款比例比较低，利率也很优惠。我国现阶段住房保障体系没有有效的类似措施，缺乏创新融资渠道和金融支持。

由于制度缺损，导致中低收入者的住房需求得不到满足，市场机制虽然可以更好地适应复杂的住房需求结构，满足多样化的家庭住房需求，并在满足家庭住宅需求中得到发展。但无法避开一个现实问题，即中低收入家庭购买力不足和贫困户无力购买住房。2006 年第三季度统计资料显示，京沪穗深四地的房价收入比指标已经超过 10，甚至达到 15 的水平，国际上公认的合理的房价收入比应该为 3～6。其次，地方政府的高价出让土地的短期行为产生巨大的负外部效应，在成本推进的作用下，进一步推进了住宅价格的提升。

通过对统计年鉴的数据分析表明，近年来，面向市场的商品住宅建设发展极为迅速，其占住宅竣工总量的比例由原来的

---

① 万解秋，贝政新，黄晓平. 社会故障基金投资运营研究. 北京：中国金融出版社，2003。

20％增长到50％甚至以上，而面向中低收入家庭的经济适用住房则因地方政府的短期行为（追求土地利益最大化），呈现出投资与竣工面积逐年缩减的趋势。此时，政府在责任与财政的双重压力中，必须寻求新的供应渠道，构建新的供应模式：吸收私人资本，拓展公共住房的融资渠道。

1.3.3 制度化实施与体系混乱的矛盾

就经济适用住房来说，在具体实施过程中出现一些与政府初衷相违背的怪现象，比如高收入者在购房者中占了相当大的比例；一些经济适用住房的面积大大超过了标准，个别地方甚至出现了两三百平方米的户型，开发商为降低成本、获得高额利润，不愿开发小户型住房，因而从经济适用住房的开发之初便将住房的销售对象定位在了高收入及中上等收入水平的人群。因此，也就出现了 100～130m^2 及 150～180m^2 的房子成为经济适用住房主流户型的奇特现象。不仅如此，更有开发商推出了 200 多平方米的大型或特大户型。基于此，国内学者认为，以前建的经济适用住房户型的规模标准偏高偏大，经济适用住房虽然单价便宜，但如果它的户型面积过大，总价也会很高，这也会让一些人买不起。所以如此宽敞的住房，即使它的价格再“经济”，也是中低收入者无力购买的。而高收入者购买这样的“经济”适用住房却比较容易，因为审查制度的疏漏，有的甚至买了不止一套，以图囤积倒卖或出租，获取暴利。另外，经济适用住房由于土地属于行政划拨，相关费用减半征收，价格应由物价部门核定。然而，在实际管理中，开发商虚列成本、抬高价格的行为比较普遍，大大超越了城镇中低收入家庭的实际承受能力，从而使得这些居民只能望房兴叹。就申请方看，有些地方一个家庭使用不同家庭成员的名字申请购买两套或两套以上经济适用住房，或者是已经享受了房改政策性住房又再次申请购买经济适用住房的情况也时有发生。

经济适用住房的无序开发和管理，客观上形成了新的社会分配不公平，导致社会福利流向的错位。应该实施制度化改革，建立住房保障系统管理机制：严格界定经济适用住房的保障性质，对经济适用住房的户型标准、供应对象和销售价格进行严格的限制，对审批程序要制定出详细的规则，建立经济适用住房审核信息管理系统，建立准入家庭的信息档案，对开发商利润的限定应该保证和监督，以保证无房户和住房困难者能住上经济适用住房，真正把高收入者拒之门外。

1.3.4 贫富差距与财富分配的矛盾

20世纪初，经济学家西蒙·库兹涅茨研究表明，随着人均GDP水平的上升，人均收入差距存在先上升后下降的趋势，即所谓的“倒U形曲线”。这意味着当经济发展到一定阶段，贫富收入差距会有所缩小，社会公平将得到改善。然而，“库兹涅茨现象”只是一种可能性，有关前期研究表明，“库兹涅茨现象”的确在中国存在，但是如果其他条件保持不变，收入差距在相当长的时间内，还将继续上升。随着贫富差距的增大，社会公平和社会稳定将面临严重的挑战，存在着陷入“增长陷阱”的可能性，即高度的收入分配不公平导致社会冲突和资源配置的恶化，使增长停滞，因而失去了收入差距越过最高点而趋向收敛的条件。

联合国开发计划署（United Nations Development Programme）2005年12月16日发表的《中国人类发展报告2005》显示，在中国全力追逐现代化之际，贫富差距正急剧拉大，这种不公平尤其在地区之间、城乡之间、性别之间及不同人群之间表现得极为突出。在城乡差距方面，目前中国城市人口的人类发展指标[①]为0.81，而农村人口的人类发展指标为0.67，仅是前者

① 人类发展指标（Human Development Index）体现以人为本的思想，该指标包括人类发展的三个基本要素：人均收入水平、人均预期寿命和教育状况。其中，人均收入水平通过人均GDP购买力平价法来衡量；人均预期寿命是指出生时人口的预期寿命；教育状况以成人识字率和人平均文化程度来衡量。

的 83%。不公平在东西部之间和不同省份之间同样体现显著。

关于收入差距的测度，国际上盛行的方法是基尼系数指标。基尼系数是意大利经济学家基尼提出的关于判断分配平等程度的指标，是在全部居民收入中用于不平均分配的百分比。可以作为一种衡量区域收入分配公平度的宏观指标。该系数源于洛伦茨曲线（Lorenz Curve），由洛伦茨曲线中不同包络区域的面积之比得到。系数取值介于 0 和 1 之间。等于 0，表示收入分配绝对平均；等于 1，表示收入分配绝对不平均。一般认为，基尼系数小于 0.2 为高度平均，大于 0.6 为高度不平均，处于 0.3～0.4 之间为比较合理，处于 0.4～0.6 为差距偏大。国际上通常把 0.4 作为收入分配贫富差距的警戒线。

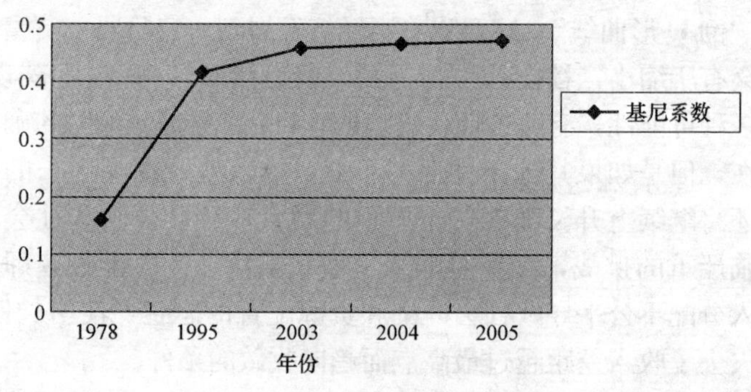

图 1.5 中国基尼系数的时间序列

当一国或一个地区的基尼系数大于 0.4 时，便认为收入分配差距过大，出现了社会不公平。图 1.5 显示，目前中国的基尼系数已超过 0.4，甚至达到 0.45，超过资本发达国家如英国、美国、法国（基尼系数 0.3～0.4）以及高福利国家如挪威、瑞典（基尼系数 0.2～0.3）。

城镇不同收入阶层居民之间的收入差距不断扩大。不同收入阶层收入增速呈阶梯式格局。财富积累的“马太效应”正逐步显现，穷人越穷、富人越富的状况加大了缩小贫富差的难度。以 2004 年有关数据为例，2004 年我国城镇家庭人均年收入 4700 元以下的家庭（即最低收入户和低收入户）约占 20%；6500 元以下的家庭（即最低收入户、低收入户及中等偏下户）约占 40%。2004 年，收入最高的 10%家庭的财产总额占城镇居民全部财产的比重接近一半，收入最低的 10%家庭的财产比重只有 1%左右。

城乡居民之间收入差距越来越大。2004 年城乡收入差距扩大到了 3.53∶1；2006 年，国家发改委的有关数据显示，各占总人口 20%的最高和最低收入两大群体，收入差距已达 33 倍。

正因为经济发展本身并不能自发地产生公平，因而消除收入差距过大引致的贫困需要政府实行有效的公共政策，通过税收政策、财政及金融政策来调整社会收入分配和再分配，实现社会公平。政府应当加大财政对社会保障和弱势群体保护的投入，实行积极的公共政策，为城市贫困群体建立一个融最低生活保障、就业保障、教育和医疗救助、收入分配、社会保险及住房保障于一体的综合保障制度。住房保障作为社会保障体系的重要组成部分，在我国实行住房制度货币化改革的关键时期，对于保持社会稳定、消除城镇居民边缘化困境起到了非常重要的作用，因此，如何采取有效的公共政策构筑完善的公共住房保障体系的研究，具有非常重要的现实意义。

1.3.5 投资旺盛与宏观调控效果微弱之间的矛盾

为了保持房地产市场的繁荣与稳定发展，国家从 2003 年就开始了对房地产行业的宏观调控，在不同时期实行了相应的宏观调控政策和措施，具体如表 1.7 所示。

一系列宏观调控政策实施已经有几年的时间了，尽管从某种程度上说取得了一定成效，但与政府和市民对房地产宏观调控目标的期待还有段距离。目前，国内房地产调控在若干领域仍存在不足，如在住房结构、房价涨幅和住房保障等都存在不少问题。有关数据显示，2006 年上半年全国城镇固定资产投资中，房地

房地产市场宏观调控政策一览表 **表 1.7**

时间	关键词	主要内容
2003 年 4 月	121 号文件	中国人民银行下发《关于进一步加强房地产信贷业务管理的通知》。规定对购买高档商品房、别墅或第二套以上(含第二套)商品房的借款人,适当提高首付款比例,不再执行优惠住房利率规定
2004 年 3 月	8.31 大限	2003 年 7 月国务院发文严格控制土地供给之后,国土资源部又发文严令各地须在当年 8 月 31 前将协议出让土地中的遗留问题处理完毕,否则国土部门有权收回土地,纳入国家土地储备
2005 年 3 月	房贷优惠政策取消	央行决定从即日起调整商业银行自住性个人住房贷款政策。宣布取消住房贷款优惠利率;对房地产价格上涨过快的城市或地区,个人住房贷款最低首付款比例可由现行的 20%提高到 30%
2005 年 3 月	房地产税改革	财政部提出中国目前在房地产保有和交易环节税费偏轻,问题严重,今后一段时期将重点推进房地产税改革。国务院发展研究中心正在筛选试点城市,将开始模拟运行,为最终出台房地产税提供决策基础
2005 年 3 月	国八条	国务院出台八点意见稳定房价。一是高度重视稳定住房价格;二是将稳定房价提高到政治高度,建立政府负责制;三是大力调整住房供应结构,调整用地供应结构,增加普通商品房和经济住房土地供应,并督促建设;四是严格控制被动性住房需求,主要是控制拆迁数量;五是正确引导居民合理消费需求;六是全面监测房地产市场运行;七是积极贯彻调控住房供求的各项政策措施;八是认真组织对稳定住房价格工作的督促检查
2005 年 5 月	七部委意见	国务院办公厅发出通知,转发建设部等七部委《关于做好稳定住房价格工作的意见》,要求各地区、各部门要把解决房地产投资规模过大、价格上涨幅度过快等问题,作为当前加强宏观调控的一项重要任务

续表

时　间	关 键 词	主 要 内 容
2006年4月28日	房贷利率再次上调	央行全面上调各档次贷款利率0.27个百分点，其中，5年期以上的银行房贷基准利率由6.12%上调至6.39%。这是央行在加息后短短一年多时间里再次上调利率，此次加息主要是为了抑制投资需求，进一步稳定房地产价格
2006年5月17日	国六条	提出促进房地产业健康发展的六项措施：一、切实调整住房供应结构。二、进一步发挥税收、信贷、土地政策的调节作用。三、合理控制城市房屋拆迁规模和进度，减缓被动性住房需求过快增长。四、进一步整顿和规范房地产市场秩序。五、加快城镇廉租住房制度建设，规范发展经济适用住房，积极发展住房二级市场和租赁市场，有步骤地解决低收入家庭的住房困难。六、完善房地产统计和信息披露制度，增强房地产市场信息透明度，全面、及时、准确地发布市场供求信息，坚持正确的舆论导向
2006年5月29日	国十五条	国务院办公厅出台《关于调整住房供应结构稳定住房价格的意见》，最主要是通过政府行政强制性的方式来调整住房供应结构，要重点发展满足当地居民自住需求的中低价位、中小套型普通商品住房，明确新建住房结构比例
2006年7月11号	171号文件	2006年7月11日，建设部、中国人民银行等六部委联合出台171号文件，对房地产市场外资准入和管理给出了规范性意见。目的是防止国外的热钱流入中国房地产行业
2007年6月	外资管理	商务部、国家外汇管理局2007年6月初发出《关于进一步加强、规范外商直接投资房地产业审批和监管的通知》，通知要求各地商务主管部门严格控制外商投资高档房地产，并严格控制以返程投资方式并购或投资境内房地产企业

续表

时间	关键词	主要内容
2007年8月	24号文件	国务院颁布《关于解决城市低收入家庭住房困难的若干意见》,提出进一步建立健全城市廉租住房制度、改进和规范经济适用住房制度、逐步改善其他住房困难群体的居住条件、进一步贯彻落实国务院关于房地产市场各项宏观调控政策的措施
2007年12月	土地利用	国土资源部、财政部、中国人民银行联合颁布《土地储备管理办法》。旨在完善土地储备制度,加强土地调控,规范土地市场运行,促进土地节约集约利用
2008年1月	国发[2008]3号	《国务院关于促进节约集约用地的通知》规定,按照节约集约用地原则,审查调整各类相关规划和用地标准,充分利用现有建设用地,大力提高建设用地利用效率;充分发挥市场配置土地资源基础性作用,健全节约集约用地长效机制;强化农村土地管理,稳步推进农村集体建设用地节约集约利用
2008年12月	国发[2008]131号	《国务院办公厅关于促进房地产市场健康发展的若干意见》,提出加大保障性住房建设力度,进一步鼓励普通商品住房消费,强化地方人民政府稳定房地产市场的职责,加强房地产市场监测,支持房地产开发企业积极应对市场变化

产占了1/5以上，虽然进入第三季度后价格涨势总体平稳，但部分地区房价上涨仍然过快。从房地产开发投资来看，1～10月完成投资额16213亿元，同比增长28.8%，高于2005年19.8%的9个百分点。其中，商品住宅投资同比增长29.5%，比上年同期加快8个百分点。房地产投资快速增长已经从以往的东部沿海及特大城市向内地二线以下的城市转移。1～8月中、西部房地产开发投资增长分别为35.5%、31.2%，即东部房地产投资增长不减，同时中、西部房地产过热正在上升。9月末，主要金融机构新增长期贷款中，20%以上贷款进入房地产业，而制造业的比重则只有10%。从全球范围来看，人民币的升值导致更多外资

的流入，世界最大房地产投资商 RREEF 已经进入珠海共同投资当地的住宅行业。

房地产市场的运行实践表明，国家所采取的一系列调控措施调控效果微弱，其中有调控政策滞后效应的因素，但从总体上讲，调控没有达到预期效果，并随时可能向超出我们预期的方向发展。来自银监会的数字显示，2006 年 1～9 月，以房地产业为代表的商业银行中长期贷款同比增速从年初的增长 16.2%，上升到 9 月末的增长 21.4%，比贷款总量增速快 6.8 个百分点。从总体上看，目前房地产市场上在宏观调控的同时，必须结合地方特点，改变不合理的住房供给结构，加快中低价位住房供给；完善政府“土地财政”，增加住房市场价格系统的透明度，改变投资者“买涨不买跌”的消费心理预期，警惕境外投资的不断流入。

1.4 公共住房理论与实践研究的意义

我国政府明确提出“要加快建立覆盖城乡居民的社会保障体系，保障人民基本生活。健全廉租住房、经济适用住房制度，加快解决城市低收入家庭住房困难。”在加快经济建设的进程中，为社会中的低收入和最低收入的家庭解决住房问题，是建立和完善城镇住房保障体系的首要内容，也是城市政府公共管理的主要目标。

公共住房是指政府为了帮助居住困难群体和特定目标群体，通过土地、财政、税收、信贷支持等优惠政策由政府特设机构，或者非营利性组织、营利性机构负责建设，面向特定目标群体供应的具有福利性的住房。公共住房具有福利性、保障性、消费与流转的封闭性等特点。在美国，根据产权所属主体和租售方式不同，分为可支付产权住宅和可支付租赁住宅；在新加坡称为“公共租屋”；在我国通常分为廉租住房和经济适用住房。

各国政府实行住房政策的终极目的是实现“居者有其屋”，

为居民提供舒适、安全的居住环境。住房问题，实际上就是中低收入市民的住房问题。中低收入市民作为社会发展重要的劳动力资源，在为城市发展做出重要贡献的同时，其居住条件应该逐步得到改善。当他们因货币支付能力不足而无法通过住宅市场获取住宅资源时，城市政府有责任通过住房保障来帮助他们改善居住条件。“居者有其屋”通常涵盖两方面的涵义：①拥有房屋的产权；②拥有居住权。即分别通过购买或者租赁的方式实现“居者有其屋”的目的。

前已述及，中国住房保障体系的实施现状与预期还有一段差距，其关键是非均衡发展下的监督机制的缺失与合作关系的微弱。在政府财政资金紧张、市场竞争加大导致私人利润风险的加大和空间的压缩，组织不断发展和完善的前提下，有必要积极构建新型的公共住房保障体系。当前，对我国公共住房理论与实践进行研究的意义体现在以下几个方面：

1.4.1 丰富并完善我国公共住房理论

我国住房制度货币化改革，实行住房分类供应体系，明确提出对城镇中低收入居民实行住房保障制度。住房保障制度的实施，迄今为止，所跨越的时间较短，对比而言，西方国家实行住房保障制度已有一个多世纪的历程，应对保障制度运行中存在的问题，保障理论的研究不断深入与拓展，住房保障理论的研究涵盖的范围极其广泛，研究成果丰富，既涵盖理论基础性方面，又涵盖政策研究方面，并且定性研究和定量研究并举。在基础理论方面主要集中在：住房占有规律研究，住房入侵、过滤和互换理论研究，梯级消费理论、住房供求理论研究，租金与价格理论研究、住宅消费连续性研究等；在政策研究方面侧重于：公共住房政策、住房福利、实物配租和货币配租比较研究等。理论研究成果为政府制定并优化住房保障政策提供了重要的依据。同样，我国住房保障制度在运行中也存在着诸多矛盾与问题，特别是随着我国经济发展和城乡一体化的进程、利益格局的不断调整、居住困难问题的凸显，住房保障制度的刚性效应已经不适应社会对住房保障的要求，这迫切需要从理论方面进行深入的探讨，基于效率与公平的视角，对住房保障的财政、金融、税收、土地政策以及融资机制进行全面研究，形成住房保障的理论框架，这既能丰富我国住房保障理论的研究成果，又可为完善我国住房保障体系进而完善我国社会保障体系提供理论支撑。

1.4.2 完善我国住房保障体系

理论研究的最终目的是服务于社会，住房保障理论亦是如此。通过对我国住房保障制度现状和问题的全面分析与把握，对我国城镇居民与流动人口居住困难群体的住房诉求的深度调查和管窥，借鉴西方国家住房保障理论与实践的研究成果，对我国公共住房的供给模式、公共政策、住房保障法律体系、产权特性等诸方面进行研究，进而构筑更为完善的住房保障运作体系。[①]

1.4.3 保证住房保障政策的垂直公平，提高公共住房政策的运行绩效

哈斯曼和奎格利认为，住房保障政策的基础是效率性、公平性和社会政治性。根据黑登提出的分析国家政策和计划目标的垂直公平（Vertical Equality）和水平公平理论，垂直公平是指各家庭从计划中获得的收入分配程度不同，垂直公平的积极计划使低收入家庭获得额外的好处，消极的计划则与此相反，高收入家庭获得额外的好处，中立的计划是指各阶层获益相同。水平公平是指家庭收入分配在计划中受到平等对待。[②] 利用上述理论解释住房保障政策的公平性，可以认为住房保障政策的公平性主要是

---

① 姚玲珍. 中国公共住房政策模式研究. 上海：上海财经大学出版社，2003：47-48。

② 国东海. 住房政策：国际经验借鉴和中国实现选择. 北京：清华大学出版社，1998：9-12。

指积极的垂直公平，也就是低收入阶层从住房保障政策中获得的住房福利要高于中等收入阶层，或者说收入越低者获得的住房福利越高，这也是国家实行住房保障政策的初衷，也就是国家通过二次再分配的手段，消除住房消费领域的不公平。

分析我国公共住房政策，由于经济适用住房制度在实施之初，是为了把住宅产业培育成新的经济增长点，作为拉动投资，促进住宅消费的重要措施，经济适用住房政策的最初目标并非仅仅是为了改善城镇低收入居民的居住条件，因而，在制度实施初期，对经济适用住房的准入群体没有明确的限制和相应的准入标准，经济适用住房政策不仅使低收入阶层获益，还有相当大一部分高收入阶层也获得了住房福利，因此，经济适用住房制度的运行没有达到积极的垂直公平目标。

为了实现住房保障政策的积极垂直公平目标，有必要从社会“救助理论”的视角，基于“将社会及经济的不平等加以特别安排，使处于劣势者能获得最大的利益，使所有的人能获得平等的机会”原则来重新考量我国的经济适用住房制度，进而全面分析我国的公共住房政策。

1.5 研究方法

在研究方法上，本书将采用文献研究法、对比分析法、理论研究和实证分析相结合、定性研究和定量分析相结合、国内研究和国外研究相结合、理论研究和政策相结合的方法，综合运用城市经济学、房地产经济学、城市规划、公共经济学、新制度经济学的相关理论对我国公共住房制度和政策进行全面的分析，提出相应的优化措施和政策建议。

1.6 主要研究内容及框架

本书共分为 6 章，第 1 章为公共住房运作现状及其存在的问题分析，在对公共住房投资、供给、需求、准入退出机制进行管窥的基础上，分析了我国公共住房制度在运行中存在的主要问题和突出矛盾。概括而言，我国公共住房制度在运行中所存在的主要矛盾表现为强大的住房保障需求与有限供给之间的矛盾、保障机制的转变与当前运行体系滞后的矛盾、制度化实施与体系混乱的矛盾、地方政府在局部利益的驱动下导致公共政策失效的矛盾、贫富差距过大诱致住房消费不公平的矛盾。在此基础上提出了本书的研究意义、研究方法、研究思路和框架。

第 2 章为国内外公共住房研究文献综述以及域外国家公共住房的运作实践。本章对国内外公共住房相关理论和研究文献进行了述评，通过对比分析，指出了当前国内在此领域的研究不足以及有待于深入探讨的问题，并对美国和新加坡公共住房政策和实施策略进行了探讨。由于不同的国家经济发展水平、居民的收入水平、住房消费偏好、居住模式、价值判断的差异，各国在实行住房保障制度时，具体的实施路径和实施策略有所差异，如美国实行的是特惠保障模式，政府尽量减少对住宅市场的直接干预，采用金融、税收减免、补贴措施对特定保障群体进行住房保障，通过建立较为完善的住房二级抵押市场来提高国民的住房消费。而新加坡实行的普惠模式，政府对住宅市场直接进行干预。我国城镇居民的收入结构和其他国家有明显的差异，因此，在借鉴域外国家住房保障制度时，不能简单的移植，应该在对我国城镇居民住房现状和居住诉求全面把握的基础上，制定相应的住房保障政策并采取相应的实施策略。

第 3 章为公共住房运作模式的创新性研究。基于我国公共住房制度，特别是廉租住房制度在实施中，存在着资金瓶颈的约束，借鉴国外 PPP 的融资模式和运行机制，将公共住房放在宏观经济框架内，在公私合作（Public-Private Partnerships，简称 PPP）融资模式基础上提出以中间组织为枢纽的公私合伙制（Public-Intermediary-Private Partnerships，简称 PIPP），并探讨该模式在我国公共住房保障体系中的运用，提出具体的操作模式，设计该模式的控制系统并提出政策建议。本章首先详细介绍了 PPP 融资模式，以及该模式的组织构架和在各国的发展情况，在此基础上提出纳入中间组织协调机制的 PIPP 模式，挖掘 PIPP 模式的内在需求机制，然后列举了美国、德国等西方发达国家与我国香港特别行政区基于该模式的公共住房保障体系的实践，并与我国的发展现状进行横向对比，提出了适合我国国情的公共住房 PIPP 模式和具体操作形式以及政策性建议。

第 4 章为我国 PIPP 模式的公共住房保障体系的控制系统研究。本章主要探讨了 PIPP 模式的合作形式的时机选择、边界把握形式与混沌控制、基于 Agent 的对象管理信息系统控制以及生态系统管理控制等内容。

第 5 章为公共住房空间区位选择研究。我国公共住房的开发一般采用分离化运作模式，只有极少的城市部分经济适用住房采用嵌入模式，分离化模式在实践中存在着空间区位分布不当、空间失配（Spatial Mismatch）、位置偏远、配套设施建设滞后等问题。本章利用空间失配理论和李嘉图租金模型的结论建立相应模型进一步分析公共住房空间失配所引致的福利损失，进而提出公共住房合理选址的建议，并从居住隔离的视角，探讨嵌入混合开发模式的重要性。

第 6 章为公共住房产权、内循环机制及其创新机制研究。国外公共住房一般以租赁为主，虽然在 20 世纪 80 年代，英美国家倡导并实行公房私有化政策，但是欧洲其他福利国家住房自有化率比较低，公共住房以租为主的模式仍占主导地位。与此形成鲜明对比的是，我国经济适用住房基本用于销售，租赁比例较低。销售部分的经济适用住房产权界定模糊，造成存量经济适用住房二次上市交易时，住房福利外溢。基于此，本章运用产权理论对保障性住房的产权问题进行探讨，提出共有产权的概念；并基于新制度经济学的制度变迁和制度创新理论对公共住房的动态演化机制进行了研究。

本书的主要研究内容和框架如图 1.6 所示。

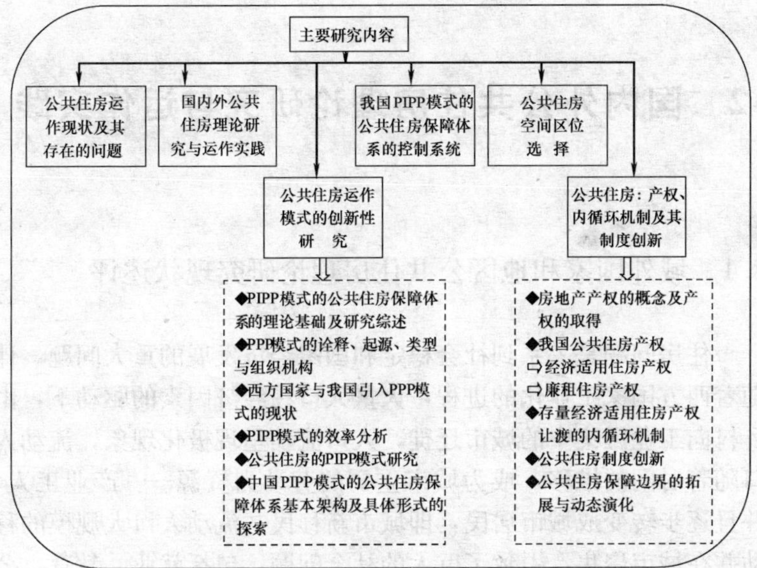

图 1.6　本书的主要研究内容和框架

2 国内外公共住房理论研究与运作实践

2.1 域外国家和地区公共住房理论研究现状述评

住房问题是关系到社会稳定和国家经济发展的重大问题。伴随着西方国家工业化的进程，大量人口在经济因素的驱动下，由乡村向工业区集中的城市迁徙，人口流动呈现极化现象，流动人口随着时间的推移，成为城市重要的劳动力资源——产业工人，并且逐步转变成城市居民，即城市新移民。流动人口大规模的移动并在城市聚集，引致了巨大的社会问题，包括就业、教育、公共卫生、医疗、社会保障等。其中，重要的一个方面，就是城市新移民的住房问题。可以说，西方国家在工业化、城市化的进程中，没有哪一个政府没有经历住房的短缺就完成工业化的进程。另一方面，城市中原有的中低收入居民由于受到货币支付能力的制约，在商品住宅市场也被边缘化了。由于住宅市场失灵，西方市场经济国家政府对住宅市场进行不同程度的干预，并实行了住房保障制度。因此，住房保障制度最早发端于西方国家。自20世纪初，西方发达国家逐步放弃了完全由市场调节住房资源的住房制度，通过采取财政、税收、土地、租金控制、住房金融等公共政策，对住宅市场进行不同程度的干预，以保证住房消费的公平，解决住房市场底线失效，并通过颁布相应的住房法律法规，来保证住房保障制度的实施。

迄今为止，西方国家实行住房保障制度已经有一百多年的历史，住房市场、住房保障政策、制度的理论研究成果非常丰富，通过对国外研究成果的纵向和横向分析可知，国外研究既涵盖理论基础性方面，又涵盖政策研究方面，并且定性研究和定量研究并举。在基础理论方面主要集中在：住房占有规律研究，住房入侵、过滤和互换理论研究，梯级消费理论、住房供求理论研究，租金与价格理论研究，住宅消费连续性研究等。在政策研究方面侧重于：公共住房政策、住房福利、实物配租和货币配租比较研究等。现简述如下：

住房占有规律是城市经济学、房地产经济学、土地经济学等学科共同研究的范围。从威廉·配第首次提出级差地租概念以来，住房占有规律研究成果颇丰，具体有：屠能（J. H. Von Thunen）的土地利用同心圆模式、韦伯（A. Weber）的工业区位论、克里斯塔勒（W. Christaller）的中心地方论以及廖什（A. Losch）的市场区位论。在以上区位理论中，住房作为房与地的综合体，其占有规律一直是研究的核心。

2.1.1 对住房“入侵”、“过滤”的研究

20 世纪 20 年代以后，一些借助生态学、经济学和社会学原理来研究城市空间结构，并描述城市居住空间发展的理论相继出现。其中，在 1925 年，芝加哥学派的伯吉斯（E. W. Burgess）通过对芝加哥市的土地利用和居住模式进行研究，提出了城市土地利用结构的同心圆模式，与 1936 年霍伊特的扇形模式以及 1945 年哈里斯和乌尔曼的多核心模式一起，被统称为“三大经典城市空间结构模式”。以上理论对城市居住隔离和居住分离进行了理论探讨，初步反映了西方国家在工业化、城市化的过程中居住空间的演变及其演变规律。

伯吉斯提出了住宅消费的“过滤”理论。他在 20 世纪 20 年代初期，解释芝加哥住宅格局时，首次提出住房“过滤”理论，如图 2.1 所示。这是伯吉斯根据芝加哥 19 世纪初以来，随着大量南部黑人的迁入以及欧洲移民的聚集，由于住宅的短缺和城市贫民窟的出现，城市住宅的区位分布呈现出高收入白人阶层居住在新开发的郊区高档住宅、中等收入居民逐步入住他们腾空的住房、黑人聚集在市中心贫民窟的现象而提出的住宅区位分布的过

滤理论。他以“新住宅只能建设在旧住宅的周围，并提供给高收入家庭居住”为前提，分析城市住宅的一系列现象和过程：越是新的住房离市中心越远，新住房因其品质、区位等原因吸引高收入阶层居住，而淘汰下来的住房由较低收入阶层居住，以此类推，最低收入阶层居住在城市中心最陈旧的住房，直到城市中心那些最陈旧的住房逐渐被遗弃、拆毁后被商业中心和办公设施所取代。过滤理论从新旧住宅替代的角度提出“过滤”是住区区位格局形成的原因。

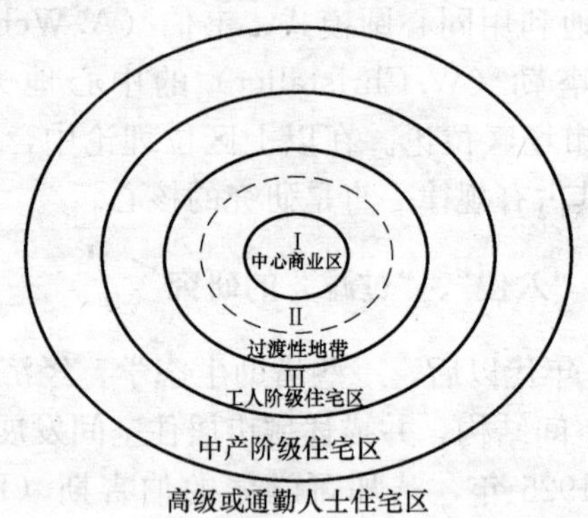

图 2.1　伯吉斯住宅区分布的“过滤”理论

霍伊特（H. Hoyt）认为，城市工业区是从市中心呈条带状向外延伸的，居住区是通过“过滤”延替而达到相对稳定的，高收入阶层倾向于背向工业区发展，他们搬到新住房，遗留住房由较低收入阶层居住，第二轮腾空的住房由更低收入的家庭占有，住房市场是通过“过滤”而实现住宅分配的，如图 2.2 所示。

以上对住房“入侵”、“过滤”规律的研究，仅仅停留在对住房占有现象的定性分析，并没有通过模型进行系统研究。20 世纪 70 年代 Lngcym，Kain 和 Deleeuw 建立了住房消费过滤的短期动态模型。Ohls 在此基础上建立了住房过滤长期均衡模型。该模型考虑了存量住房在住房市场中的关键作用，反映了住房市场的实际运作情况。在消费者收入、住房建筑安装成本、住房服务水平的情况下，通过模型预测房价、房屋数量、新建住房数量等结构性数据。

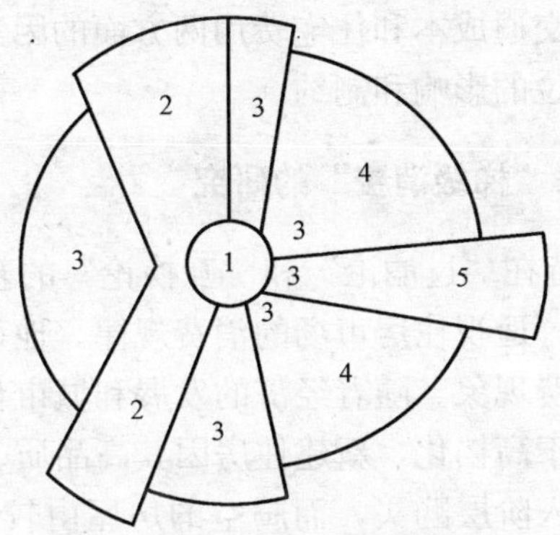

图 2.2　霍伊特扇形模式

1—中心商业区；2—轻工业带；3—低收入居民住宅区；
4—中等收入居民住宅区；5—高收入居民住宅区

2.1.2　对住房“互换”规律的研究

20 世纪 50 年代，由温格（L. Jr. Wingo）和阿朗索（W. Alonson）最早研究，后来由墨思、伊文思进一步发展并提出了“互换论”。该理论是在理想、匀质城市空间模型的基础上，以城市就业集中在城市中心，住宅市场买卖自由、市场发达、信息灵敏为假设条件，不考虑住宅密度、居住舒适度等原因，而是随着与城市距离的增加而趋于下降的住宅费用和趋于增加的交通费用进行“互换”而形成的区位平衡理论。该理论认为随着居住地距离就业中心的距离增加，租金会逐渐降低，当租金的减少额正好等于交通费用增加额时，住宅市场便达到了平衡。该理论的核心内容为：促使家庭挑选住区区位的经济力量是住宅费用的差异和通勤成本的差异。“互换论”首次将通勤成本纳入到住区区位理论之中。“互换论”的提出，是基于交通费用和居住成本两方面的因素平衡而提出的理论，该理论忽略了其他因素对住宅区位选择的影响。在住宅市场，影响家庭选择住房区位的因素是多方面的，如公共配套设施、住区密度、建筑外观形态、住区环境、消费者的偏好等。对于社会保障性商品房开发区位的选择，不能仅仅考虑交通成本和住宅费用两方面的因素，还要考虑其他因素对开发区位的影响和制约。

2.1.3 对住房"梯级消费"的研究

H.C. 怀特在"过滤论"和"互换论"的基础上，从整个住房市场的视角，透视住房市场的消费规律。他认为住宅市场的消费具有梯级消费现象。随着经济的发展和城市化进程的加快，对住房的需求趋于高档化，新建住房因其高品质、户型合理、区位优势吸引高收入阶层购买，而腾空的房屋由较低收入家庭迁入，后者腾空的房屋，由更低收入家庭居住，住房消费市场形成了长长的住宅消费链，H.C. 怀特把这种住宅消费链现象称为"梯级消费"。"梯级消费理论"和"过滤论"的内涵是趋同的。梯级消费理论也可以从住宅市场的行为主体进行分析，开发商基于利润最大化的诉求，往往把高收入阶层作为目标群体，新开发的住宅和他们的货币支付能力是相匹配的，因此，新住宅的目标群体主要是高收入阶层，中低收入居民在货币支付能力有限的状态下，在新住宅产权市场价格过滤效应的作用下，往往在住宅产权二级市场和住宅租赁市场获得住房服务，因而在住宅消费市场存在"梯级消费"现象。

John F. McDonald 在《Fundamentals of Urban Economics》一书中，建立了住宅市场的过滤模型（Filtering Model），并通过模型分析，进一步验证了住房梯级消费规律。Grigsby 在 20 世纪 60 年代也对住房市场消费的过滤效应进行过研究，分析了不同收入阶层住房区位调整的过程以及西方国家居住郊区化的现象。过滤模型可以用于住房政策的分析。在住宅市场中，作为市场行为主体的开发商或者私营开发机构基于利益最大化的需求，在开发商品住宅时，往往开发高品质的住房，并且以高收入阶层作为目标群体，根据过滤模型的解释，虽然增量住宅发生在高档房市场，由于住房消费存在着过滤效应，其他子市场的家庭也有机会获得或者消费更好的住房服务，因此，市场自发的以高收入阶层为目标的策略，最终也会使低收入阶层获益，从而实现“居者有其屋”的目标，这种效应也可以称为“福利过滤效应”。但是，以上的分析，并没有考虑影响住宅市场的其他因素，如在低端住房市场，往往存在着原有住房的品质下降和房屋的拆除，同时，这种“福利过滤效应”是极其缓慢的，因此，住房市场还需要政府的干预，通过公共住房政策来实现住房消费公平。

2.1.4 对住房租金管制的市场效应研究

西方国家在实行住房保障政策时，在有的时期还实行了租金管制。租金管制是西方国家政府对住房市场进行调控的主要手段之一。许多经济学家对租金管制的市场效应进行了研究。Dirk W. Early 及 Edgar. Olsen 对租金管制进行研究以后表明，租金控制会产生两方面的效应：一方面，租金管制会导致非租金控制市场空置率的降低和租金的上涨，加剧无家可归现象；另一方面，租金管制可以降低控制范围内的租金，缓解无家可归现象，但是会抑制住房租赁市场的供给。因此，租金控制政策是否能缓解居住问题，尚难以界定①。租金控制政策往往会引致需求转移、供需矛盾加剧，扭曲住房消费。张五常提出了“租金消散理论”，解释了在非专有收入的存在条件下，业主和租户为了使租金消散最小化所采取的一系列奇特行为。如果政府对租金进行管制，就会造成非专有收入（即无主收入）。非专有收入的存在刺激了房主与租客对非专有收入的争夺，双方都想获得更大的份额，结果是形成瓜分非专有收入的新的制度安排。这种新的制度安排的形成是要花费成本的，这种成本要从待分配的价值中扣除，因而代表了一种租值消散。“租金消散理论”的核心是：资产

① 钱瑛瑛. 房地产经济学. 上海：同济大学出版社，2004：84-90。

的收入权如果受到外在约束，以致局部或者全部变为无主的话，其使用就会有非资产的效果，这个效果会导致租值消散，而消散的程度取决于收入权被约束的程度。由于租金管制政策会扭曲住房租赁市场，因此，西方许多经济学家对租金管制政策并非完全认同。

2.1.5 对住宅市场消费连续性的研究

Ramsey Rey 在《Developing Affordable Housing：A Practical Guide for Non-profit Organization》一书中提出，住宅市场是一个连续性的市场，当低端租住房屋家庭不能在可支付的租金条件下获得相应的住房时，会对整个住房市场产生消极影响。潜在的购房者如果在一定的时期内不能依靠其收入积累购房首付款，那么低端住房市场的需求量会减少，当低端住房市场的需求量极度减少时，会导致住房市场梯级消费链的断裂，从而会影响整个住房市场。Ramsey Rey 还认为，低端住房市场的需求量的减少，还会引致有房者和无房者收入差距增大，当差距较大时，会产生社会问题。因此，Ramsey Rey 提出，政府必须支持可支付住宅和可支付租赁住宅的建设，以解决住房消费不公平所导致的社会问题。

2.1.6 对住房政策方面的研究

国外学者在住房政策方面的研究成果较多，如：Lundqvost J. Lennart 在《住房政策与公平》一书中，对英国住房的权属问题进行了对比研究。J. Black 在《Housing Policy and Finance》中，对英国住房政策和住房金融政策进行了研究，并对公共住房政策进行了详细的论述。John F. McDonald 在《Fundamentals of Urban Economics》中，详细介绍了美国中产阶级和低收入阶层的住房政策。Michael A. Stegman 在《可支付住房计划》一书中，从理论和实践层面研究了美国公共住房政策的实施策略。迈克·E·米勒斯在《房地产开发原理与程序》一书中，研究了美国低收入租赁住宅和可支付产权住宅的问题，研究了联邦政府、州政府在鼓励可支付住宅的开发与建设中所实行的公共政策，以及低收入租赁住宅和可支付住宅的目标群体，同时对租金控制对可支付住宅产生的消极影响进行了相关分析。我国香港特区的YUE Chim Wong 在其专著《公共住房私有化》中，论述了香港政府在公共住房私有化的进程中所采取的政策、措施及实施手段等。

2.1.7 对公共住房政策及实施绩效方面的研究

国外关于公共住房政策的研究，主要围绕着以下几个方面展开：①住房保障政策与住房供求关系研究。Quigley（1991）研究了住房政策、住房供求及产出间的复杂关系及其多重影响，认为它们间的错综复杂的相互作用构成了住房制度运行机制的复杂性，提出政府实行住房保障政策应以提高住房供求和产出效率为目标。②政府对住房市场进行干预的必要性研究。[①] Grigsby（1977）基于住宅市场分配无效率的视角，提出国家和城市政府应该对住宅供应进行干预，以消除住宅市场外部不经济，确保居民最基本的住宅消费水平，提供私营机构不愿意提供但是与住宅消费有关的公共基础设施，保证住宅消费的公平，以稳定国家整体经济。Burns，Grebler（1977）从有益物品、分配不均的物品、规模经济、市场不完善等政府干预市场的一般理由出发，更从内部收益、外部收益、部门之间的分配等方面提出了政府干预住宅市场的必要性。Clapham（1996）在对英国住房保障制度进行综合评价的基础上，认为住房市场的内在不平衡性会加剧国民经济的波动，市场体系不会带来经济的最大化，因此，政府对市场的干预，在实现住房目标上是必要的，对经济也是有益的。Ball（2003）认为，提高住房市场的效率，离不开政府的行为，

① 田东海. 住房政策：国际经验借鉴与中国现实选择. 北京：清华大学出版社，1998：14-18。

但政府干预不应过度，以免对住宅市场产生过度影响，政府应该制定住房法律法规，形成住房规划和土地利用规划的框架，提供创造稳定的社会和经济环境，而不应该对住房供应、消费和租金进行控制。[①] ③干预措施研究。Turner和Malpezzi（2003）认为政府对住宅市场的干预措施较多，主要有：财产权利的确定、契约的定义和执行、税收调节、依靠财政转移支付资助盈利的和非盈利的开发商增加公共住房供给、租金控制及补贴等。而罗森通过研究表明，政府对住宅市场进行干预应该主要采用法律法规、城市规划、土地用途管制、保障性住房金融贷款利率控制等手段。④住房建设补贴的过滤效应研究。John C. Weich和Thomas G. Thibodeau（1988）利用计量经济学的内容进行了实证研究，证明对公共住房实行建设补贴存在着过滤效应，并且在数量上相当明显。⑤公共廉租住房供给的效率损失与评价研究。Wong（1988）通过建立模型研究表明，公共廉租住房政策虽然使低收入阶层住房消费有所增加，但存在着补贴的供给效率损失问题。⑥公共住房供给模式研究。Christopher Walker（1988）就美国可支付租赁住房的供应模式进行了研究，美国可支付租赁住房的供给者主要有非营利或者营利的开发商、银行、基金会以及其他慈善组织，政府对住房供给实行财政补贴以及支持性住房的融资计划，并对私人部门的参与者实施监控。

2.1.8 住房金融研究

国外涉及住房金融方面的研究文献较为丰富，特别是20世纪60年代以来，随着住房自有化的推进，以及住房抵押贷款和二级市场的发展，住房金融的重要性日益突出，西方学者对住房金融日益关注。主要研究有：①住房金融政策的评价。Peter King从政策评价的角度分析了英国住房金融政策的发展历史和影响。②对住房金融和宏观总体经济关系的研究。David. Miles

① 详细内容参见张清勇《住房、住房问题与住房政策：一个评述》一文。

在《住房金融的自由化和宏观经济》中以及John. M. Quigely在《The Economics of Housing》中，对上述内容进行了深入的研究。③马克·博立特对西方国家住房金融系统和金融制度进行了研究。住房金融系统有四种筹集资金的路线，包括直接路线、契约路线、存款金融路线和抵押银行路线。另外，各国政府也直接参与和间接影响住房金融活动，国家有关机构宏观上的调节活动可以增加住房信贷的流动性，扩大和拓展资金信贷的资金来源。④Robert M. Buckery从交易成本的视角对发展中国家的住房金融进行了研究。他认为大多数发展中国家抵押信用比较少的主要原因是执行合同的高额成本，即高额的交易成本。通过研究，他所得出的结论是：在收入最低的国家，提供住房金融以前的交易成本可能高于每美元的贷款成本，低水平的需求说明这一领域的规模较小；在许多其他发展中国家，如果有更有效的合同签订前的执行程序，住房金融系统能更加自发地快速增长；住房金融的增长将会提高金融系统的功效，因此，减少这一领域的交易成本所引致的经济利益是巨大的。⑤William B. Brueggeman和Jeffry D. Fisher（2000）强调住宅金融对住宅产业的巨大影响，提出了多种金融投资工具，如商业抵押担保证券、房地产投资信托、抵押担保证券、抵押贷款转付债券等。⑥Yoko Moriizumi（1996）通过研究发现，日本多数产权房购买者没有受到PC（Public Corporation）的贷款约束，这在一定程度上影响了日本的私人住房市场。⑦房地产证券化研究。这方面的研究文献非常丰富，主要侧重于房地产投资信托（REITs）和房地产抵押贷款证券化（MBS）的研究。如对房地产证券化的收益和绩效的研究（Cooper，Downs和Patterson，1999；Nelling和Gyourko，1998；Wilson和Okunew，1996等）；对房地产投资信托（REITs）的研究（Chen，Wang和Erickson，2002；Ling和Ryngart，1997等）；对房地产抵押贷款证券化（MBS）的研究。国外对MBS的研究主要集中于三个方面：MBS的提前偿付问题研究（如Dunn和McConnel，1981）、MBS的收益和定价研究

（如 Brennan 和 Schwartz，1985；Johnston 和 Van Drunen，1988；Muller 和 Epperson，1993 等）、MBS 委托—代理问题及其组织结构（Glaeserb 和 Kallale，1993；Naranjo 和 Toevs，2002；Goodman 和 Passmore，1992）。

概括而言，国外公共住房领域的研究非常广泛，理论研究与应用研究并存，不同的学者基于不同的视角对住房保障政策进行了深入的探讨，研究成果为城市政府提高公共住房的运作效率、消除居民的住房困境、完善住房保障制度提供了重要的理论与参考依据。

2.2 国内研究现状综述

相对而言，我国住房保障政策及制度的研究经历的时间较短，研究内容及范围尚需拓展。虽然自 1998 年住房制度货币化改革以来，国内许多学者及政策制定者对城市弱势群体的住房问题给予了广泛的关注，基于社会保障制度健全与发展的视角，进行了较为深入的探讨；但是，针对公共住房制度运行中出现的矛盾与问题关注不够，理论探索尚需深入。通过广泛的文献阅读，对国内前期研究成果进行梳理，国内住房保障制度及政策的研究主要围绕以下几个方面展开：

2.2.1 住房保障政策的国际比较、经验借鉴方面的研究

国内较多的学者对域外发达国家所实行的住房保障政策进行了介绍和总结，并结合我国住房市场的发展状况、住房金融政策和财政税收政策，提出了对完善我国住房保障政策的经验借鉴。主要研究学者有：田东海（1996），林坚、冯长春（1998），姚玲珍（2004），万方（1999），李维哲（2003），冯宗容（2007）等。田东海（1996）在《住房政策：国际经验借鉴和中国现实选择》一书中，开创性地对国际上发达国家的公共住房政策的演进、发展机制、技术政策、金融政策、分配政策进行了深入研究，该书

的研究内容非常全面。首先，从制度变迁、历史演进的视角，就瑞典、英国、美国等西方代表性的国家近百年以来住房政策的形成、演进、政策变迁、政策未来发展趋向进行了探讨，同时对以上国家不同的经济发展时期所颁布的住房法律法规及主要内容进行了解读；其次，就不同国家和地区公共住房的管理体系和在不同时期的住房发展计划进行了研究，并以新加坡和香港地区为例，介绍了新加坡住房发展局和香港房屋管委会的机构设置、职责及公共住房发展计划的演进，进而提出我国制定公共住房政策的近期、中期和远期发展目标的现实性和可行性；第三，对公共住房的技术政策，如土地所有权控制、土地利用规划、建筑规范控制及标准体系进行了探讨；第四，就公共住房的金融政策，特别是美国住房金融抵押系统、新加坡中央公积金、日本住房金融政策进行了阐释，并提出发展中国公共住房金融政策建议；最后，通过比较研究，提出中国城市住房可持发展的策略，即渐进性和突变式相结合、市场性与保障性相结合、连续性与阶段性相结合的策略。姚玲珍（2004）在《中国公共住房政策模式研究》一书中，借鉴了田东海的研究范式，从历史演进和现状分析的视角，分析了西方国家如美国、德国、英国等实行的公共住房政策，特别是财政政策和金融政策，最后对我国公共住房政策模式进行设计。林坚、冯长春（1998）在《美国住房政策》一文中，首先回顾了美国自 20 世纪 30 年代大萧条以来，不同发展时期所实行的住房保障政策和住房金融政策、住房保障发展计划、住房保障法律、法规的颁布和实行，对保障政策的实施绩效进行了评述，介绍了美国联邦政府和州政府为了解决中低收入居民的住房问题而实行的策略。主要介绍了抵押贷款和担保制度的建立、运行机制，租金修订计划，低收入阶层住房税金信用计划以及住房金融保障体系，最后提出我国政府在住房领域应该借鉴美国住房保障的运作经验，采取多样化的措施，完善我国住房保障体系。李维哲（2003）介绍了澳大利亚的住房资助计划。与其他发达市场经济国家一样，为了保障住房资助计划的实施，澳大利亚也通过立法的形式，对住房资助计划提供法律保障，先后颁布了《1989年住房资助法案》、《1996年住房资助法案》等相关法律。澳大利亚的住房资助计划包括：公共住房计划、社区住房计划以及土著计划。公共住房计划主要是指公共出租住房计划。公共出租住房由政府出资兴建并进行管理，这些住房受联邦与州住房协议的资助，主要是为了解决中低收入阶层住房困难问题，向他们提供适宜的、可支付的住宅。为有效保障住房资助计划的实施，澳大利亚联邦政府和州政府对住房资助资金进行详细的安排。根据协议规定，资金来源主要有以下两方面：联邦政府财政预算资金、州政府匹配资金。联邦政府在财政预算中，对公共住房进行资金安排，在具体运作时，又细分为两块，一部分为联邦政府的实际拨款，另一部分为冲抵州的部分财政上缴额。州匹配的资金，主要是根据协议的规定，与联邦政府财政预算资金相匹配，由各州和区政府提供的财政资金。为保障资金的规范化管理和运作，协议对住房资助资金的用途进行了详细的界定，各州和区政府还要对资金的运用情况向联邦政府提交年度财政报告①。冯宗容（2007）在我国住房保障制度的模式选择、实施原则、对策分析中，对美国、瑞典、新加坡等国家实行的住房保障制度进行了比较、总结，并提出完善我国住房保障制度应该遵循的原则和实施建议。

2.2.2 住房保障政策的实施策略研究

卢有杰（1999）对社会保障性商品房体系进行了深入的研究，他认为在住宅商品化的基本框架下，政府对城市中低收入者应提供住房保障，他提出安居工程、经济适用住房属于社会保障性商品房，并就社会保障性商品房的租售价格问题、成本构成、管理体制、住房资金筹集和融通等问题进行了研究②。厉以宁

---

① 李维哲，吕萍．完善的住房保障——澳大利亚住房资助计划．城市问题，2003（3）：55-59。

② 卢有杰．安居工程——社会保障性商品房体系．北京：中国建筑工业出版社，1994。

(1999) 在《中国住宅市场的发展与政策分析》一书中，结合中国宏观经济的发展趋势，描绘了中国住宅市场的发展蓝图，并前瞻性地指出中国住宅市场的政策导向，即在住宅商品化发展的进程中，以发展经济适用住房为主，完善住宅供应体系；以住宅流通为重点，培育房屋交易中介机构，保证住宅产业链的完整性；采取金融、税收等手段，强化住宅需求。[①] 王微 (1999) 在《住房制度改革》一书中，就我国住房市场供应体系的构建提出了其观点，他认为，设计符合我国具体情况的住房供应体系，必须坚持效率优先、兼顾公平的原则，即建立商品化、社会化的住房体系，充分发挥市场机制调节、配置住房资源的作用，兼顾对特殊群体的住宅保障职能。他提出面对我国城市化进程加快而带来的城市人口的净增长和城市居民改善住房的潜在需求，我国住房供应仍存在量上绝对不足问题，因此，政府干预的重点是住宅建设环节，政府应采取相应的优惠措施鼓励开发商承建经济适用住宅和鼓励非营利机构联合建房。此外，他还就中国住房交易市场的规范化运作提出了可操作性的建议。[②] 王玉明 (2000) 在《经济适用住宅与城市住宅郊区化》一文中提出，经济适用住房具有商品性和社会保障性的双重特性。商品性具体体现在经济适用住房具有商品房的一切特性，有价值和使用价值，是用于交换的劳动产品，其销售价格的确定至少要保证实现简单再生产，并略有盈余；而其社会保障性体现在销售对象受到控制、政府干预销售价格、产权权益受到限制。他认为，为保障商品住宅市场的健康持续发展，每个城市经济适用住宅的建设规模都要根据中低收入家庭的市场需求来确定，具有商品性的经济适用住宅要按照市场规律来运行，以减少经济适用住宅对商品住宅市场的负面效应。叶剑平 (2002) 认为，实行住房保障、提供公共住房是政府、社会全体成员义不容辞的责任和义务；每个社会成员都应该认识到任

---

① 厉以宁. 中国住宅市场的发展与政策分析. 北京：中国物价出版社，1999。

② 王薇. 住房制度改革. 北京：中国人民大学出版社，1999。

何中低收入阶层同样是经济发展的重要劳动力资源，每个社会成员对社会总体利益的扩大都有贡献；实行住房保障主要是通过政府行为来实现；社会公共住房具有社会保障的性质；实行住房保障不仅仅是为了保护社会低收入阶层的利益，而且也为了其他人的福利最大化。对于一个不断走向富裕、不断走向公正的社会而言，人人享有一定的住房是全民性的社会生存权利。他提出，在住宅商品化运作的进程中，政府应对城市中低收入阶层实行住房保障。孙炳耀（2000）从住房福利需要出发，围绕我国住房福利政策的历史和现状，参照国外经验，分析廉租住房、住房补贴、住房公积金等制度形式的功能、成本、优点及缺陷。他认为我国旧体制下确定的分房标准，大体上反映了住房基本需要。目前城镇许多低收入家庭住房未达到这个标准，而且将来也难以通过市场解决这个问题，需要有新的住房福利政策。政府直接提供廉租住房一次性投资高，长期成本低，制度弹性小。房租补贴的优缺点正好相反，应成为未来住房福利政策的首要选择，探索按收入水平反向递减补贴的办法。存量公房也应按照这种办法深化改革。经济适用住房难以给低收入家庭以实惠，制度缺乏弹性，宜改成购房补贴，并与租房补贴相衔接。在住房领域不宜搞积累制，住房公积金的融资作用，是以那些未有贷款的成员的利息损失为代价的，这项制度的根本动力在于单位缴费补助，其实质是职业福利。总之，必须研究住房福利需要总量，研究目前我国用于住房福利的资源总量，探索今后扩大资源的可能性，并在资源约束条件下，探索适当的住房福利目标。钱瑛瑛（2004）认为，我国未来的住房保障政策应以货币化的直接补贴为主，控制和缩小经济适用住房的建设，适度扩大廉租住房的规模，并利用公共经济学的收入分配政策的评判标准，使用垂直效率、水平效率、运作效率三个量化指标对住房政策的效率进行评价，并通过指标分析，提出以货币补贴为主、以实物补贴为辅的制度框架。

2.2.3　住房保障政策的作用机制及实施效应研究

胡彬（2002）在《制度变迁中的中国房地产业》一书中，就住房政策对住房市场的作用机制进行了研究，运用经济学原理对住房政策的效率进行了分析，提出经济适用住房的建设对商品住宅市场会产生一定的负面影响，是旧福利分房政策的延续；并提出在住宅市场商品化进程中，应限制经济适用住房的建设。[①] 在住房政策的效应分析方面，高晓慧（2002）运用经济学原理对"货币补贴"和"控制价格"的政策效应进行分析，通过分析，认为货币补贴政策带给消费者的效用明显大于控制价格的政策效用，即在带给消费者相同的效用时，政府采取货币补贴政策较之控制价格政策更为节约资金的使用量。她提出，对于政府采取的从供给与需求两方面解决住房问题的策略，无论从消费者效用的视角还从国家发展趋势而言，直接以货币补贴方式给消费者将是最佳选择。印坤华（1999）就住房政策对住房市场的作用机制进行了定性分析，通过实物补贴与货币补贴的效用比较，他提出从市场经济运作的整体效率与资源最佳配置的角度，供给方补贴是缺乏市场公平和违反效率原则的，而需求方补贴是符合市场经济发展规律的，是我国住房市场化运作的方向，经济适用住房政策应该向这一方向迈进。[②] 以上学者在住房政策的效应分析方面，切入点、分析过程有一定的差异，但是其结论是相同的，即赞同以货币补贴为主，以"砖头补贴"为辅的观点。

2.2.4 住房金融研究

国内研究住房金融的学者也比较多，研究成果及其文献较为丰富。主要有汪利娜（1997～2003）、宾融（2001）、程世刚（2003）、董德刚（2006）、刘刚（2007）、郝海龙（2005）等。汪利娜（1997～2003）在《促进住房金融规范平稳发展》中，首先

---

① 胡彬. 制度变迁中的房地产业——理论分析与政策评价. 上海：上海财经大学出版社，2002。

② 印坤华. 关于经济适用房政策的经济思考与理论再探讨. 财经研究，1999（11）：122-125。

分析了国外住宅金融的运作经验，介绍了发达国家住房金融的融资方式、特点、发展趋势及住房金融的创新，对我国住房金融的发展现状进行分析，指出存在的问题，即：①贷款品种单一，服务滞后；②金融基础设施不健全，加大了潜在的风险；③信贷利率政策单一；④银行自身抵御风险的能力较弱等。进而提出完善我国住房金融的措施及建议。宾融（2001）对住房金融证券化机制进行了研究，并以美国为例进行实证分析。对住房抵押贷款的功能、作用、在各国的发展状况，一级抵押贷款的保障机制、基本品种、组织体系，二级抵押贷款的功能与形式，抵押支持证券与衍生品种，风险与控制，信用增级与评级，政府行为模式的选择，金融监管进行了全面深入的分析，并对我国实行住房金融证券化存在的制度障碍进行了分析，最后提出相应的实施策略。程世刚（2003）在《住房金融的模式比较及其借鉴》一文中，将住房金融的模式划分为：强制储蓄型、合同储蓄型和资本市场型。强制储蓄型以新加坡为代表，它是政府以强制手段筹集住房建设和消费基金的住房金融模式，具有资金稳定、存款期限长、筹资数额高、运作成本低的特点。强制储蓄型融资着重解决两方面的问题，即公平问题和中央公积金的保值增值问题。合同储蓄型是指潜在的购房者与指定机构签订储蓄合同，并按照合同约定到指定机构储蓄，当储蓄达到一定的时间和金额后便自动地取得从该机构进行抵押贷款的权利。其基本特征是：封闭运行、存贷结合、互助合作。采用这一模式的国家主要有英国、德国等。资本市场型是指采用住房抵押贷款证券化技术，主要通过资本市场筹集住房资金，利用住房抵押二级市场解决一级市场“存短贷长”的矛盾，控制金融机构的风险，稳定经营收益，形成一、二级市场的良性互动。其基本特征是：公司化运作、筹资方式灵活、市场化的风险分担机制。借鉴不同国家住房金融的运作模式和实施特点，提出了发展我国住房金融的政策建议，即大力发展我国住房抵押贷款融资体系，积极开展住房抵押贷款证券化，同时加强和规范住房公积金制度，形成市场金融为主、政策性金融和合作性金融为辅的住房金融体系。刘刚（2007）介绍了美国、日本、加拿大、挪威等国家的住房金融机构、资金来源及资金运用比较，分析了我国建立政策性住房金融的必要性，进而对我国建立政策性住房金融机构运作路径提出了构想。郝海龙（2005）就关于规避住宅金融风险问题进行了探讨，分析了住宅金融风险产生的原因、机理，提出了防范住房金融风险的应对措施。

此外，国内许多学者就我国住房公积金制度运行中存在的矛盾和问题、住房公积金风险防范及运行效率等进行了研究，对住房公积金提高城镇居民住房购买力的贡献度进行了理论分析，提出了完善住房公积金制度的措施及建议。

2.2.5 住房保障法律法规、产权及其收益问题研究

公共住房制度的高效率运行，必须借助于法律法规的颁布、实施和完善。依靠法律的强制约束力规范市场中各行为主体的市场行为。西方国家在实行公共住房政策时，在不同的时期颁布了相应的住房法律法规。相对而言，我国住房立法工作滞后，公共政策的运行缺乏法律依据和规范。伴随着住房制度的货币化改革，国内有的学者就住房法律法规和公共住房产权问题进行了尝试性的探索，但是，迄今为止，研究成果较为缺乏，没有为政府管理部门提供有价值的参考实施建议，特别是就公共住房产权问题研究显得尤为不足。当前针对住房法律法规进行研究的国内学者主要有：金俭（2004），彭俊瑜（2006），赵学刚、袁文全（2007），陈晓玲、林静（2007），符启林（2008）等。金俭是国内较早对我国住宅法和住房保障法进行研究的学者之一，在其著作《中国住宅法研究》中，结合我国住房制度货币化改革，在对主要域外国家住房法深度解读的基础上，通过深入研究，初步形成了“中华人民共和国住宅法草案”框架，并结合城市弱势群体的住房状况，阐明了住房保障立法的必要性和迫切性；同时对住宅建设、住宅拆迁、所有权、买卖、抵押贷款、租赁、物业管理

等法律问题进行了精辟的分析和论述。[①] 彭俊瑜（2006）从法学的角度，首先阐明了住房保障制度和廉租住房制度存在的法理基础，分别从宪法、经济法和社会法的视角进行阐释，一方面，探讨了廉租住房制度的宪法基础，提出住宅权是居民的基本权利，实现居民的住宅权是国家的一项公法义务，国家应该对居民住宅权实行宪法保障。另一方面，探讨了廉租住房制度的经济法基础，政府实行公共住房政策主要是通过经济、行政、法律手段对住宅市场进行调控和干预，以解决住房市场失灵问题，而经济法也是国家实施干预的重要手段。第三方面，以私法一社会法一公法的法律三元结构为基础，提出了住房保障从目标和手段表现出社会性的特征，住房问题从其诞生开始就是一个社会稳定与安全的问题，住房保障制度对住房问题的解决体现了社会法的理念。然后分析了住房保障制度和廉租住房制度在运行中存在的问题与矛盾，从宏观和微观两个层面构建了我国廉租住房法律制度的框架，即在宏观方面应提高法律层次，借鉴国外一些国家的经验，及时制定“城镇廉租住房管理条例”，微观方面对廉租住房保障机构的设立、职责与权利、保障资金的来源、保障目标群体的准入审核标准、退出机制、争议的解决、违规的法律责任等进行了制度设计，在理论上就中央政府和地方政府在廉租住房保障中的责任和义务进行了界定，形成了较规范的体系，为城市政府提高廉租住房的运作绩效提供了有价值的参考。赵学刚、袁文全（2007）分析了我国廉租住房制度的法律缺陷，即存在着法律位阶较低、保障门槛过高、保障不公平、违规成本较低等问题，提出了完善廉租住房制度的法律措施，主要有：①成立专门的管理机构，明确其责任和权利，强化政府监督，提高实施绩效；②提升廉租住房制度的法律位阶，制定符合地方保障标准的廉租住房法律法规；③完善廉租住房法律体系。陈晓玲、林静（2007）等就我国住房保障法律制度进行了探讨，分析了我国住房保障法律

① 金俭著. 中国住宅法研究. 北京：法律出版社，2004。

制度的缺陷，提出完善我国住房保障法律制度应遵循的原则和立法建议，分别从保障资金来源、住房保障手段、进入退出机制、监督体系等方面进行了较为深入的探讨。此外，国内学者刘梅（2006）、符启林（2008）等也对住房保障立法进行了相关研究。以上国内文献，金俭教授的研究著作《中国住宅法研究》、《中国不动产物权法》具有创新性，研究内容富有前瞻性，相对而言，其他学者的研究内容在一定程度上有所重叠。

国内针对公共住房产权界定和收益方面的研究相对缺乏，通过广泛的文献检索和阅读，发现对这一问题进行探讨的国内学者有：陆玉龙（2005 年），秦虹、张智（2006），朱雪刚（2007）等。陆玉龙是国内较早对经济适用住房产权和收益进行探讨的学者之一，在其《共有产权：经济适用住房制度创新研究》一文中，从五个方面就上述问题展开了论述：①经济适用住房共有产权制度的内涵与本质；②经济适用住房共有产权制度的创新要点；③经济适用住房共有产权制度的法律基础；④经济适用住房共有产权制度的优越性；⑤经济适用住房制度创新的可操作性建议。该文基于民法“一物一权”的原则，所有权可以由一个民事主体所独有，也可以由两个或者两个以上的民事主体所共有的规定，以及经济适用住房的保障性和商品性、资源的稀缺性提出了进行经济适用住房产权制度创新的必要性和迫切性，经济适用住房实行政府和购房人共有产权可以形成经济适用住房保障资源的累积倍增效应，能够不断扩大住房保障的规模，提高住房保障资源的利用效率，实现住房保障功能的升级和转轨，同时可以更好地发挥政府对住宅市场进行调控的功能，调整住房供应结构，保持住宅市场供需平衡。在经济适用住房制度创新的可操作性建议中，提出应该重新修订原有《经济适用住房管理办法》中的内容，增加关于经济适用住房共有产权制度、权属登记制度的相关内容；建立专门的住房保障管理与运作机构，全面负责廉租住房和经济适用住房的管理、运营、审核、准入、退出、再交易以及产权共有的份额和收益分配；建立健全住房保障的考核机制以及发挥组织领导功能。[①] 秦虹、张智（2006）对经济适用住房的产权和收益的复杂问题进行了全面的分析，根据经济适用住房上市交易的规定，经济适用住房的保障目标群体在居住一定的期限后，可以上市转让经济适用住房，但是对转让收益如何分配的问题存在着争议，也就是由于经济适用住房产权不清晰、共有产权没有界定相应的份额而难以分配收益。基于上述问题，经济适用住房应该在明确共有产权的基础上，也就是城市住房保障机构和购买经济适用住房的受惠对象共同持有经济适用住房产权证，同时对共有产权人的产权份额和收益的分割进行明确界定，在此，把政府所有的部分产权称为“特殊产权”，具体涵盖两方面的内容，即政府在让渡部分权利的同时，免除相应的义务，也就是对房屋的维修、装修、物业管理费用的缴纳义务，政府的产权应具有剩余收益权，具体而言，可以通过两种途径取得，一是通过直接转让取得，二是通过具有优先回购权回购后拍卖取得，所得的收益重新用于住房保障。该文还结合北京市经济适用住房特定项目，对收益的划分、回购、再出售的具体办法进行了详细测算和设计。[②] 朱雪刚（2007）从法学的视角对经济适用住房的产权问题进行了深入的剖析。经济适用住房产权是与经济适用住房有关的财产的各项权利的总称，包括物权、债权、继承权等，是人们对经济适用住房的占有、处分、收益等方面的权利。对建立经济适用住房部分产权制度的可行性进行了阐明，界定了部分产权和共有产权的区别，部分产权是指购房者拥有完全的占有、使用和部分收益权，而城市政府拥有部分处分和收益权，具有优先回购权、完全让渡出占有和使用权，房屋存续期间不存在维修和管理的义务。部分产权下，产权人所拥有的权利和义务是不对等的。共有产权时，政府有分割共有物的权利，而在部分产权下，政府

---

① 陆玉龙．共有产权：经济适用房制度创新研究．中国房地信息，2005（9）：18-21。

② 秦虹，张智．经济适用房的产权与收益．中国房地产，2006（10）。

不具有以上的权利。最后，对完善经济适用住房法律法规进行了相关分析。

2.2.6 准入审核和退出机制的研究

前已述及，我国公共住房由于受到财政转移支付、融资机制的约束，存在着有限的供给与强大的需求之间的矛盾，保障目标群体轮候时间较长，保障覆盖面较低，而经济适用住房的运作又存在着审核不严、监督实施成本较高、寻租等诸多问题，引致“福利倒置”。鉴于此，国内许多学者就公共住房的准入审核机制进行了广泛的研究，并进行了相应的制度安排。刘晓君（2004）通过建立准入审核模型，探讨了在信息不对称的情况下，廉租住房管理机构在准入审核时的最优策略选择，随后提出了建立个人信用体系、加强住房保障立法、实行信息披露和公示制度等应对措施。[①] 李震（2003）从法学的视角探讨了公共住房进入、审核、退出机制。刘颖（2007）通过借鉴国外学者建立的政府间政策执行信息沟通模型，并将其应用于廉租住房的监管，以促使地方政府在廉租住房的准入、审核、退出管理中能够公平、公正、高效率地运作。

除了以上所述的研究文献，国内有的学者还从公共住房开发模式（单文惠，2003）、公共住房的保障公平（李强，2004）、公共住房动态演化的层面进行了有价值、有意义的探讨，以上所有研究不仅丰富了我国公共住房的理论体系，介绍了域外国家公共住房的运作实践和运作经验，拓展了住房保障的学术研究边界；同时针对我国住房保障制度在运行中存在的问题和矛盾以及国内主要城市住房保障的实施现状，提出了优化我国住房保障政策的实施路径和实施建议，综合的理论研究和相关的实证分析为完善我国住房保障制度、提高住房保障的运作效率、保障公共住房的公平提供了理论上的依据。

---

① 刘晓君．廉租住房纵览．北京：中国建筑工业出版社，2005。

2.3 美国、新加坡公共住房政策及其运作实践

2.3.1 美国住房保障政策及其实施策略

20世纪早期，在美国建设任何类型的住宅均被认为是私人部门的活动，联邦政府的角色仅仅局限于促进发放居者有其屋相关的抵押贷款。然而，从20世纪30年代的大萧条到1980年间，联邦政府通过对生产者和消费者提供金融支持、直接参与住宅建设、税收优惠、保险和信贷计划、设立专门储蓄机构、创建二级市场以及邻里复兴计划，逐步扩张了其在住房建设与发展中的责任，特别是在20世纪70年代，联邦政府通过实施联邦住房发展计划，支持建设了大量的低收入住宅。① 美国住房保障实行的是特惠模式，保障目标主要是针对低收入阶层和特殊人群。从20世纪30年代以来，美国历届政府为了有效解决国民的住房问题，曾经制定了一系列相关的住房保障政策，分析不同时期所制定的住房保障政策及其实施策略可知，重点是充分考虑低收入家庭的货币支付能力。在对住房市场间接干预的情况下，采取多样化的措施，鼓励私人机构参与住房保障计划的实施，并依靠强大的金融支持和一系列的税收减免计划，实现既定的国家住房保障目标。美国是市场经济非常发达的国家之一，居民的住房问题在世界上也是解决得比较好的，20世纪90年代初，每户居民的平均居住面积已经达到174m²，并且98%的住宅，室内配备现代化的设备。目前美国住房自有化率已经超过70%，居世界前列。美国居民的住房问题之所以解决得较好，源于美国政府较早地介入住房市场，自1930年代开始，罗斯福执政时期，美国政府就开始制定住房保障政策，并采取多样化的措施保障政策实施的高

① 迈克·E·米勒斯等. 房地产开发原理与程序. 刘洪玉等译. 北京：中信出版社，2003：305-307。

效率。美国政府介入住房市场，并没有采用直接干预的形式，而是在保证住房市场稳定发展的框架内，采用间接的手段来进行调控。美国政府实行住房保障的基调是，政府鼓励国民在私人住宅市场自行解决住房问题，仅仅对低收入家庭和部分特殊家庭实行住房资助。

2.3.1.1 美国住房保障政策的特点及实施路径选择

(1) 完善的住房金融保障体系和抵押贷款保险体系

美国政府为实现“人人享有体面的住宅”这一住房总体目标，采取了金融支持、税收减免、租金控制、住房资助券等多样化的措施，其中金融支持在住房保障政策的实施中发挥着极其重要的作用。1932年为应对经济萧条而导致的严重住房短缺问题，美国政府开始介入住房市场，成立了“联邦住宅银行抵押贷款系统（FHLB)”，由FHLB开始向公共住房开发商和中低收入家庭提供低息贷款。FHLB的成立，彻底改变了以前完全由地方私人金融机构垄断住房贷款市场的格局。地方私人金融机构的贷款存在着贷款周期短、一次性还本付息的弊端，而FHLB提供的抵押贷款方式，可以由联邦政府提供担保，贷款周期较长，还款方式可以采用分期付款的形式。由于FHLB提供的抵押贷款可以由联邦政府提供担保，中低收入家庭贷款门槛降低，相当大一部分家庭借助于FHLB的贷款支持，购买了适宜的住宅。此外，在1934年，美国政府还成立了“联邦储蓄贷款保险公司（FS-LIC)”，组建了“互助抵押贷款保险基金”，负责对中低收入家庭提供抵押贷款保险。在这一时期，美国国会又成立了获得政府信用支持的抵押贷款机构房利美（FannieMae）和房地美(FreddieMac)，FannieMae和FreddieMac的主要职能是购买抵押贷款资产，然后将其重新打包为债券，出售给投资者，以便于资金在投资者和购房者之间的流动。以FannieMae和Freddie-Mac为主体，以及大量私营抵押公司组成的二级抵押市场，为住房建设、流通提供了强有力的资金保障，为住宅市场繁荣奠定了基础，也为大量的中低收入阶层供应了适宜的住宅。1934年成立的联邦储蓄贷款保险公司（FHA），为中低收入阶层提供住房贷款抵押保险，由 FHA 提供保险的抵押贷款，贷款期限可长达 30 年，房价在 25000 美元之内的，首付款的比例仅为 3%，超过 25000 美元的房价，只需支付 5%的首付款，提前还款也不必支付违约金。此外，在二战结束后成立的退伍军人管理局（VA），可以为退伍军人提供抵押贷款保险，由 VA 提供担保的抵押贷款不需要支付保险费，可免付首付款，贷款利率低，贷款期限较长。①

20 世纪 60 年代，美国政府还实行对私人金融机构进行补贴的计划，扶植和鼓励私人金融机构向公共住房开发商提供低息贷款。这一计划的执行，极大地刺激私人金融机构参与公共住房贷款的热情。补贴计划规定，私人金融机构按照比市场低的利率向租赁住宅的开发商提供贷款，而将此抵押权按照市场利率的水准出售给联邦抵押协会，两者的差额由联邦政府进行补贴。在这一时期，大约有 90000 个住宅单位实行了这项计划。1970 年，联邦政府对上述补贴计划进行了调整，由对私人金融机构补贴转为对开发商补贴，即允许公共住房开发商按照市场利率从私人金融机构进行贷款，但是只付 1%的贷款利率，差额部分由联邦政府贴息。补贴计划的本质是贷款利息补偿，即贴息的方式是以政府为住房发展商提供“保证利率”的办法实施的，即保证利率和市场利率的差额由政府给予补贴。经过半个多世纪的发展，在美国政府的间接调控下，已经形成了非常完善的住房金融运行体制，在市场框架内，美国政府针对不同的中低收入阶层，比如退伍军人、老年人、单亲家庭，由不同的抵押贷款保险公司提供保险，提供低息贷款；同时对私人金融机构提供贷款补贴，以资助住房保障项目的开发商获取低息贷款。完善的住房金融保障体系和抵押贷款体系，吸引大量的房地产开发商从事公共住宅（Public Housing）项目的开发，公共住房供应量增加，中低收入阶层的

---

① 林坚，冯长春．美国住房政策．国外城市规划，1998（2）：43-46。

住房短缺和住房困难问题得到有效解决。

（2）住房保障的法制化、制度化

住房保障政策的有效实施，有赖于相关法律的规范和约束。为规范公共住房实施主体的行为，提高公共住房运作的效率，美国政府制定并颁布了一系列住房保障法规，借助于法律的强制效力，实现住房保障垂直公平的目的。1934 年，国会通过了《国家住房法》（National Housing Act），根据这部法律的规定，成立“联邦住宅管理局（FHA）”，同时成立“联邦储蓄贷款保险公司（FSLIC）”，FSLIC 在《国家住房法》规定的条款内，实施其抵押贷款保险职能。1937 年，国会又通过了《公共住宅法案》，根据这部法案的规定，成立“联邦平民建设总处”，负责对公共住房的建设提供长期的补贴。1949 年，联邦政府对原有的《国家住房法》进行了修改，重新颁布新的《国家住房法》，提出了“让每一个美国人拥有合适的住宅和居住环境”的住房发展目标，并且制订了住房发展计划，计划在今后的 6 年内每年兴建 135000 个公共住宅单元。1974 年，联邦政府颁布了《住房和社区发展法》（Housing and Community Development Act of 1974），1987 年颁布了《无家可归者资助法》（Homeless Assistance Act of 1987），1990 年颁布了《国家经济房法》（National Affordable Housing Act of 1990）。在以上有关的住房法中，制定了相应的年度住房发展计划，州政府均根据年度住房计划的规定以及美国房屋和城市发展部（Department of Housing and Urban Development）（HUD）的要求，制定各州的公共住房发展计划。根据 HUD 的要求和住房法的规定，建屋计划必须涵盖三部分内容：①3～5 年的地区房屋市场环境和市场分析；②3～5 年的面向无家可归者和社区发展的策略；③制订无家可归者、低收入阶层下一年度住房实施计划等。① 美国政府在不同的时期，

① 田东海. 住房政策：国际经验借鉴与中国现实选择. 北京：清华大学出版社，1999。

根据居民的居住状况和经济发展水平，颁布相应的住房保障法律，通过法律的强制效力，来达到住房保障的目的。虽然在有的时期，住房保障的实施没有达到计划制订时的既定目标，如在1949年《国家住房法》中，规定每年建造135000个公共住宅单元，实际每年竣工住宅只有41000套，截至1972年，每年建设量在30000～40000套之间，公共住房实际供应量与计划量之间的差异是因为各种矛盾因素制约的结果。但是，通常情况下，在住房法律的约束下，住房保障实施结果较为理想。美国在不同的发展时期颁布的主要住房法及其主要内容如表2.1所示。

美国主要住房法（1932—1998）　　表2.1

颁布时间	住房法名称	主要内容
1934年	《国家住房法》(National Housing Act)	成立"联邦住宅管理局(FHA)",同时成立"联邦储蓄贷款保险公司(FSLIC)",FSLIC在《国家住房法》规定的条款内,实施其抵押贷款保险职能
1937年	《公共住宅法案》	成立"联邦平民建设总处",负责对公共住房的建设提供长期的补贴
1940年	《兰汉姆法》(Lanham Act)	规定建设85.3万套国防住宅
1944年	《士兵福利法案》(GI Bill)	成立退伍军人管理局(VA),建立了VA住房担保计划,符合条件的退伍军人可获得一笔低息、高杠杆贷款用于购房,特殊情况下可不必支付首付款。1946年国会将该计划有效期确定为10年
1949年	修订原有国家住房法,颁布新的《国家住房法》(Housing Act)	把城市更新、城市再开发计划和FHA针对特殊需要的抵押贷款担保计划、公共住房计划相结合,制订了住房发展计划,计划在今后的6年内每年兴建135000个公共住宅单元。建设总计81万套公共住房,FHA开始涉足公共住房领域
1954年	《住房法案》(Housing Act)	继续实行城市更新计划,以补助津贴或者降低房地产税收的方式,刺激和鼓励投资者与开发商承担城市更新费用
1968年	《住房和城市发展法》(Housing and City Development Act)	为发展商提供低于正常水平的贷款利率,使其为中低收入者提供低于市场租金的住房,FHA为中低收入购房者提供低息贷款

续表

颁布时间	住房法名称	主要内容
1971年	布鲁克修正案 (Brooke Amendment)	公共住房的租户支付的房租只能以家庭收入的25%作为上限，联邦政府向地方政府住房机构提供住房管理和维修补贴。HUD用直接支出计划参与可支付住宅的建设
1974年	《住房和社区发展法》(Housing and Community Development Act of 1974)	主要包括两项新计划：一项是用于社区发展的一揽子拨款计划；另一项是租金援助第8条款(Section 8 of Rent Supplement Programme)，该条款计划的房租补贴由HUD实施发放，用于补贴市场租金和租房户收入25%之间的差额。住房保障重点改为直接补贴需求者
1986年	《税收改革法案》(Tax Reform Act of 1986)	中止1981年经济复苏税收法案对房地产方面加速不动产折旧、缩短维修寿命、建设期内免除利息和税赋的措施。法案授权对混合收入和低收入住宅的投资实行10年期联邦所得税优惠
1987年	《无家可归者资助法》(Homeless Assistance Act of 1987)	建立基金来支持建造过渡的或者永久的面向无家可归者或者面向特殊群体要求的房屋代理管理者
1990年	《全国可支付住宅法》(National Affordable-Housing Act of 1990)	减少联邦政府住房支出预算，采用税收支持计划、州和地方政府计划及私营部门参与等来解决可支付住宅(Affordable Housing)问题
1998年	《多家庭资助性住房改革及承受能力法案》	新增资金用于支持公共住房建设，采用税收减免辅助计划来解决住房困难家庭居住问题

(3) 联邦政府持续性的财政投入和税收减免计划

前已述及，为解决低收入阶层的居住问题，联邦政府采取金融支持、税收减免、保险和信贷计划、直接参与住宅建设、房租补贴、住房券、创建二级市场等措施，不论采取何种措施，联邦政府和州政府必须投入大量的财政资金。持续性的高额财政投入是中低收入阶层住房状况得以解决的关键。为刺激私人部门投资可支付住宅的建设，联邦政府实行了贴息计划，贴息计划的实施主要包括两个方面：一方面是面对私人开发部门，即供应方贴息；另一方面是针对中等及其以下收入阶层的居民，即需求方贴息。根据贴息计划的规定，家庭收入水平高于公共住房申请标准35%的家庭，有资格申请FHA担保的贷款购买住房，只需分期支付本金和1%的利息，其余部分扣除担保费和税收后，由联邦政府向投资者支付。为保证贴息计划的实施，每年联邦政府需要高额的财政投入。在20世纪70年代，联邦政府通过实施住房发展计划，扩大住房保障财政支出，支持建设了大量的用于低收入阶层的可支付住宅。从20世纪80年代开始，美国住房援助政策发生了重大转化，住房计划的目标群体更加准确地定位于低收入阶层，把中等、中下收入阶层排除在保障范围之外。这一时期，联邦政府有计划地取消其住宅建设，逐步减少对可支付住宅建设的支持，转向通过税收减免来支持私人部门开发可支付住宅，通过住房抵押贷款利息的所得税扣减、住房代金券计划等对中低收入家庭实行补助。针对私人部门的税收减免和住房抵押贷款利息所得税扣减政策，实际上是变相的财政补贴政策，每年联邦政府在以上两方面的财政损失巨大。根据美国管理和预算办公室的估计，1999～2003年之间，仅住房抵押贷款利息的所得税扣减一项，美国财政部损失超过2970亿美元。联邦政府1976～2003年用于可支付住宅（Affordable housing）建设的支出如表2.2所示。

2.3.1.2 对我国住房保障的借鉴

作为世界上经济最发达的国家之一，联邦政府在解决中低收入居民、特殊群体住房短缺和困难问题方面，积累了值得借鉴的经验。我国住房制度货币化改革处于起步阶段，在改革过程中受到经济、区域发展不平衡、市场制度不完善、法律制度不健全等诸多因素的限制，中低收入阶层由于受支付能力的制约，面对商品住宅市场住宅价格的不断攀升、市场供需结构不相匹配的矛盾、我国住房二级市场发展的滞后、房地产中介经纪行业的不健全和服务行为的不规范、较高的住房交易成本的阻滞效应，他们

联邦政府 1976～2003 年用于可支付住宅建设的支出（单位：10 亿美元）

表 2.2

年份	当前价		1998 年作为基期	
	批准预算	实际支出	批准预算	实际支出
1976	19.5	3.2	51.4	6.3
1977	28.6	3.0	70.0	7.3
1978	32.3	3.7	73.8	8.4
1979	24.8	4.4	52.3	9.2
1980	27.9	5.6	54.1	10.9
1981	26.9	7.8	47.5	13.7
1982	14.6	8.7	24.1	14.4
1983	10.5	10.0	16.5	15.7
1984	12.7	11.3	19.2	17.1
1985	26.9	25.3	39.4	37.0
1986	11.6	12.4	16.6	17.7
1987	9.9	12.7	13.7	17.5
1988	9.7	13.9	13.0	18.7
1989	9.6	14.7	12.3	18.9
1990	11.1	15.9	13.7	19.6
1991	19.7	17.2	23.3	20.3
1992	19.7	18.9	22.7	21.7
1993	21.2	21.5	23.7	24.1
1994	21.1	23.9	23.1	26.1
1995	15.3	27.5	16.3	29.3
1996	16.4	26.8	17.1	27.9
1997	11.7	27.8	12.0	28.3
1998	19.8	28.8	19.8	28.8
1999	20.4	28.8	20.0	28.2
2000	24.2	29.2	23.2	28.0
2001	25.1	29.1	23.6	27.3
2002	26.3	28.8	24.2	26.5
2003	27.5	28.7	24.8	25.8

资料来源：National Low-Income Housing Coalition calculations of housing data contained in U. S. Office of Management and Budget FY 1999 Budget CD-ROM，TABLES 3.2 and 5.1。

在住房市场逐步被边缘化了，为实现国家制定的小康住宅目标，在保障住房市场可持续发展的同时，必须重点解决中低收入阶层住房困难问题。因此，在货币化改革的发展时期来全方位地分析和审视美国的住房保障政策及有效的实施策略，借鉴他们的运作经验具有十分重要的意义。

(1) 住房保障法规的建立与完善

分析美国住房保障的特点，不难看出，美国住房保障的实施有赖于完善的住房保障法规。美国先后制定并颁布了《住宅抵押贷款法》、《国家住房法》、《住房与城市发展法》、《国民可承担住宅法》等法案，从法律制度层面对中低收入居民、特殊阶层、边缘化人群的住房保障问题进行了明确的界定，在法律的时效期内，制订相应的财政拨款计划、租金控制计划、税收减免计划、抵押贷款贴息计划等等；同时，对各种计划所惠及的人群具有明确的准入限定条件和收入限定标准。法律条款的完备和有效的监督机制，为美国住房保障政策的实施达到公平的目的奠定了基石。我国自 20 世纪 80 年代启动的住房制度改革，虽然在不同的发展时期，曾经颁发了相应的条例和条令，但是迄今为止，还没有一部专门涉及住房保障的法令，甚至连基本的住房法都没有颁布，住房保障主要依靠行政手段加以干预，公共住房政策的实施缺乏立法体系强有力的保障，我国不同时期颁布的住房保障管理条例如表 2.3 所示。

我国不同时期颁布的住房保障管理条例　　表 2.3

时间	名　称	颁布机关	主要内容
1985 年	《城乡住宅建设技术政策要点》	国家科委	提出到 2000 年实现城镇居民每户有一套经济适用的住宅
1991 年 6 月	《国务院关于积极稳妥地推进城镇住房制度改革的通知》(国发[1991] 30 号)	国务院	大力发展经济适用的商品住宅,优先解决无房户和住房困难户的住房问题,在用地、规划、计划、税收、信贷等方面给予扶持
1994 年 7 月	《国务院关于深化城镇住房制度改革的决定》(国发[1994]43 号)	国务院	建立以中低收入家庭为对象,具有社会保障性质的经济适用住房供应体系和以高收入家庭为对象的商品房供应体系
1994 年 12 月	《城镇经济适用住房建设管理办法》(建房[1994]761 号)	建设部	经济适用住房是以中低收入家庭住房困难户为供应对象,并按国家建设标准建设的普通住宅

续表

时间	名　　称	颁布机关	主 要 内 容
1998年7月	《国务院关于进一步深化城镇住房制度改革,加快住房建设的通知》(国发[1998]23号)	国务院	对不同的家庭实行分类住房供应体系,调整住房投资结构,重点发展经济适用住房,加快解决城镇住房困难居民的住房问题
1998年9月	《关于大力发展经济适用住房的若干意见》(建房[1998]154号)	建设部、计委、国土资源部	发展经济适用住房的目的,是为了建立适应社会主义市场经济体制和我国国情的住房供应体系,加快住房建设,促使住宅业成为新的经济增长点,不断满足中低收入家庭日益增长的住房需求
2003年8月	《国务院关于促进房地产市场持续健康发展的通知》(国发[2003]18号)	国务院	根据城镇住房制度改革的进程、居民住房状况和收入水平的变化,完善住房供应政策,调整住房供应结构,逐步实现多数家庭购买或者承租普通商品住房。对经济适用住房,严格控制中小套型,严格审定销售价格,依法实行建设项目招投标
2003年12月	《城镇最低收入家庭廉租住房管理办法》	建设部、财政部、民政部、国土资源部	最低收入家庭廉租住房保障水平应当满足基本需要为原则,根据当地财政能力和居民住房状况合理确定
2004年4月	《经济适用住房管理办法》	建设部、国家发改委、国土资源部、中国人民银行	发展经济适用住房应当坚持在国家宏观政策调控下,各地区因地制宜、分别决策的原则,由市县人民政府根据当地经济发展水平、居民住房状况和收入水平等因素,合理确定经济适用住房的政策目标、建设标准、供应范围和供应对象等,并负责组织实施
2007年8月	《关于解决城市低收入家庭住房困难的若干意见》(国发[2007]24号)	国务院	指出当前城市廉租住房制度建设滞后,经济适用住房制度不够完善,政策措施还不配套,部分城市低收入家庭还比较困难,各地城市政府应加快建立健全以廉租住房制度为重点、多渠道解决城市低收入家庭住房困难的政策体系

续表

时间	名　称	颁布机关	主要内容
2007年11月	修订《经济适用住房管理办法》(建住房[2007]258号)	建设部等七部委	经济适用住房的性质重新界定为“政府提供政策优惠,限定套型面积和价格,按照合理建设标准建设,面向城市低收入住房困难家庭供应,具有保障性质的住房”
2008年1月	《经济适用住房开发信贷管理办法》	中国人民银行、银监会	明确经济适用住房开发贷款的定位、借贷主体资格,规范了借贷期限和利率管理

资料来源：根据邓卫《我国低收入者住房政策评析》一文有关内容整理，2009年3月。

住房法律制度的完善是保证住房货币化改革顺利实施的基础，住房法律为住房保障明确了保障目标、保障模式、保障计划、保障实施策略，这为解决城市边缘化群体的住房困难问题提供必要的法律依据。因此，我国应该借鉴美国住房保障的经验，尽快制定专门的住宅法和住房保障法，从立法层面对住房保障的实施计划、惠及对象、供应标准、资金运作方式、运作机构、保障措施进行法律界定。

(2) 多样化的住房保障融资渠道和完善的住房抵押贷款保险机制

经济适用住房和廉租住房项目运作离不开金融部门的强有力支持。纵观美国70多年来的住房保障运作实践可知，住房金融在住房保障政策的实施过程中发挥了非常重要的作用。我国实行住房制度货币改革以来，为了解决中低收入阶层的居住问题，住房保障的主要途径是实行经济适用住房制度、廉租住房制度、公积金制度。对经济适用住房的运作，国家采取的是变相财政补贴的政策。廉租住房制度实行的是货币补贴或者实物补贴，长期以来，由于资金瓶颈的制约，各地廉租住房保障覆盖面非常小。廉租住房制度推行比较好的上海市，保障覆盖面不到1%。公积金贷款最初主要面向房地产开发商，流向开发领域的资金占较大的比例；面向住房消费群体仅占较少的部分，而针对中低收入阶层的贷款额度更低。随着住房制度改革，住房消费贷款额度不断增加，住房消费贷款已经成为商业银行的优良资产。但是住房消费贷款的发放对象主要是面向高收入阶层，即具有购买商品住宅支付能力的阶层，低收入阶层的购房消费贷款所占的比例极小。公积金贷款和商业银行贷款作为住房消费融资的主渠道，在贷款发放方面存在着对中低收入阶层严重的社会排斥现象，收入水平的低下和消费贷款融资的高门槛，使他们在改善住房问题方面处于极其不利的境地。因此，应当借鉴美国住房保障政策具体实施的做法，采取优惠的金融政策，鼓励商业金融部门和公积金管理机构对中低收入阶层实行低息贷款，成立专门的针对住房困难家庭的住房抵押贷款保险公司，凭政府的信誉，为他们住房抵押贷款提供担保，这也是解决住房困难问题的有效途径之一。但是，在运作中，政府及其金融监管机构，应该对贷款机构和抵押贷款保险机构的运作流程和运作过程加强监管，以降低金融风险。自2008年以来，由美国次贷危机所引致的金融危机对世界经济所产生的严重影响应该引起我国政府的高度重视，我国在借鉴其住房金融的发展经验时，也应该充分估计发展抵押贷款二级市场的风险，应该采取相应的措施规避风险。

(3) 经济适用住房开发指标体系的建立

居民居住质量状况在很大程度上取决于住房面积的大小，只有在住房面积扩大的基础上，才能进一步考虑居住品质的提高和居住环境的改善。关于住房面积标准，域外一些国家和世界组织从经济适用的视角曾经提出过相应的居住面积标准，并以此作为公共住房建设和公共住房租金补贴的依据。联合国人居发展中心、世界卫生组织、国际住房和城市规划联合会曾经制定了保持适宜居住环境的最低居住要求、住房和房间的建筑面积下限。对发达国家住房保障政策的实施过程进行分析可知，为了保证政府的住房福利使更多的弱势群体受益，他们在不同时期曾经制定过公共住房建设标准，如新加坡、英国、瑞士、日本等国家，具体如表2.4、表2.5、表2.6所示。公共住房毕竟不同于一般的商品房，具有保障性、福利性，改善基本居住状况是建设公共住房的宗旨。

联合国提出的3～5人家庭住宅的最小建筑面积标准 表2.4

房间	建筑面积(m^2)
起居加就餐空间	18.6
第一卧室	13.9
第二卧室	12
第三卧室	8
厨房	7
总面积	59.5

欧洲不同规模家庭住宅的最小居住面积标准（m^2） 表2.5

户居住面积(分子为住宅卧室数,分母为家庭人数)								
2/3	2/4	3/4	3/5	3/6	4/6	4/7	4/8	5/8
46	51	55	62	68	72	78	84	88

英国公共住房的最小建筑面积标准（m^2） 表2.6

住宅类型	家庭人数					
	6	5	4	3	2	1
三层独立式住宅	97.53	93.8				
两层台阶式住宅	92	84.5	74.13			
两层半独立式住宅	92	81.7	71.5			
住房单元	86.4	79	69.7			
平房	83.6	75.2	66.9	56.7	44.6	29.7

资料来源：Department of the Environment. Homes for Today and Tomrrow. London。

分析我国经济适用住房配置过程中存在的"福利倒置"、"目标群体错位"等问题，其主要原因在于经济适用住房制度的实施缺乏相应的指标体系的控制，由于没有开发标准的制约，开发商作为追求利润最大化的"经济人"，在监控主体缺位、监督成本过高、成本利益机制的驱动下，开发大户型、超标准的经济适用住房。据调查，北京 2005 年人均住房建筑面积为 $25m^2$，而经济适用住房人均建筑面积平均 $37m^2$，建设部制定的小康水平住房人均建筑面积为 $35m^2$，经济适用住房的开发商基于局部利益的考虑，忽视其社会责任，项目开发中迎合有支付能力的消费者，开发超大户型的经济适用住房，通过总价的过滤效应把本应该获得住房保障的中低收入阶层排斥在经济适用住房的保障范围之外。为避免经济适用住房受惠对象错位问题，实现住房保障的目标，应该借鉴先进国家的住房保障运作经验，建立与居民支付能力相适应的、满足基本居住要求的经济适用住房开发指标。开发指标应该涵盖土地利用指标、容积率指标、户型面积指标、质量控制指标、配套设施指标、总价控制指标等，通过指标体系的设置，规范开发商的开发行为。

2.3.2 新加坡住房保障政策及其实施策略

有别于美国住房保障的特惠模式，新加坡实行的住房保障政策可以归纳为普惠模式，85%以上的新加坡公民居住在政府供应的组屋内，其中，93%的居民拥有组屋的产权，7%的低收入家庭向政府廉价租赁组屋；另外 15%的高收入家庭在市场上购买商品房。从居住水平看，新加坡的人均居住面积在 20 世纪 90 年代初就已达到 $21m^2$ 以上，平均每套住房约居住 3 人。从 1960 年至 2005 年底，新加坡共建造组屋 97.3 万套。新加坡在 1959 年实行“居者有其屋”的住房保障政策以前，国民的居住状况非常恶劣，市区仅有 9%的人口居住标准的公共住房，84%的家庭住房问题严重，在近 160 万的人口中，25 万多居住在贫民窟中，30 多万人居住在棚户区中。针对严重的住房问题，新加坡政府采取了紧急、全面的措施以解决国民的住房问题。新加坡政府首先成立了住房发展局（HDB）作为专门的组屋开发、营运、分配管理主体，为解决建屋资金供应，一方面政府给予大量的财政支持，另一方面强制实行中央公积金制度，同时颁布相应的法律法规赋予 HDB 以更大的土地征用、开发及管理权。透视新加坡的住房保障制度可知，政府对住房市场进行了直接干预，公共住房成为新加坡住房的供给主体，营利性的开发商所开发的房屋所占份额较低。

2.3.2.1 住房保障法规的颁布

与其他住房保障较为完善的福利国家相似，为了保证“居者有其屋”政策的实施，新加坡政府也颁布了一系列保障法律法规，具体如表2.7所示。这些与住房保障有关的法规，主要有《中央公积金法》、《土地征用法》以及《住房发展法》，通过以上法律法规的颁布和实施，保证了住房发展机构在公共住房制度的实施中，能够保证在资金的筹集、土地的获得、房屋的分配和流转方面在法律规定的框架内运作。

新加坡颁布的主要住房保障法规 **表2.7**

颁布时间	住房法名称	主要内容
1955年7月	《中央公积金法》(Central Provident Fund Act)	实行强制性储蓄计划，初期是为了养老保险的需要。后期用于公共住房建设投资和住房消费信贷的主要资金来源
1960年	《住房发展法》(Housing Development Act)	根据第271章规定：成立住房发展局作为公共租屋的开发、运营、分配管理机构
1960年	《土地征用法》(Land Acquisition Act)	授予HDB等下属部门强制征地的权利，以保证城市更新、公共租屋、土地开发等相关计划能够以远低于私人开发商购地的价格获取土地。一般约为土地市场价的70%
1968年	《中央公积金修改法令》(Central Provident Fund Revision Act)	拓展公积金的应用范围，规定公积金除用于医疗、养老费用外，可作为公共住房建设投资和住房消费信贷的主要资金来源
1973年	修订了《土地征用法》(Land Acquisition Act)	规范了土地征用的补偿标准，并制定了土地征用标准细则
1981年11月	《中央公积金修正案》(Central Provident Fund Revision Act)	在全国实行强制性住房保险计划，以保证公屋拥有者在丧失偿还抵押贷款能力的情况下，由中央公积金负责清偿尚欠的余款。具体操作方式为对公积金储蓄做一次性的折减

2.3.2.2 创新性的中央公积金制度

公积金制度的本质就是国家采用强制的储蓄模式，即政府凭借国家权威和信用，通过国家法令和行政法规等强制手段将雇员的工资提取一定的比例存入指定机构，并强制用人单位也按照雇员工资的一定比例进行缴纳，专项用于医疗、住房、养老保险等支出。公积金制度具有资金稳定性强、存款期限长、贷款利率较低的优点。新加坡实行的公积金制度在世界上开创了先河，它不仅在一定程度解决了医疗、养老保险问题，而且有效地解决了住房问题。公积金制度没有社会资源再分配的作用，它具有同一个人不同年龄的强迫性收入再分配的性质。

新加坡公积金的运作，与其他国家的保障制度相比具有明显的特点，具体体现在：①强制性和灵活性相结合，公积金是依据公积金法律来实施的，具有强制性的特点，公积金累计的资产具有明显的个人归属性的特点；②独立性与依赖性相结合，公积金从归集、运营、管理、贷款发放等一系列环节，均实行独立运作，和政府财政完全分离，不影响政府的收支，政府无权动用公积金；③储蓄与保险有机结合。

新加坡的公积金制度开始于 1955 年，设立公积金的初衷是解决雇员的养老和医疗保健。1968 年，国家颁布了一项公积金修正法令，在这部法令中，允许公积金用于住房的开发和消费贷款，这项法律规定主要适用于低收入阶层。该法律的颁布在一定程度上提高了低收入阶层购房的支付能力。1975 年，政府对公积金的使用条件进一步放宽，允许中等收入者也可以动用公积金作为购房首付款，该项法律的规定，极大地刺激了新加坡居民的住房消费热情，购房人数明显增多。

2.3.2.3 明确的公共住房分配政策和严格的分配程序

新加坡住房发展局制定了公共住房的分配政策和分配程序。公共住房按照租售情况分为两类，一类是小户型的，主要用于出租；另一类户型面积较大，主要用于出售。根据以上两种类型，

HDB 制定了出售和出租房屋的分配政策，并确定了住房分配所必须履行的程序。由于公共住房资源是稀缺的，存在着需求大于供应的现象，对于公共住房的分配问题住房发展局还制定了相应的分配标准并实行轮候排队制度，即按照家庭收入、家庭结构等形成公共住房分配的轮候排队体系，不同收入和家庭结构的居民参与各类住房发展计划，在社情、入住、租赁和购买等方面形成了严格的层级化和序列化。新加坡公共住房申请标准是在“居者有其屋”的基本框架下建立的。标准中规定，公共住房的申请者必须满足以下四个标准才能获得申请资格，即公民权、无私有房产、收入水平和家庭构成。以上四个标准中，公民权、无私有房产很容易界定，而收入水平是随着经济发展呈现动态变化的，在实际运作中，HDB 是根据住房短缺的程度和收入的变化来动态确定收入上限。20 世纪 60 年代住房极其短缺，公共住房供应较少，HDB 所确定的收入限额标准较低，目标群体主要是针对低收入水平的阶层。随着 HDB 的逐渐发展和不断壮大，收入限额提高到包含低收入阶层之上的另一社会群体。因而，新的收入限额标准所确定的目标群体有相对较高的收入和支付能力。新加坡公共住房在 20 世纪 60 年代主要以租赁为主，随着经济的发展和住房私有化的推进，自 20 世纪 70 年代开始，实行公房出售政策，此时 HDB 又适时地制定了购买组屋的收入限额标准。严格的分配标准及准入制度，保证有效地分配公共住房资源。

2.3.2.4 保障性住房发展计划

为了保证公共住房建设、运作的持续性和稳定的供应，充分解决新加坡居民的居住困难问题，半官方运作机构 HDB 在不同的时期，根据居民的居住诉求和居住现状，制订了详细的公共住房建设计划，并借助于住房法的强制效力、住房公积金制度来保证建屋计划的充分实施。实践证明，HDB 的公共住房项目的运作效率是非常高的，不同时期公共住房的竣工量和计划建设量差别不大，基本上完成了住房建设计划目标。不同时期 HDB 确定的公共住房建设计划如表 2.8 所示。

新加坡 1960～2000 年的公共住房建设计划　　表 2.8

住房建设计划	时间	公共住房计划建设套数	居住公房的比例
第一个建房五年计划	1961～1965	54430	23.2％
第二个建房五年计划	1966～1970	66239	38％
第三个建房五年计划	1971～1975	113819	45％
第四个建房五年计划	1976～1980	137670	70％
第五个建房五年计划	1981～1985	200377	78％
第六个建房五年计划	1986～1990	121400	85％
第七个建房五年计划	1991～2000	99557	86％

资料来源：姚玲珍《中国公共住房政策模式研究》。

2.3.2.5　对我国住房保障的启示

纵观新加坡住房供应体系可知，新加坡的住房主要由半官方运作机构 HDB 来供应，大约 15％的住房由私人开发商向高收入阶层提供，因此，新加坡的住房市场是政府干预下的住宅市场，政府对住宅市场的干预力度较强，是强干预型的。政府在解决国民的住房问题方面承担了主要的责任，在公屋的承建和租金补贴方面投入的财政资金是巨大的。

新加坡所实行的住房保障政策是政府在金融和住房供应上的大规模国家干预型的政策，政府直接投资或者补贴建设公共住房。政府设立非盈利性常设机构 HDB，对公共住房进行统筹规划、统一计划、统一分配和管理，代表政府对住房市场进行干预，通过法律所赋予的权利，来进行公共住房的开发、供应和分配，以此调整住房供应结构，并通过供应大量的公共住房满足中低收入居民的住房需求。政府还实行强制性的储蓄计划，即公积金制度来对公共住房的开发和住房消费提供信贷支持。由于 HDB 为非营利性的政府独设机构，公共住房的租金低于市场租金，为了保证住房保障政策持续、稳定的实施，政府每年要向 HDB 提供财政资金以弥补市场租金和公共住房租金的差额对 HDB 所产生的损失，所以政府每年在公共住房上的财政投入是非常高的。新加坡作为土地资源非常稀缺的国度，为了集约利用土地资源，政府发挥了对土地资源调控的作用，所实行的住房保障制度是政府主导的公共住房建设模式，这种普惠性的住房保障制度是与新加坡的国情相适应的，与此相对应的是，政府在住房领域所承担的保障成本是相当高的。

在公共住房的运作中，我国可借鉴其成功的运作经验，提高住房保障制度的运行绩效，具体而言，可以体现在以下几个方面：

(1) 建立专门的管理机构来全面负责筹划制定城市住房保障体系，并对经济适用住房和廉租住房的运作实行全面管理，如新加坡的住房发展局和香港的房屋委员会，在权利的赋予方面应该和以上两组织有所差异；在保障性住房供应模式的选择上，宜借鉴美国可支付住宅的发展模式，通过一系列政策优惠措施吸引开发商和非盈利机构来增加廉租住房和经济适用住房的供给，依靠私人开发商的高效率，弥补政府机构运作存在的效率低下问题。专门的管理机构应该对经济适用住房的销售合同进行全面监督，对经济适用住房的购买者进行严格的准入资格审查。

(2) 城市政府应该制定廉租住房、经济适用住房的中期规划和年度发展计划，对住房市场、保障性住房的需求进行预测和分析，如3～5年的保障性住房需求的综合分析；根据年度发展计划的要求，确定相应的财政投资或者融资计划、土地供应计划与规划，确定相应的开发方式，保证年度发展计划和中期计划的完成。

(3) 设计完善的保障性住房准入、审核、退出机制。在我国实行分税制改革以后，地方政府和城市政府存在着收入与责任不对等的矛盾，城市政府在公共住房领域存在着财政支付困难，公共住房存在着融资困境，受到资金短缺的约束，廉租住房和经济适用住房供给相对较少，公共住房资源是稀缺的。因此，必需设计完善、严密的准入审核机制，明确审核责任主体，对公共住房的准入进行严格审核，对入住的群体进行动态监控与调查，对收入状况发生变化、不需要保障的群体实行相应的措施，强迫他们退出公共住房系统特别是廉租住房，或者中止货币补贴，使公共住房或者货币补贴资金用于真正需要保障的家庭。

（4）住房保障综合信息化管理及控制系统。住房保障制度公平、公正、高效率的运作，离不开信息化管理支持系统。通过信息化管理系统，定期、及时地向市民披露国家、城市政府及管理部门有关住房保障的文件、法律法规，住房保障的年度计划、中长期规划、保障准入标准、限制条件、保障住房的运作审核流程；通过设立网上申报模块，实施网上申报；对廉租住房、经济适用住房的申请人及资格审查合格者进行网上公示，并通过网上举报系统，接受社会监督，以保证中低收入市民获得稀缺的保障性住房资源。住房保障综合信息化管理系统可以极大地降低政府住房保障的实施成本。

2.4 公共住房理论与实践有待于继续研究的问题

通过前面对国内住房保障理论研究的总结和分析以及对已有文献的梳理可知，伴随着我国住房制度改革、住房保障体系的建立以及住房保障的运作实践，国内许多学者和政府管理人员对公共住房制度进行了较为深入的理论和实践探讨，研究范围和边界不断拓展，研究文献较为丰富，如住房保障政策的国际比较及经验借鉴、住房金融、保障性住房与商品住宅市场的协调性发展、住房公积金的优化管理、公共住房法律法规、公共住房的规划政策、土地政策、税收政策等等，以上研究极大地丰富了住房政策的理论体系，也为优化我国住房保障制度提供了理论依据。但是，迄今为止，国内学者对公共住房融资机制的创新、产权和收益分配问题、区位选择以及公共住房制度创新等诸多方面的研究还尚显不足，而以上问题的研究可以极大地丰富公共住房理论，对完善我国公共住房制度具有非常重要的实践意义和应用价值。鉴于此，本书将主要从公共住房的产权、公共住房运作模式的创新、空间区位分布和开发模式、内循环机制等层面展开较深入的探讨。本书还结合我国经济转轨时期大量农村人口在经济、文化、就业等多种因素的驱动下，迁徙至城市，从事非农产业的劳动，在城市中生活、居住，受到户籍制度的刚性制约，没有完成市民化变迁，成为“准市民”，城市中大量的“准市民”在公共住房制度存在排斥、住宅租赁市场不完善、住宅产权市场供给结构不合理、住宅价格存在泡沫的情况下，存在着严重的居住困难，提出我国公共住房应该拓展保障的边界，逐步消除住房保障领域的排斥与不公平，将部分“准市民”纳入住房保障体系的观点。本书还基于新制度经济学的制度变迁和制度创新理论，探讨公共住房的制度创新模式和动态演化机制，通过以上几个方面的分析，试图丰富我国公共住房理论研究成果，也为完善我国住房保障体系提供相应的政策建议。

3 公共住房运作模式的创新性研究

关于公共住房的运作模式，西方国家经过近一个世纪以来的探索，发展并运用了多种模式。20世纪70年代以来，运作模式有所变化，逐步采用了多方合作的运作模式。通过实行公私合作的模式，将私人部门的高效率引入公共住房领域，提高了公共部门的绩效水平，鉴于国外的运作经验，本章就公共住房的运作模式进行研究，将公共住房放在宏观经济框架内，在公私合作（Public-Private Partnerships）的基础上，尝试性地提出以中间组织为枢纽的公司合作制（Public-Intermediary-Private Partnerships），即PIPP模式，探讨该模式在住房保障体系中的运用和具体的操作形式，并对该模式的居住控制系统进行设计。

对PIPP模式的中国公共住房保障体系进行深入研究，首先，必须明确这一问题的理论基础；其次，需要通过对国内外相关文献的收集、考察和整合，并结合我国的现实背景，进一步深化。下面，首先对PIPP模式的公共住房保障体系的理论基础进行探讨。

3.1 PIPP模式的公共住房保障体系的理论基础

3.1.1 新公共管理学理论

1887年，美国著名学者伍德罗·威尔逊（Woodrow Wilson）在《行政学研究》（The Study of Administration）一文中，提出行政与政治的二分观点，也就是说将行政学作为一门专门的学科来研究。至今，政府管理研究领域的行政学经历了三次范式转换，即传统的公共行政学（Public Administration）、新公共行政学（New Public Administration）和新公共管理（New public Management）。其时间跨越段为：传统的公共行政学（1887～1960）、新公共行政学（1960～1980）、新公共管理（1980 至今）。其中，新公共管理（Hood，1991）有多种称法，如管理主义（Pollitt，1993）、以市场为基础的公共行政（Lan，Zhiyon 和 Rosenbloom，1992）、后官僚主义范式（Barzelay，1992）、企业家政府（Osborne 和 Gaebler，1992）。

20 世纪 70 年代末 80 年代初，公共部门的政府治理陷入危机，其主要表现为政府扩张、机构臃肿、效益低下和行为失灵，传统官僚制政府面临前所未有的挑战。英国着手开展了声势浩大的政府改革运动，1979 年撒切尔上台以后，英国保守党政府推行了激进的政府改革计划，开始注重商业管理技术，引入以竞争机制和顾客导向为特征、以雷纳（Rayner）评审委员会的成立为标志的新公共管理改革。针对政府改革的运动随后迅速扩展到西方其他国家乃至全世界，由此西方各国掀起了一场政府再造运动的高潮。

美国行政学者欧文（Owen E. Hughes，1994）在《Public Management and Administration：An Introduction》一书中，提到尽管关于新公共管理的名称反映存在不同的观点，但是在某些方面，它们存在着共同之处。它们都反映了传统公共行政发生了一个显著的转变，更多地关注结果的取得和管理者的个人责任。它们都从经典的严格的官僚制转向组织、人力资源、雇佣的期限；组织和个人的目标再次被清晰的设置，如 3Es：经济（Economy）、效率（Efficiency）和效益（Effectiveness）；最后是高级官员更加效忠当前的政府，而不是非政党化或中立的，政府更加乐于接受市场的检验。

胡德（C. Hood，1991）将新公共管理看作是一种强调明确的责任制、产出导向和绩效评估，以准独立的行政单位为主的分权结构（分散化），采用私人部门管理、技术、工具，引入市场机制以改善竞争为特征的公共部门管理新途径，并从七个方面概括了新公共管理的内容，即：①公共部门应向职业化管理转变；②应有业绩测量标准和评估方式；③应强调产出管理；④对公共部门进行公司性的单元化分散管理；⑤提倡公共部门之间的竞争；⑥强调私人部门管理的风格；⑦重视资源使用过程中的纪律性和节约性。

不同学者对新公共管理的研究尽管有各异的内涵，但其本质是趋同的，即提倡公共部门的竞争，引入私人部门管理的风格，利用私人部门的示范效应来提高公共部门的工作绩效。

3.1.2 市场失灵理论

亚当·斯密看不见的手，引发了对市场机制的崇尚，但随着社会的发展，这只“看不见的手”似乎在某些方面不再那么有效，出现了市场失灵的空白区域：信息不对称、外部性及不完全竞争。而正是这三个空白区域给中间组织的存在提供了充分的理由。

首先，是信息不对称。经济学中信息不对称理论是指某些参与人拥有而另一些参与人不拥有或较少地拥有信息。反映在市场上就是买卖双方所掌握的信息的数量和质量上的差异，一方面，导致拥有信息多的一方会以自己的信息优势来侵犯拥有信息少的一方的利益，即道德风险；另一方面，拥有信息少的一方也会为了维护自己的利益，做出不利于另一方的选择，即逆向选择。最终导致劣币驱使良币，低等级产品充斥市场。道德风险与逆向选择的区别在于：逆向选择是事前的信息不对称，道德风险是事后的信息不对称。

迈尔森和萨特思韦特（Myerson 和 Satterthwaite，1983）发展了中间化的讨价还价模式。中间层为准备交换一个物品的买者和卖者设计了一个交换机制，中间层的出现会改变讨价还价的过程。阿克劳夫（Akerlof，1980）关于柠檬市场的著名模型表明，产品质量的信息不对称可以阻碍双方交易。模型证明，假如消费者获得的关于产品质量的信息少于供应商的话，那么产品市场就可能无法存在，此时，如果有中间层来集中鉴定质量是有社会收益的。比格莱斯（Biglaiser，1993）证明了向一个存在逆向选择机制的市场引入中间层可以增进效率。中间层有比个人更大的动机去投资类似于质量方面的监督。

在市场经济中，信息不对称是普遍存在的。作为信息弱势方的消费者会尽全力搜寻有关产品的信息，当然，我们并不否认政府在规范企业、加大信息透明度方面所作的努力，但现实中有许多的中间环节完全可以由中间组织来代理，比如，现实中很多行业协会担当对本行业的从业人员的资质审核以及专业人员培训等，对行业内的纠纷侵权问题进行处理。同时消费者也可以通过行业协会了解企业的实力和产品的等级，无须花费大量成本进行同等的信息搜寻。

其次，是外部性。在讨论微观经济时，所给的假设是单个经济单位从经济行为中产生的私人成本和私人利益被看成等于该行为所造成的社会成本和社会利益。但实际经济生活中，这个假设往往并不成立。有时单个经济活动会给社会其他成员带来好处，但自己却不能由此得到补偿。外部性是在实际经济活动中，生产者或消费者的活动对其他生产者或消费者带来的非市场性的影响。这种影响可能是有益的，也可能是有害的。当一项经济活动带来的私人利益小于社会利益时称为“外部经济”，反之称为“外部不经济”。①

当然，政府对于外部经济与外部不经济可以给予一定程度的补贴或者征税罚款，但此边界难以把握，补贴或者征收多少才算合理？其中，如何避免企业的寻租行为和政府的短期行为是比较困难的。中间组织从一定程度上起了很好的补充作用，还以行业协会为例，特别当企业面临某些诉讼困境或者由于外部不经济造成不良影响时，行业协会能起到较好的协调和管制作用。

其三，是不完全竞争。这对于我国刚刚建立起来的不完善的

---

① 高鸿业. 西方经济学. 北京：中国人民大学出版社，2001。

市场经济来说尤为重要。垄断不单单针对企业，政府在某些公共项目中也必须进一步淡化自己的主导角色，不能既当裁判员，又当运动员。中间组织可以很好地担当政府与企业之间的对话者和沟通者。

3.1.3 制度变迁理论

新制度经济学认为制度变迁可以视为一种效率更高的制度（即制度变迁的目标模式）对另一种制度（即所谓的起点模式）的替代过程，或一种更为有效的制度的产生过程。制度变迁是一个从制度均衡到不均衡再到均衡的不断演变的历史过程，各种制度的交错变迁构成了一定时期的制度特征。

林毅夫（1996）用“需求－供给”理论构架把制度变迁方式划分为强制性变迁与诱致性变迁。强制性制度变迁指的是由政府充当第一行动集团，以政府命令和法律形式引入和实行的制度变迁，制度创新的微观主体只是被动或被迫地接受政府提出的制度安排，其追求利益最大化的自主创新动机和行为被压抑，政府成为制度创新的唯一发动者和推动者，这是强制性制度变迁的主要特征；诱致性制度变迁指的是一群（个）人在响应由制度不均衡引致的获利机会时所进行的自发性变迁。

一般在经济转型期间，使用强制性制度变迁得到认可，但强制性制度变迁可能导致政府的非理性思维。一方面，政府直接设计和提供的制度结构和制度安排，在各种经济因素，如意识形态刚性、集团利益冲突以及社会科学知识的局限性等的联合作用下，不一定能够达到预期的效果，可能出现实际制度供给与意愿制度供给的偏离，此时，需要诱致性制度变迁作为后期的补充。另一方面，无法克服负外部性。制度变迁巨大的外部性问题和高昂的交易费用，且伴随着搭便车现象，导致提供的新制度安排的供给大大少于最佳供给，因此，需要政府采取行动来弥补制度供给不足，从而导入了强制性制度变迁。所以，理想的解决办法是强制性制度变迁与诱致性制度变迁融合与交替。二者虽然有自身的优点，但都不能独自解决所有的制度供给问题，交替使用才会使制度结构效益最优。总体上说，制度变迁是一种动力机制系统，包含影响制度安排的各种子系统，而各个子系统在社会发展关系中相互作用、并存、互补并达到新的平衡。

随着经济体制改革的深入发展，各方面改革取得了一定程度的成功，此时政府应该逐渐淡化其角色，从微观实施转换到宏观调控者的位置，即“有所为，有所不为”，“该管的就管，不该管的不要管”。从专业化的角度看，社会中的组织应该涉及具有比较优势的领域，政府并不是在任何领域都具有绝对优势，此时，将角色分担给其他组织或许会更有效率，各种组织互相弥补、互相作用、并存共赢，这也正是基于制度变迁理论的中间组织存在与发展的依据。

3.1.4 产业组织理论

产业组织理论源于西方，该理论研究的是传统微观经济学中的竞争模型所不能分析的市场行为。运用微观经济学理论分析企业、市场及其相互关系，并以微观经济学为基础，具体分析研究产业内企业相互竞争与垄断关系的应用经济理论。在研究方法上突破了实证分析的局限性，将博弈论、计量经济学、福利经济学、数理经济学和信息经济学等分析方法有机地贯穿于产业组织理论中。产业组织理论内容包括企业理论、规制、反垄断政策、合同理论以及组织理论。

阿尔弗雷德·马歇尔（Alfred Marshall，1890）首先提出了产业组织概念，认为产业和生物组织一样，是一个伴随着组织中各部分的机能分化（企业内的分工和社会分工）和组织各部分之间紧密联系、联合（企业的兼并和准兼并）的社会组织。他并以分工和协作为基础讨论了产业组织中的内部经济和外部经济、工厂规模和经济规模。

基于马歇尔的分工和协作，钱书法（2004）认为，分工和专业化经济是产业组织自身演进的理论依据和历史逻辑，人们应当而且可以认识它、适应它和利用它，适时提高产业组织水平，优化产业组织结构。

社会上每一种组织都有各自的分工和比较优势，没有一种组织能够“大而全、小而全”，即使它自身努力去实现，也是效率低下的。基于此，一种准市场组织的企业集群或产业集群也成为产业组织结构演进的趋势和方向，合作竞争逐步取代古典和新古典竞争，网络内或集群内的众多企业都比以往更多地分享到了分工经济和专业化经济的好处，信息技术的发展也提供了良好的共享平台，减少了原来的高交易费用。另外，分工和专业化经济也使组织的边界处于不断的缩放动态平衡中。

企业是一种组织，同理，政府也是一种组织，各自有明确的分工和比较优势，随着社会经济互补性和依赖性的增强，使得二者之间的界限不断地模糊化，甚至可以通过一种合作来深入到对方的领域。也就是说，一种组织在某方面的失灵，并不能否认它的参与性，它的适当参与有可能反而提高运作效率，没有绝对的失灵或者绝对的优势。

其次，该理论认为片面强调竞争或者规模经济都是不可取的，二者可能导致过度竞争或者垄断，必须创造一个既发挥竞争活力又实现规模经济的微观基础。

如何形成规模经济呢？20 世纪 90 年代以来战略联盟作为一种极为重要的企业组织形式出现了，它强调的是联盟中的企业保持着各自独立的所有权，不涉及参与企业的所有权结构变化，这样使得其合作领域非常广泛，合作中又有竞争的存在。形成战略联盟的企业一般着眼于长远发展，不以短期利润作为衡量标准，而是以能否打造企业未来的竞争环境和核心能力为目标。因此，建立企业战略联盟可以利用双方的优势互补，以最少的资本去创新，降低交易费用和风险，实现长期的竞争优势和企业的核心竞争力。

随着时代的发展，组织的形式也在变迁，有企业间合作的战略联盟形式，有政府和私人合作的 PPP 模式，其共同理念都是发挥各自的比较优势以实现共赢，从原来单一的组织形式逐渐向合作的组织形式转变，这为政府、企业和中间组织三方之间的合作提供了发展的空间。

3.1.5 民营化理论

民营化一词较早出现于日本。英国从1979年开始出现的国有企业私有化浪潮，很快波及到日本，并被称作公共企业民营化。公共企业民营化有三重含义：一是公共法人通过组织变更而转化为股份公司形式，并将部分政府资本逐步出售给私人；二是公共法人通过组织变更而转变为民间所有的认可法人；三是公共法人或股份公司形式的公共企业通过组织变更而成为私人企业。

民营化的先驱和主要倡导者萨瓦斯（E. S. Savas）从广义上将民营化界定为：更多地依靠民间机构、更少地依赖政府来满足公众的需求。它是在产品服务的生产和财产拥有方面减少政府作用，增加社会其他机构作用的行动。从狭义上看，民营化是指一种政策，即引进市场激励以取代对经济主体的随意的政府干预，从而改进一个国家的国民经济。这意味着政府取消对无端耗费国家资源的不良国企的支持，从国企撤资，放松管制以鼓励民营企业家提供产品和服务，通过合同承包、特许经营、凭单等形式把责任委托给在竞争市场中运营的私人公司和个人。民营化旨在改善政府作为服务提供者的绩效。这包括打破不必要的政府垄断，在相关公共服务供给中引入竞争。

从萨瓦斯对民营化概念的诠释中可以看出，其偏向于更多地依靠民间机构、更少地依赖政府来满足公众的需求。这既包括了非国有化的要求，也包括了开放市场、引入市场竞争机制、鼓励民间投资等内容，应用范围更加宽广。

民营化出现的原因，其一，是现实压力、经济、意识形态、商业以及平民主义等的推动；其二，是政府增长的存在。现实压力、意识形态等因素虽然从不同的方面对政府提出了要求，同时政府的过度扩张也会导致政府活动自身的无效率。因此，需要重新审视政府的角色，将其定位于公共服务提供的促进者和管理者，其他工作则更多地依靠公民、社区和市场。此外，公共部门存在的效率低下、回应性差、提供的产品和服务质量低劣等种种弊端也成了公共部门民营化改革的直接原因。

萨瓦斯将政府服务活动、政府企业和国有资产的民营化方式分为三大类：委托授权、政府撤资和政府淡出。委托授权包括合同承包、部分服务、全部管理、特许经营、场域特许使用、租赁、补助、凭单和法令委托；政府撤资包括出售和无偿赠予；政府淡出包括民间补缺、撤出和放松规制。

美国行政学学者欧文（Owen. Hughes）在《Public Management and Administration：An Introduction》一书中，认为公用事业的民营化并非不可接受的，但较之其他公共企业的民营化而言，公用事业的民营化的确需要给予更多的关注。民营化的主要目的是促进经济效率，从狭义上讲是促进企业内部的经济效率，从广义上讲是促进以该企业提供的服务为基础的相关产业的经济功能。欧文也指出公用事业民营化后政府并不能与之完全脱离，因为公用事业民营化后仍然具有重要的政治意义。由于它是服务于公民的，其价格制定和服务的提供是一个政治问题。政府由于一开始没有建立起竞争的框架，使得以后引入竞争更加困难。私有化市场的优势以及可能使政府活动民营化将产生的效率很容易得到论证。公共部门市场化有两个主要方面：一是将国有企业出售给私营部门；二是将公共活动以签订合同的方式转包出去。它和出售企业方式不同，其商品或服务仍然是一种公共服务，只是具体事项由私营部门提供。这种做法也存在某些问题。实际进行签约转包的工作不像想象中那么理想，有许多具体情节需要处理。市场化方案不一定在任何环境中都有较好的效果。从理论上说，私人承包商的工作将有较高的效率，但是虽然仅仅是签约转包，公共管理者还有额外的负担，例如，使私人承包商遵守合同条款，以保证绩效实现。当然遵守合同不是直接就能做到的事情，需要解决政治、技术等几个方面的问题。

Vickers, J. 和 Yarrow, G. （1998）在《Privatization: An Economic Analysis》一书中，指出重点在于民营化后的管制程度。在微观经济领域，对诸如电信、天然气、电力和自来水等公用事业的组织和控制是最困难的。一方面，在公共所有权的情况下，企业的应变能力更强，这也成为公众喜爱的原因。当经济规模扩大，范围较广，准入障碍很强，或者存在外在性时，私人所有权的表现很差。但另一方面，公共所有权也不是完美无缺的，体现在经济组织自身的天生缺陷。

西方各国基于不同的国情，其民营化的形式上呈现不同的类型，有产权私有化、股份制改造、资本开放和资产重组，更有本国公共企业与大型跨国公司组成战略联盟。

3.1.6 合作经济与合作主义

合作一词源于拉丁文，是指成员之间的共同行动或者协作行动，如合作生产、合作经营。合作经济的经济思想萌发于早期的空想社会主义，著名的空想社会主义者欧文提出了关于合作公社的观点，即财产公有化、管理民主化、分配需要化和劳动结合化。

马克思（1885）的合作经济思想主要集中于生产合作。他认为资本主义生产方式下的工厂制度和信用制度是现代生产合作社产生和发展的基础。在合作经济发展的过程中，组织形式不固定，其随着社会而变①。

洪远朋（1996）研究了合作经济理论发展的产生和发展，并对资本主义合作经济的发展作了详细的探讨，指出现实中使用合作经济的形式有城市工业合作经济、供销合作经济、城市信用合作经济和城镇住宅合作经济，其中较为详细地介绍了城镇住宅合作经济可行性和具体的操作方式。

徐勇（2003）主张以“竞争一合作主义”的理念分析和处理

---

① 参照《资本论》第3卷第498页。

权力分化和整合问题，重新塑造政府与社会的关系，并以此对中国正在兴起的村民自治、社区居民自治、民间组织及国家与社会的互动提供理论解释和分析框架。同时他认为治理模式的转型一方面要求多元竞争、权力分化，另一方面又强调多元合作、权力整合，最终达到“和而不同”的“和合”政治哲学境界。

合作经济在社会主义市场经济中的运行形式多样，大体上有：承包经营责任制、股份制、联合经营。随着社会经济的发展，许多单一配置形式越来越表现其不足，通过合作与协调，可以达到最优均衡。合作形式与交易形式和资产专用性的大小密切相关，其选择机制如图 3.1 所示。

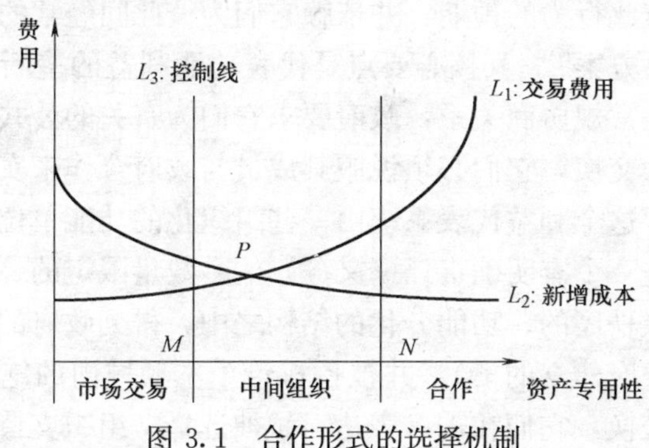

图 3.1　合作形式的选择机制

威廉姆森（1979）在《交易费用经济学：契约关系的治理》中将“资产专用性”定义为：是指将耐用性实物资本或人力资本投入某一特定的交易关系从而被锁定的程度，一旦要打破既有关系或制度规则，将付出巨大的转置和退出成本。威廉姆森认为，市场交易费用是一条随着资产专用性程度的增加较快上升的曲线。横轴表示资产专用性大小，竖轴表示费用，随着资产专用性的增大，企业的交易费用 L_1 递增，反之，由于合作而产生的新增成本 L_2 递减。当组织对交易费用、柔性管理费用等很难评价或者无法评价时，企业的可控制线始终在 M 点附近游离，显然

P 点是最优的形式选择。

合作主义（Corporatism）是行动哲学，建立在系统论之上，它局限于一种政治经济模式，更扩展到一种通过重建人与国家的有机联系使人复归为“人”的运动。其理论源于欧洲天主教义和民族主义，强调整体性和一致性，主张国家权威的主导和控制，以及国家与社会边界的模糊性。

合作主义（Corporatism）的核心观点是经济、社会、政治行为不能仅仅根据个体选择和偏好，或者仅仅根据公共机构的习惯和指令来理解。在市场和国家之间的某个地方，存在着许多自我组织的、半公共性质的团体，个体和公司或多或少地依赖这些团体确定彼此行为的预期，并依赖它们为彼此间经常的冲突提供实际的解决方案[①]。其核心要点是代表功能利益的垄断组织与政府之间建立常规协商关系，政府要求它们为有关的公共政策提出意见，作为交换，它们必须说服其成员与政府合作来实现政策的有效实施。这个利益代表系统由一些组织化的功能单位构成，它们被组合进一个有明确责任（义务）的、数量限定的、非竞争性的、有层级秩序的、功能分化的结构之中，得到政府的认可（如果不是由政府建立的话），并被授权给予本领域内的绝对代表地位。作为交换，它们在需求表达、领袖选择、组织支持等方面受到政府的相对控制[②]。

所以，合作主义坚持由社会和公共权威参与合作的中介单位组成的公民社会，需要公共权威和私人部门的同时参与，只有公共权威与私人部门的共同发展，才能提供公民社会发展的条件，而且利益团体的角色目的不仅仅是自利和竞争性的，不仅仅向公共权威提出要求，它还应当承担一种“准公共”的社会责任，比如，协调、管制、组织、控制、联系政府、文明行动等等。公民社会不是和政府对立的体制，而是在政府体制和私人机构之间起

---

① 张静．法团主义．北京：中国社会科学出版社，1998：168-169。

② 张静．法团主义．北京：中国社会科学出版社，1998：24-25。

到连接作用的中介区域。

3.1.7 制度均衡理论

诺思在《经济史中的结构与变迁》一书中，指出制度提供了人类相互影响的框架，它们建立了构成一个社会，或确切地说一种经济秩序的合作与竞争关系，旨在约束主体福利或效用最大化利益的个人行为。

由此看出，制度本身是一种均衡、非均衡的交替循环过程。制度的本质是人类利益博弈的一种均衡，要实现从现实的制度均衡向理想的制度均衡演进。制度均衡有两种情况：一种是理论所要求的理想均衡；一种是客观实践所导致的实际均衡。从理论上讲，理想的制度均衡应满足四个条件：一是人道性，即制度应体现以人为本的原则，应尽可能为最大多数人谋利，制度的着眼点应是人本身的自由全面发展，应更体现人性化的要求，应对弱者实现人道主义关怀；二是竞争性，即理想竞争制度应当提倡正当、理性、有限度和有秩序的竞争，而不是不正当、非理性、无限制和无秩序的竞争；三是公平性，即每一个主体提供平等的发展机会，而不能有例外和特权存在；四是和谐性，即社会制度体系应当具有有机性和可持续性，应当为社会的发展提供最佳的运行状态。

3.1.8 博弈理论

博弈理论是研究决策主体在给定信息条件下如何决策以使自身效用最大化，以及不同决策主体之间决策的均衡。博弈双方是否达成合作一致的关键在于价格，或者说双方能获得的利润，有可能双方过于追求自身的利益而导致整体利益的丧失，著名的“囚徒困境”就是最好的例子：追求私人利益最大化的两个独立行动注定合作瓦解并给双方带来最大损害。根据理性经济人的假设，私人机构和政府部门都是追求自身利益最大化的组织，是否说明二者之间的合作注定是囚徒困境呢？答案是否定的，因为：

首先，囚徒困境的条件是非常苛刻的。囚徒困境条件为一次博弈，而现实生活中多数为二次、多次甚至无限博弈，在不断的学习、反馈和调整中，双方会修正自己的决策，达到合作的可能；并且两人无法互通信息，现实中的合作双方至少占有对方一定的信息量，如成本、实力等。如果有一种机制作为双方的沟通纽带的话，合作是可寻的。

其次，从价格机制上说，只要成本与收益之比能低到某个限度，并有一定的机制确保能保持在此限度之下的话，合作还是可寻的。

所以，如果在政府与私人部门之间存在一道桥梁的话，合作大有可能出现，而这个桥梁必须同时充分体现人道性、竞争性、公平性和和谐性的制度均衡。

3.1.9 协同理论

"协同"的概念是联邦德国斯图加特大学教授、著名物理学家赫尔曼·哈肯于1971年正式提出的，并于1976年上升到理论的高度，发表了《协同学导论》一书。

协同理论研究的是各要素、要素与系统、系统与环境之间的相互作用、互相协调、合作，达到同步的机制过程。各个系统通过相互影响而又相互合作的关系使系统从无序到有序转变、从非平衡向平衡转变。

协同理论已经广泛地应用于其他学科，如企业的战略管理。著名管理大师迈克尔·波特就指出企业之间的相互关系是管理中的关键问题，协同是一种很有效的工具，特别是在竞争不断加深、企业间的边界日益模糊的情况下，去挖掘这种协同的关联度尤为重要。

3.1.10 竞合战略理论

1996年，博弈理论与实务专家布兰登博格（Adam M. Brandenburger）和奈勒波夫（Barry J. Nalebuff）联合出版

《竞合战略》一书，首次提出“竞合战略”名词，立即引起了实业界和理论界的强烈关注和讨论，他们认为“合作竞争是一种超越过去的合作以及竞争的规则”。Maria Bengtsson 和 Soren Kock（1997）将既包含竞争又包含合作的现象称为合作竞争，并深入研究了企业网络的合作竞争。美国哈佛大学教授亚当·布兰顿伯格和耶鲁大学教授巴里·内尔布夫提出了竞合（Co-opetition）理论，该理论用博弈论的方法，分析了企业之间既合作又竞争的关系。Loebbecke（1997）研究了合作竞争的知识转移及合作竞争组织间知识分配理论。Kjell Hausken（1997）探讨了团队间的合作竞争，认为利益主体间的竞争有利于利益主体内部成员积极性的提高，其他利益主体内的合作竞争影响该利益主体内部的合作竞争程度。Mare（1997）认为合作中利益主体把其他利益群体的活动视为正外部条件，竞争中利益主体则将其他活动视为负外部条件。

竞合战略是博弈理论的应用，它是关于创造价值与争取价值的理论。创造价值的本质是合作的过程，争取价值的本质是竞争的过程。竞合策略的主要观念是增加互补者，运用互补者战略可使产品和服务变得更有价值。

随着社会结构的不断变化，政治经济一体化的发展，对外竞合战略有较强的现实意义。首先，竞合战略可以获得新的技术和市场，确保资源的供应，获得规模经济和范围经济等，可以根据具体业务所处的状态，制定自身的战略形式，如追赶式、维持式、防御式或者重组式，获取领先公司的先进技术、管理方法、新的销售渠道，来提高自己的竞争地位，保持其市场领先地位，发展和跟踪新技术，寻找新的市场机会。其次，竞合战略是互相发挥比较优势、相互学习和互相弥补的过程。亚当·斯密（Adam Smith）认为劳动分工是经济发展的动力，国家或地区的发展需要按绝对成本优势的原则生产和出口产品，并在国际贸易中获得优势。企业根据其生产产品在生命不同周期中的阶段，通过比较优势的原则进行国际贸易，并在此过程中获利。

此外，通过研究开发、技术共享、技术许可、生产、营销、分销等合作形式，找出自己的比较劣势，迎头赶上，实现利润和学习的双赢。

3.2 PIPP模式的住房保障体系的文献综述

3.2.1 基于公共物品视角

公共物品的定义有广义和狭义之分。狭义的公共物品仅指纯公共物品，而广义的公共物品指除了纯私人物品之外的所有物品。介于纯公共物品和纯私人物品之间的物品称为准公共物品，具有不同程度的公共性。

公共物品最基本的特性是非竞争性和非排他性。非竞争性是指在某一个物品的消费过程中，一个消费者增加一个单位的消费量不会导致其他消费者的消费量减少一个单位，那么，这个物品的消费是非竞争性的；反之，就是竞争性的。非排他性是指在某一物品的消费过程中，任何人无法选择性地对部分消费者提供服务，将某些消费者（不支付费用的消费者）排除在外，或者说将拒绝付费者排除在外的做法虽然在技术上可行，但在经济上明显地得不偿失。

在国外，公共产品可译作公共物品、共享物品、公共商品等。詹姆斯·布坎南（James Buchanon，1991）认为，公共产品的显著特征在于它的不可分性和非排他性。不可分性意味着一个灯塔可以由许多人使用，而非排他性意味着排除服务的潜在使用者相对来说是要付出很大代价的，并且是无效的①。

德姆塞茨（H. Demsetz，1970）认为，公共产品是无成本地增加额外消费者的物品，并将不能排除不付费者消费的物品称为

① 詹姆斯·M·布坎南. 公共财政. 赵锡军等译. 北京：中国财政经济出版社，1991：17.

集体产品[1]。

纯粹的公共物品在消费上是非竞争的，萨缪尔森（Paul A. Samuelson，1948）认为，每个人对该产品的消费不会造成其他人消费的减少，同时在技术上是非排他的，或者排他是不经济的。公共物品一旦生产出来，因为生产者在技术上无法排斥那些不付费而享用该物品的人，或者排斥的成本高到使排斥他成为不经济。大卫·弗里德曼（David D. Friedman，1986）认为，公共物品一旦被生产出来，生产者就无法决定谁来得到它。

公共物品的私人自愿供给会导致供给不足，帕累托最优条件下公共物品供给大于纳什均衡条件下的公共物品的供给。这点已在数学领域得到证明。但有一点我们必须清楚，即私人提供的无效性并不能否认私人的参与价值。

周游（2002）认为，虽然政府仍是公共产品供给的主体，但是，随着社会经济的发展、公众生活水平的提高以及市场经济投资环境的改善，越来越多的社会团体、公益组织、私人投资者，甚至一些赢利性公司也纷纷投资公共产品领域。例如，为改善城市交通环境，一些私人部门捐款建设候车厅、街心花园等市政工程。加入WTO后，我国政府已承诺要逐步开放公共经济领域，引入市场机制，让外资、民间资本参与公共投资市场的竞争。如电信领域已允许外资参股，利用外资创办大学的思路也得到认同。

公共产品因为市场失灵而存在，市场配置资源的失灵为考虑其他直接配置资源的辅助机制（如提供公共物品和服务）以及通过纠正手段正确干预价格机制（如税收和补贴）以诱导市场更有效的运作提供了重要的理由。

张桢、刘荣愫（2005）认为，公共服务供给方式多元化是时代的必然，必须使政府的生产性功能转向民间部门，使民间力量

---

① Demsetz. H. 1970. the private production of prblic goods. Fournals of Law and conomics. 13（October）：293-300.

得到有效的释放与发挥，并纳入国家建设和社会发展的体系，使政府的单中心治理模式变成政府、社会、市场的多中心互动治理结构，政府必须加强与“市民社会”的竞争和合作。

吴庆（2001）在《基础设施的公共性及其政策启示》一文中指出，以排他性和竞争性为标准，人类社会中的经济物品（Economic Goods）可以划分为四类：纯公共物品（Pure Public Goods）、纯私人物品（Pure Private Goods）、可能发生拥挤的公共物品（Congestible Public Goods）、价格排他的公共物品（Price-Excludable Public Goods）。

同时，吴庆认为，相当多的公共物品除了非排他和非竞争性的基本性质之外，还具有地方性和集团性。首先，即使公共物品对使用者并不选择性地排他，但是真正能从公共物品提供的服务中受益的往往仅限于或者主要集中于该公共物品所在地区的居民。其次，即使在公共物品所在地的居民当中，公共物品的服务也不是同时为所有人带来同样的服务。社会中最富裕的人和特权阶级往往最先享用价格排他的公共物品，并享受到较多消费者剩余。随着社会收入水平的逐渐提高和公共物品价格的逐渐降低，其他人才可以享受到公共物品的服务。也有许多经常发生的变化可以导致物品的竞争性和排他性发生变化，从而使物品的公共性发生变化。首先，技术水平的提高会改变物品的性质。通常情况下，技术进步使物品的排他性增强而竞争性减弱，但技术的飞跃使物品的竞争性和排他性发生质变。其次，制度设计水平的提高可以改变物品的性质。公用工程特许权（BOT）的出现使私人投资兴建的公共设施可以合法地对使用者收费，从纯公共物品变成价格排他的公共物品。再次，随着消费者收入和购买力的提高，公共物品趋向于成为私人物品。

3.2.2 基于市场失灵与政府微观规制视角

日本产业经济学家植草益（1992）在《微观规制经济学》一书中，把政府对市场失灵的干预分为三个方面：公共供给政策、公共引导政策和公共规制政策。对于公用企业所在行业存在市场失灵的干预，植草益将其归于公共规制政策中。他认为公共规制政策是政府为了解决不完全竞争、信息偏在、自然垄断、外部不经济和非价值性物品等市场失灵而依据法律权限制约经济主体活动的行为。植草益从广义上定义了规制行为，是指依据一定的规则，对构成特定经济行为（从事生产性和服务性的经济活动）的经济主体的活动进行规范和限制的行为。由于实施规制行为的主体有私人和社会公共机构两种类型，因此规制又分为两种：①由私人进行的规制，如私人约束私人（像父母约束子女）的行为，则称之为私人规制；②由社会公共机构进行的规制，如政府部门对私人以及其他经济主体行为的规制，或称为公的规制、公共规制。

约瑟夫·E·斯蒂格利茨（JosephE. Stiglitz，1993）认为，虽然在某些方面，市场失灵非常需要政府给予适当的干预，但政府的干预并不是完美无缺的，它会（几乎是肯定的）滋生浪费和无效率，事实上对政府的干预而言，如果把不可避免的市场失灵考虑进去，那么其与纠正或改善市场失灵所获得的收益是不相匹配的。

卡恩（Kahn，1970）在《规制经济学——原理与制度》一书中对政府规制作了如下定义：政府规制是“对该种产业的结构及其经济绩效的主要方面的直接的政府规定，比如进入控制、价格决定、服务条件及质量的规定，以及在合理条件下服务所有客户时应尽的义务”。

我国学者余晖认为，规制是指政府的许多行政机构，以治理市场失灵为己任，以法律为根据，以大量颁布法律、法规、规章、命令以及裁决为手段，对微观经济主体（主要是企业）的市场交易行为进行直接的控制或干预。

随后，许多经济学家对规制的定义作了进一步的扩展与扩充，施蒂格勒（Stigler，1971）认为，规制是产业所需要的并为其利益所设计和主要操作的。规制被看作是规制对象的一种经济需求并为之服务的工具。规制问题的核心是回答为什么会发生规制、规制代表谁的利益以及评价规制的效果。所以他认为规制是国家强制权力的应用。施蒂格勒（Stigler，1962）在《规制者能规制什么》一书中指出，对比受规制和不受规制的供电企业，结果显示规制可能根本没有收到预期的效果（降低电费），规制的实际效果与政府所宣布的规制目标相左，甚至可能导致更大的福利损失。

公共利益理论（Public Interest Theory of Regulation）主张政府规制是对市场失灵的回应。该理论认为市场存在着其自身无法克服的缺陷，对市场放任自流的结果可能导致不公正和低效率，从而引起社会福利的损失；政府规制的最终目的就是要解决市场失灵、优化资源配置，实现社会公共福利的最大化。这种以福利经济学和市场失灵为基础的公共利益理论是对规制目标较为理想化的分析，它的出发点是政府应该如何做，而忽略了现实中的做法，分析比较片面和狭窄。

部门利益理论（Sectional Interest Theory of Regulation）与公共利益理论把持的观点完全相反，该理论认为政府规制的目的并非是为了公共利益，而是为了某一部门和某一特殊利益集团的利益，规制的结果是保护了一个集团的高收益却以牺牲另一集团（如消费者）的福利水平为代价的。即使可能在某些方面提高了社会福利，也可能只是这种理论的伴生效应。

政府规制俘虏理论（Capture Theory of Regulation）运用经济学的基本范畴和方法分析规制的产生，不再仅将规制视为政治过程和外生变量。该理论将规制者置于经济人假设基础之上，追求个人利益尤其是政治利益最大化是其行为的目标，而政府的强制权力为某些产业企图利用规制政策谋求私利的寻租行为提供了可能性，当在进行成本和收益的衡量后，若预期收益大于其寻租成本，就产生促使其寻租行为（贿赂、诱惑、劝说、蒙蔽、收买），加之信息不对称，使政府规制政策或措施有利于实现自己的经济目标。

3.2.3 基于 PPP 模式视角

(1) PPP 模式的内涵

在国内外相关文献中，PPP 的译法多种多样，如公私合作伙伴模式、公立私有伙伴关系、民营化、公共/私人合作关系、民间开放公共服务、公共民营合作制、官督商办模式、国家私人合营公司等。

国外学者 Kemaghan（1990）认为，PPP 是为了实现共同目标和互惠互利，公共部门与私营部门权力共享、共同经营、维护以及信息共享而形成的合作关系。

Armstrong（1994）强调 PPP 是一种“合作关系”，包括合同安排、联合、合作协议和协作活动等方面，通过这种合作关系来促进政策发展和计划支撑，提供政府计划和服务。

G. peirson，P. Mcbride（1996）主张 PPP 是公共部门与私营部门之间签订长期合同，由私营部门实体来进行公共部门基础设施的建设或管理，或由私营部门实体代表一个公共部门实体（利用基础设施）向社会提供各种服务。这种模式通常具有如下特征：第一，公共部门实体通常根据协议向私营部门实体移交基础设施（是否付款作为回报要视情况而定）；第二，由私营部门实体建设、扩展或重建一项基础设施；第三，由公共部门指定基础设施的运行特性；第四，私营部门实体在既定期限内利用基础设施来提供公共服务（通常对运营和定价进行限制）；第五，在协议到期之后，私营部门实体同意向公共部门移交基础设施（是否付款视情况而定）。

Environment Canada（Preface）中指出，PPP 是指在两个或两个以上的团体之间建立正式或非正式的、契约性或自愿的合作关系，这种合作关系包括共有或兼容的目标，并将具体的角色和责任在各参与方之间进行普遍认可的分配。其意义在于通过共同投入资源来实现风险共担、权力共享和互惠互利。

(2) PPP模式的特征及在中国的可行性

萨拉蒙（Salamon, L. M）和诺曼·弗林（Norman Flynn）在《Public Sector Management》一书中，对英国私有化进程作了较为详尽的分析。在英国，随着私有化向纵深方向发展，私有化的各种政策成为政治运动的重要组成部分，旨在通过缩小政府规模、减税、将投资的决策权从政治家返回到公司的管理者和业主中的方式来复苏英国经济。财政因素是私有化政策持续进行的原因，每年政府从私有化中获得的收入最高达70亿英镑，这对于承诺减税的政府来说是相当敏感的，从私有化中获得的收入成为政府预算中的一个重要因素。另外，高效率是早期私有化政策的证据，后期私有化转到强调私人资金进行投资行为的可行性上。

国内学者曹远征（2002）强调PPP最核心的问题是为了完成某些有关的公共设施、公共交通等相关的服务项目而在公共机构和民营机构之间达成的合作伙伴关系，这种关系的达成是通过签署明确的合同，明确双方的权利和义务，确保项目的顺利完成。它的特点是分享投资收益，共同承担主要风险和社会责任。

李秀辉、张世英（2002）认为，随着社会的发展和进步，对公共基础设施建设发展的需求不断增大，单靠国家财政已远不能满足巨大的投资需求，同时政府在公共基础设施建设中的高投入、低效率和资源的高消耗，已经成为一个世界性问题。正是基于此，引发了世界范围内的公共基础设施建设的制度创新。PPP模式从其产生便受到世界各国的青睐，尤其在美英等发达国家得到了广泛的应用，成为各国政府建设城市公共基础设施的主要方式。

张同江、刘尔烈（2003）认为，随着我国改革开放的深入，国有经济迅速发展的同时，民营企业迅速崛起，已在国民经济中占有一定比重，其财务实力和管理水平也有了较大的提高，已在许多领域，特别是在工程建设行业中成为一个重要的组成部分。

同样，民营企业也应成为基础设施、融资和开发中的一员。同时，他们认为 PPP 项目融资是否能够成功最主要的因素是项目的风险分担是否合理。政府部门在设计风险分担结构时要考虑项目方案的吸引力，一个合理的风险分担结构是一个项目方案是否具有吸引力的关键。通常可根据各方获利多少的原则考虑相应承担的风险，使项目参与的各方包括政府部门、民营公司、贷款银行及其他投资人等都能够接受。

赵晓宇（2004）认为，在中国的社会主义市场经济体制下，私营部门的发展已经开始迎来了一个新的机遇。国家法律、法规的有效保障条件已经具备。当然，任何一个新生事物，都有发展过程中面临的问题。目前，私营部门主要从两个角度面临挑战。第一，是中国的经济发展，尤其是基础设施领域长期以来都是以公共部门为主，管理观念、政府架构都是由公共部门搭建的。要为私营机构的发展提供良好的环境，从政府角度来看，需要做很多事情，尤其是管理理念要有一个非常关键的转变。第二，就私营机构本身来说，中国的私营机构发展很快，企业家发展也很快，但企业家的整体素质不平衡。中国相当一部分私人企业家依靠房地产、股市完成了原始积累后，马上又找不到好的投资机会。同时，他们对于国家的宏观经济发展前景，对于本公司的发展方向缺乏中长期的战略眼光，他们往往是抓到大项目，能赚到大钱，就先来一下，这是制约他们走向基础设施领域投资的一个因素。但随着市场经济的发展，随着公共部门的开放，将有更多的机会出让给私营部门。

3.2.4 基于中间组织视角

从经济体制组织的角度来考察，在现代市场经济体制中，层级组织（如政府）和市场组织是最基本的经济体制组织形态。但在现实生活中，还有相当大一部分既不是纯粹的层级组织，也不是纯粹的市场组织，在纯粹的层级组织与纯粹的市场组织之间，存在一个宽广的中间地带，处于这个地带上有着多种类型的组织，新制度经济学理论把它称之为“中间性体制组织”。中间组织亦称非政府、非市场或非微观主体，在社会生活中广泛存在，它为政府、民众和市场提供了一个交流和合作的平台。

(1) 中间组织的角色

Salamon，L. M (1993) 使用“三元模式”来描述当代西方社会的基本结构，即“政府部门-营利部门-非营利部门”。有学者更将行业协会形象地比喻成引导社会经济发展的“第三只手”，即“第三域”组织。行业协会之所以能在经济管理中发挥重要作用，源于其经济制度背后的合理性和社会需求。

杨祖功、田春生、莫伟 (1999) 提出一种新的调节方式：社会中介组织。市场调节社会关系需要有良好的政治体制。没有国家或者社会集体的干预，市场经济无法运行，但国家调节只能通过法律、规章制度和等级制来约束和限制，加之官僚主义和寻租的弊端，进一步恶化了市场经济，反过来又依靠市场经济，形成一种恶性循环，种种因素促使寻求一种新的调节方式。中介组织的调节机制起了政府和市场不能起的作用，在一定程度上弥补了国家和市场两个方面的缺陷和不足。

洪涛等 (2005) 认为新型的社会结构是“多元三层”结构，即高层是以政府为载体的公共权力机构，由全国各级人民代表大会选举产生；中层是介于政府和公众之间的各种社会团体、中间组织；低层是众多的各类工商企业或者其他产权主体，数量规模由上而下逐渐膨胀，由此构成一种金字塔形的结构体系。未来的国家结构由政府组织、社会中介组织和经济组织三大板块构成，庞大的政府机构将是建立在电子政务基础上的小政府组织，与之相适应的是大量的企业主体的经济组织，介于二者之间的是兼具非政府性质的组织和非企业性质的组织。

丁美东 (2004) 在《市场、政府和非营利组织相互依赖：现实的选择》中，阐述到人类需要的多层次（马斯洛的需求层次理论）导致组织形式的多样化。从政府失效和市场失灵的角度看，对非营利组织的制度需求可以作如下描述：一方面，生产者和消费者之间信息不对称及存在消费外部效应时，过高的交易费用导致市场失效，而营利组织自身不能克服这种市场失效，从而需要借助政府和非营利组织；另一方面，由于政府对克服这些市场失效中的局限性，单纯依靠政府也难以彻底解决问题，这样也需要其他制度形式加以补充。因此，大力发展非营利组织对于降低生产者和消费者自身之间的交易费用具有重要意义。市场组织、政府组织和非营利组织是适应于满足多层次人类需要的三种制度安排，任何一种社会都不可能独尊一种组织。人们需要的满足是一个不断变化发展的过程，在不同的社会条件下，满足需要的三种制度安排的动态组合也就必然不同。非营利组织是针对政府和市场的一种制度创新。

姚小涛、席酉民（2001）认为，市场失效或企业组织失效是中间组织得以产生的主要原因，但值得注意的是，由于中间组织具有市场与企业组织的双重特征，即交易的规制以及特殊知识或技能的共同开发、共同利用等，从而具有一定的复杂的交互性质，并不仅仅是市场与企业的简单混合，可以将中间组织看作是企业与市场相互渗透并且相互作用而形成的一种制度安排，从而，中间组织是在各方共同的资源依托下，结合市场与企业组织特征的对交易的规制方式，以及提高资源共同利用效率的一种合作制度，长期、稳定的相互信任与合作是中间组织的核心特征。

（2）中间组织的绩效与优势

Daniel F. Spulber（1999）在《Market Microstructure：Intermediaries and the Theory of the Firm》一书中指出，中间层在收集和通报信息方面享有一定的优势，还能以信誉和约束力的合同为基础来保证提供信息的准确性，中间层通过鉴定产品的质量弥补这些丧失的利益。同时，他也多次指出在很多类型的政府管制中，政府都承担买方和卖方之间的中间层角色，政府的中介角色如果交由私人或者其他组织来做可能会更有效率。

Gary Biglaiser（1993）发现，在逆向选择的市场上引进中间层可以增进效率，中间层能更好地把高质量和低质量的企业分割开来。

迈克尔·R·迪屈奇（Dietrich，1994）认为，企业间准市场中间组织的基础是动态的，包含对环境发展施加影响或使之内在化的努力。企业间准市场中间组织的作用是对技术知识和产品市场知识的利用、降低成本和风险、加快进入市场的速度、增加灵活性以及监督竞争者并使其实行中立，故动态竞争将导致组织形式的变化与不断发展。

何畔（2000）研究了现代企业的竞争模式，从中间组织的角度考察了企业的战略行为。当企业对是否合作或合并的利弊难以清楚地比较或者认为二者相差不大时，可以采取中间组织的战略。如果说这种情况下中间组织的成本（组建和运行中间组织的费用），明显低于合作或合并带来的管理费用和成本的提高，又低于市场交易费用，那么采取中间组织的形式进行交易就是一种上策。

杨寅、王辉（2005）认为推进政府职能转变是完善社会主义市场经济体制的内在要求。我国的现实表明政府职能转变尚未完全到位。政府在许多方面存在越位、缺位和错位。政府应该做到该管且能管的要管好，该管而管不好的将权力下放给非政府组织，大力发展行业协会和中介机构，通过它起到沟通协调、承上启下、扩大政府功能的作用。目前政府职能的弱化给非政府组织的发展提供了空间。非政府组织发展的成熟程度和社会自我管理能力的发育程度直接制约政府职能的转变。

罗珉、王雎（2005）认为中间组织形成的一个重要原因是关于“演进”（Evolution）的思想。这种演进思想的核心是强调组织应对不确定性的缓冲功能与利用不确定性的创新功能，这是组织形态演进的核心问题，中间组织是一个降低不确定性的缓冲系统和创新平台。缓冲功能打破了一体化组织的边界，是中间组织存在的必要条件；创新功能真正决定着中间组织的发展与壮大，是中间组织的充分条件。

（3）中间组织的发展与分类研究

行业协会和非政府组织（NGO）是中间组织的重要类型，许多中外学者对行业协会做了较为详细的探讨和研究。

霍林沃斯和利翁（Hollingsworth 和 leon，1985）认为行业协会的功能主要表现在竞争性和市场分散化的产业以及最终消费部门，具体的职能有：建立标准合同、制定价格、组织买卖、创立相关标准和市场行为规范、表达会员政治意愿、发挥监督协调作用、减少冲突、联络买卖双方、降低交易费用、协助政府管理和实施援助计划等。

麦克米兰和伍道夫（McMillan 和 Woodruff，2000）认为在法院和其他公共部门执法失效的情况下，合约主要依赖于私立秩序，行业协会就是组织化的私立秩序，其功能主要体现在信息搜集、提供与协调机制上。

多纳和斯内德瑞（Doner 和 Schneidery，2000）将行业协会弥补政府失灵的职能称为市场支持性（Market-Supporting）活动，将行业协会弥补市场失灵的职能称为市场补充性（Market-Complementing）活动。

余晖（2002）、梁上上（1998）认为行业协会在拥有供给与需求双方的信息之外，还掌握了惩罚性的协调能力，具体表现在统一定价、共同抵制和拒绝非成员进入市场竞争，对会员的职能和活动实施一定的限制。

洪银兴（2005）将行业协会的职能界定为两个方面：一是旨在建立良好的合约秩序，为市场发挥配置资源基础作用奠定制度基础；二是形成良好的行业发展秩序，通过行业内部成员的集体行动，如自律或者向政府发生影响，为行业集体利益增进创造条件和环境。

安瑞娟（2004）对中国非政府组织发展的现存问题做了分析，认为作为一种新兴的组织类型，非政府组织是社会公共部门的一部分，其作为社会治理的主体之一，正扮演着越来重要的角色。非政府组织应该积极参与到一些公共事务中，同时也指出中国非政府组织目前发展的困境，如双重管理机制、监督机制不成熟、收入结构不合理。最后提出形成一个良好的治理结构，需要政府、非政府组织及其他主体间合理分工、合作制约，形成良性伙伴关系，同时还应该特别注意政府的角色和作用。

陈熙春、顾建键、马立（2006）认为，在中国一般把非政府组织称为民间组织，具体分为社会团体、民办非企业单位和基金会三大类。我国的非政府组织在社会主义和谐社会的构建中，发挥着畅通诉求渠道、维护社会稳定，构建社会性团结、增强社会凝聚力，扩大公民有序参与、推进社会主义民主建设，承接无偿或低偿服务、促进公共服务专业化，塑造公益文化、推动社会主义精神文明建设等独特作用。由于目前中国的非政府组织存在着培育和发展不够、准政府组织、营利化倾向、管理缺位等诸多问题，产生的原因也十分复杂，因此，必须从战略高度看待非政府组织的发展和管理，为非政府组织发展创造良好的制度环境，推动非政府组织的能力建设，加快政府职能转变与管理创新，重新定位非政府组织管理部门，以促进非政府组织健康成长。

在行业中的中间组织的运用上，我国学者池泽新（2004）探讨了中介组织主导型市场的农业体制。以研究解决我国“小规模、分散化”农户经营条件下农业市场化的具体制度安排和运行体制为目标，阐述了我国农业市场化及应对农业国际化过程中存在的主要矛盾，由此构筑“中介组织主导型市场农业体制”，同时指出这一体制主要由中介组织来引导和协调，政府对农业微观经济活动的调控要经过中介组织的传导或者中转，这一体制意味着中介组织在很大程度上是对市场、企业与政府组织的替代。

苗天青（2005）认为，就我国现状看，要促进住宅合作社的发展。实践证明住宅合作社在解决城镇居民住房方面发挥着积极作用，受到广大职工群众的欢迎。但从总体上看，我国的住宅合作社除了小部分社会住宅合作社外，其他如单位型和行业型住宅合作社已经逐步萎缩，根本原因是由于政府的重视程度不够。国外的成功经验在于政府的立法和政策支持，这不仅维护了住宅合作社的合法权益和地位，而且也保障其能够可持续发展。

王诺、王晶晶、王静（2005）通过数据分析，从法律地位的角度对民间与外资市场的准入、中介组织的独立性以及中介组织市场化程度进行了判断和描述，得出我国中介组织市场地位大大提高、独立性继续增强的结论，但从一定程度上说仍存在一些问题，如某些社团依旧是政府附属机构、行业协会生存问题等。必须在不失公正条件下保持其独立性，通过制度安排与设计规范其行为，建立有效的自律机制。

3.2.5 基于公共住房保障体系视角

（1）基于公共住房政策及其重要性

阿马蒂亚·森（Amartya Sen，1970）提出了关注弱势群体的平民化方案，阐明了罗伦兹（Lorentz）曲线、基尼系数和社会收入分配规则之间的关系。后来建立了合理的贫困指标和福利指标。他认为要解决财富分配不均的问题，只有靠政府的公共政策。

Harsman 和 Quigley（1991）从住房政策特征的角度阐明观点，他们认为，首先，既然住房是占家庭收入很大比重的生活必需品，那么住房政策将影响所有发达国家的居民，住房的分配将是住房生产者和消费者以及政治家和政府官员所共同关注的焦点；其次，住房政策的改变是一个漫长的过程，尤其是针对使用期很长的住房的各种补贴；再次，住房政策与经济政策、社会政策密不可分，住房政策与经济、社会政策相关联，如经济发展、社会福利、土地使用等政策，这些政策会对住房政策和住房支出产生影响。一方面由于住房政策的效果短期内难以看出，另一方面它带有不确定性，故住房政策难以设计和评价。

Peter King，Ashgate 和 Aldershot（2003）在《A Social Philosophy of Housing》一书中，从社会哲学的角度阐述了住房的重要性，现实中从政治上得到的重视程度并不高。这对于住房需求者来说是个打击，他们在哲学家们推理的基础上，将选择、权利和责任归于个人权利，成功地刻画了对不同住房权利的理解以及为什么必须对住房给予足够的重视说明了理由。住房是一种工具，是一种选择的过程，必须将住房选择看成一种基本权利。他们将选择和个人权利联系起来。选择的过程隐含了政治自由。因住房市场在一系列约束下运作，而约束本身就缩小了选择，地方政府必须采取行动去满足住房所有者的需求。

Charles H. Wurtzebach，Mike E. Miles 和 Susanne. Ethridge. Cannon（2001）从公共政策的角度，认为政府政策的目标通常是平衡增长、低通货膨胀、低失业率和整个社会生活水平的提高。在这些目标的实现过程中，不动产有重要作用，不动产的情况会影响整个国民经济的情况，不动产时常成为政府货币政策和财政政策的作用对象。

国内学者谢文蕙（1996）强调了住宅在城市发展中的重要作用，认为城市住宅是城市建筑的主体，住宅建设对于城市经济与社会发展具有重大的直接或间接影响，住宅问题解决得好与坏，关系到城市发展的长远目标。没有一个良好而稳定的居住条件，就不会有美好而持久的城市未来。

况伟大（2005）从政府与市场关系的角度，考察了住房市场的失灵与规制，他认为住房产品是一种“经验品”，也就是说人们无法通过肉眼或敲、打、捏等手段检测出住房的质量，只有在购买使用之后才能知道其质量。消费者与生产者对房子质量的信息是不对称的。由于对市场失灵问题认识不足，以及受到利益集团的影响，政府没有对住宅业的市场失灵进行有效规制，从而导致政府角色缺位，市场运行效果不佳。

(2) 基于住房贷款

William B. Brueggeman 和 Jeffry D. Fisher（2000）从住房金融的角度表明观点，他们强调住宅金融对社会住宅产业的巨大影响，提出了多种金融投资工具，如商业抵押担保证券(CMBS)、房地产投资信托（REITs)、抵押担保证券（CMO)、抵押贷款转付债券（MPTP）等。

(3) 基于住房过滤与流动性

所谓住房过滤是指在住房市场中，最初由较高收入者建造或者居住的住房，随着时间的推移，住房逐步折旧或跟不上潮流发展，较高收入者在可支付能力允许的前提下，会放弃现有住房以追求更好的住房，而较低收入者则可继续使用该住房的过程。利用好住房过滤系统对中低收入者住房需求的实现意义重大，国外成熟的住房市场充分考察了住房生命周期内的流动过程，并从住房等级和收入等级的角度来探索合适的供求结构。

20 世纪 70 年代，Lngcym，Kain 和 Deleeuw 建立了住房消费过滤的短期动态模型。Ohls 在此基础上建立了住房过滤长期均衡模型。该模型考虑了存量住房在住房市场中的关键作用，反映了住房市场的实际运作情况。考虑了消费者收入、住房建安成本、住房服务水平等因素，通过模型预测房价、房屋数量、新建住房数量等结构性数据。

Stein（1995）认为价格的大幅度波动是由于支付减少的自我强化的结果。他把价格的明显波动归因于受约束的住房所有人移动的结果。约束移动者有一定的负债，他们面临金融约束。为了平衡，每一个受约束的移动者选择卖掉旧屋，买新的住房，但新的住房会比他们中意的小，因为他们没有足够的钱支付数额大的预付定金。但他们会用额外的钱支付以满足稍大的新房屋需求。这样，这群人的住房需求使得价格上涨，换句话说，他们在价格上涨中扮演了重要的角色。

Ortalo Magne，Rady（2001）随后运用周期模型分析贷款约束修正了 Stein 的模型。他们认为贷款约束在价格上扬中持续扮演重要角色，进一步分析了物业价格对住房所有人财产的细小改变。他们发现当外界条件发生变化时，如果住房的价格超过所有人（在阶段 2 是边际住房购买者）在阶段 1 的财富支付能力，价格就会打破原来的稳定水平。

在 Ortalo Magne，Rady 的基础上，Bardahn 等（2003）观察了 20 世纪 90 年代新加坡决定新的私人住房出售与否的因素所在。首先，他们发现财富效应驱使新的私人住房物业的出售；其次，地方实际利率对出售有负面影响；再次，公共房屋转售价格变化率的增长对私人住宅出售有重要的影响。

Lamont，Stein（1999）检验了 Stein 模型，通过研究1984～1994 年对美国 44 个大城市住房信贷模式的调查，他们发现住房价格对所有人使用融资杠杆较多的城市具有更大的敏感性。这与 Stein 模型结论是一致的。另外，Chan（2001）通过分析住房所有人的流动性对 Stein 模型进行了检验，对最初定居纽约、新泽西和 Connecticut 的 5094 个单个家庭的 30 年抵押样本分析发现，由于住房市场的负资产导致了对流动性的约束，从而使交易量偏低。这与 Stein（1995）的假说（销售量与住房价格水平有关）是一致的。

Hanushek，Quigley（1979）认为流动性是基于经济的不可预测和人口的巨大变化的错位。他们认为稳定价格不是出路，相反不要给市场任何的压力。Wheaton（1990）和 Dispaquale（1996）使用合同交易模型进一步规范了住房所有人的决定。他们主张住房所有人的收入、生命周期和人口因素影响着住房消费的偏好。当一系列外部条件发生变化时，所有人会进行搜寻和考虑搬迁的净收益或者损失。在以上框架的基础上，Dispaquale，Wheaton（1996）进一步描述了基于所有人不同预期的动态住房市场。

同样，Poterba（1984）和 Topel，Rosen（1988）观测了稳定机制的影响，绘制出新的稳定机制的调节过程。例如，如果住房存量固定，收入增加导致住房价格的上升。这样，市场会自我调整存量，降低物业价格到一个新的平稳机制。从供给方来说，他们设想住房建造行业由竞争企业组成，而且整个住房供给依赖于产出价格、真正的住房结构的价格，如果对供给作某些限制，不断增加的建设需求会极大地提高住房的价格。

另外，许多研究也证明了这种错位，且住房价格和交易量之间是正相关的。Berkovec，Goodman（1996）进一步规范了Wheaton 搜寻模型（1990），检验了流通率和需求之间的关系。Genesove 和 Mayer（2001），Engelhardt（2003）和 Seslen（2003）发现在经济衰退期卖方损失比买方贷款约束更能导致低交易量的现象。

Leung 等（2002）从香港住房市场证明了贷款约束在短期发挥作用。香港和新加坡一样，也有公共住房，所有者可转售住房，但与新加坡不同的是，大量住房人在公共租赁住房计划下出租他们的房屋。

Mandic（2001）和 Struyk（1987）认为除社会经济因素引发流动性外，所有者也可以选择继续留在原住房，通过装修和改造。Mandic（2001）认为，这在那些自我支付住房的发展中国家尤为明显。而 Stein 和 Ortalo Magne，Rady 模型并没有考虑装修改造的因素。

Nai Jia Lee，Seow Eng Ong（2003）关注了新加坡的住房流动性，在《Upward Mobility，House Price Volatility and Housing Equity》一文中，指出在住房改造问题上认为基于改造后的住房质量的提高，住房价格可能上升，但这并不导致交易量的增加。此文中的数据由 Housing Development Board（HDB）在新加坡的分支机构提供，覆盖了 1982 年到 2000 年的交易数据。因为大多数住房存在年份大于 10 年，所以二次交易的几率比较大。2000 年共 48500 个物业单位，样本量 594 个。总共的物业中有 25000 个三房单位、13000 个四房单位和约 5000 个五房单位。

Ashok Deo Bardhan，Rajarshi Datta，Robert H. Edelstein 和 Lum sau Kimb（2002）通过观测新加坡 20 世纪 90 年代销售的新私人住宅，对以下几个因素——GDP、新加坡股票价格指数、实际贷款利率、转售价格和交易周期在有和没有 Executive Condominium（EC）住房计划支持下作对新私人住房销售量的 AR（1,1）回归，并得出三个主要结论：财富效应促使了新私人住房的销售，实际贷款利率对销售有负效应，公共住房转售价格的升高对私人住房的销售有正效应。

Jens Ludwig，Greg J. Duncan 和 Joshua C. Pinkston（2000）在《Housing Mobility Programs and Economic Self-sufficiency: Evidence from a Randomized Experiment》一文中，研究了住房保证计划对个人经济产出的影响。基于住房保证人的建议而重置居屋的公共住房居民得到的补偿减少了 11%～16%，这些并没有伴随收入的变化或者就业率的变化而变化。

P. C. Emmi，L. Magnusson（1995）在《Opportunity and Mobility in Urban Housing Markets》一文中，研究了住房市场居民流动性与住房机会之间的关系，着重于空置的住房机会。从三个方面展开：第一是理清了机会与流动性之间的关系。第二是探讨了多扇形模型空置链模型“Multisectoral Residential Vacancy Chain Models”。第三是测量了模型的精确度。论文重点在于居民流动性和住房机会之间的关系。

Ohls（1975）建立了一般均衡住房市场过滤模型，假设住房市场处于完全竞争状态，住房所有者是追求效用最大化，开发商是实现利润最大化。利用均衡条件模拟市场行为，并应用计算机模拟，提出通过对低收入阶层提供住房货币补贴来增加穷人住房消费。

伯莱德（Braid，1988、1991）建立了一种单中心经济增长住房过滤模型。该模型考虑了区位条件和经济增长因素。在各阶层收入水平、人口规模、交通成本、建房成本、房屋老化率等条件已知的条件下，计算城市内部各阶层居住密度、寓所密度、建房边界、“过滤”边界、“弃房”边界、各阶层所占土地的区位边界和房客的效用水平等。该过滤模型从微观的角度对住房市场的结构性问题进行定量的分析，也得到了社会的广泛运用。

国内学者宋伯通（2000）利用模型对住房消费规律进行研究。假设城市是封闭的，人口固定，将住房市场分为高、中、低三个子市场，城市居民根据收入划分为高收入阶层、中收入阶层和低收入阶层，在此基础上，建立住房过滤的住房市场模拟模型，该模型可以用于进行住房建设等级、属性预测和政策分析。同时，借鉴国外学者 Braid 住宅用地空间增长模型（Residential Spatial Growth）、Ohls 住房过滤模型，并对 Ohls 模型的假设条件、均衡条件进行了修正，对变量的赋值进行修改和扩展，考虑住房一级市场和二级市场的联动，建立一个新的“住房规模预测系统”（HASFS）软件，并利用该软件的模拟结果，评析我国两种住房政策的效率，即住房货币补贴政策和廉租住房、经济适用住房新建政策。

3.2.6 对现有研究成果的总结

首先，关于政府规制和市场失灵方面，普遍认为政府和市场两种组织形式都有缺陷，或者称有自身的比较优势，在某些方面政府应该干预，而在某些领域可以由市场独立承担。二者应该在相互缺陷的部分互相补充和合作，基于市场（政府）失灵的部分，可以由政府（市场）来做，但我们并不否认市场（政府）的参与价值。

其次，就中间组织理论研究现状看，主要集中于理论，强调中间组织的效率和对社会的支持作用。同时对中间组织的特征、性质和承担的角色的探讨较多。但给予住房体系中的中间组织的研究比较少，即是否能在我国建立一种中间的组织机构来承担住房保障中政府与市场之间沟通桥梁的角色。

再次，就住房保障体系，偏重于现状分析和宏观政策的支持，或者对国外住房保障的考察、比较和研究，但提出具体模式的操作系统特别是一个完整的体系比较少。

总体上说，对我国住房保障体系中利用中间组织来构筑公私合作方面的研究还不足，特别是明确提出用某种模式（如 PIPP 模式）来构建公共住房保障体系，还有待进一步发展、研究和深化。

3.3 PPP 模式的诠释、起源、类型与组织机构

3.3.1 PPP 模式的诠释、起源

20 世纪 70 年代以来，公共服务民营化（Privatization）的浪潮在经济发展较快、市场化程度较高的一些欧美国家开始兴起了，通过大规模地运用私营部门的力量来满足公众需求。特别是在各国基础设施的建设和运营过程中，PPP 的广泛应用，既提高了公共服务的供给效率，又保留了政府对关系国计民生的公共部门的控制权。这种模式顺应了当时政府职能转变的呼声，受英国的影响，许多西方其他工业化国家也开始了民营化进程，而且很多东亚和拉美的发展中国家也积极开展此模式的实践。

PPP（Public-Private Partnerships），直译为“公私合伙制”，即公共部门与私人企业合作模式，是指公共部门与私人部门基于某个项目而形成的相互合作关系。PPP 代表的是一个完整的项目融资的概念，通过这种合作形式，合作各方可以达到与预期单独行动相比更为有利的结果，它是以参与方“双赢”或“多赢”为理念的新型的融资模式。合作各方参与某个项目时，政府并不是把项目的责任全部移交给私人企业，而是由参与合作的各方通过协议的方式明确各方在项目每个流程环节的责任、风险、权利和义务，最大限度地发挥各方优势，使项目建设一方面摆脱了政府行政干预和限制，另一方面又充分发挥私人资

本在资源整合与经营效率上的优势，达到比预期单独行动更有利的结果。

PPP 模式核心理念是通过合作达到双赢，文献对“合作”双方有不同的偏重点。Kemaghan（1990）认为 PPP 是为了实现共同目标和互惠互利，公共部门与私营部门权力共享、共同经营、维护以及信息共享而形成的合作关系。G. peirson, P. Mcbride（1996）将 PPP 视为公共部门与私营部门之间签订长期合同，由私营部门实体来进行公共部门基础设施的建设或管理，或由私营部门实体代表一个公共部门实体（利用基础设施）向社会提供各种服务。Environment Canada（Preface）指出，PPP 是指在两个或两个以上的团体之间建立正式或非正式的、契约性或自愿的合作关系，这种合作关系包括共有或兼容的目标，并将具体的角色和责任在各参与方之间进行普遍认可的分配。其意义在于通过共同投入资源来实现风险共担、权力共享和互惠互利，并未指出两个或两个以上的团体是怎样的性质，如公共部门、私人企业或者非营利部门。就现有的文献综合看来，多数都将 PPP 模式合作双方的性质定义为政府部门与私人营利组织，本章也是基于此展开并深化后续的整合与研究。

PPP 的概念起于英国，在 1979 年以前，大量的基础设施建设投资额下降，并持续了很多年，加之政府的基础设施预算下降，更加恶化了这种现象，当时的英国政府处在倾向增加投资但自身能力却有限的尴尬境地。1979 年，保守党政府上台标志着融资从单纯的公共部门向私人部门转移的开始，保守党推行了激进政府改革计划，以注重商业管理技术、引入竞争机制和客户为导向的新公共管理改革。20 世纪 80 年代以后，英国撒切尔首相和美国里根总统先后推行了激进的民营化运动。

3.3.2 PPP 模式的典型种类与应用

PPP 模式的典型种类及私有化程度如表 3.1、表 3.2 所示。

PPP 模式的典型种类① **表 3.1**

PPP 模式的典型种类	
设施类型	适用类型
新建设施	建设-运营-转移(BOT)
	建设-运营-拥有-转移(BOOT)
	建设-转移-运营(BTO)
	建设-拥有-运营 (BOO)
	建设-转移(BT)
	建设-运营-补贴-转移(BOST)
对已有设施的扩建	租赁-建设-运营(LBO)
	购买-建设-运营(BBO)
	扩建后经营整体工程并转移(Warp-around Addition)
已有设施	服务协议(Service Contract)
	运营和维护协议(Operate-Maintenance Contract)

PPP 模式各典型种类的私有化程度比较② **表 3.2**

服务协议	运营和维护协议	租赁-建设-运营(LBO)	建设-转移-运营(BTO)	建设-运营-转移(BOT)	扩建后经营整体工程并转移(Warp-around Addition)	购买-建设-运营(BBO)	建设-拥有-运营(BOO)
私有化程度	公有化程度高←→私有化程度高						

具体分述如下：

(1) 建设-运营-转移 (Build-Operate-Transfer)

简写为 BOT，实质上是基础设施投资、建设和经营的一种

① 彭桃花，赖国锦. PPP 模式的风险分析与对策. 中国工程咨询，2004 (7)：11。

② 王丽娅. PPP 在国外基础设施投资中的应用及对我国的启示. 海南金融，2003 (11)：38。

方式，以政府和私人机构之间达成协议为前提，由政府向私人机构授予特许权力，允许其在一定时期内筹集资金建设某一基础设施并管理和经营该设施及其相应产品与服务。政府对该机构提供的公共产品或服务的数量和价格可以有所限制，但保证私人资本具有获得利润的机会。当特许经营期结束时，私人机构按约定将该设施移交给政府部门，转由政府指定部门经营和管理。BOT 形式是 PPP 模式中发展最早，也是较为完善的一种。

（2）建设-运营-拥有-转移（Build-Operate-Own-Transfer）

简写为 BOOT，它可以看成 BOT 的变异模式，这一模式在内容和形式上与 BOT 没有不同，仅在项目财产权属关系上强调项目设施建成后归私人机构所有。而在 BOT 中的特许经营期内，私人机构仅仅拥有经营权，或者说是一种使用权，但对设施并不拥有所有权。

（3）建设-转移-运营（Build-Transfer-Operate）

BTO 与一般 BOT 模式的不同在于“经营”和“转让”发生了次序上的变化，即在项目设施建成后由政府先行偿还所投入的全部建设费用，取得项目设施所有权，然后按照事先约定由项目公司租赁经营一定年限。

（4）建设-拥有-运营（Build-Own-Operate）

在该形式下，由私人机构负责公共基础设施的融资、建设，并拥有该项设施，对其进行永久性经营。项目公司实际上成为建设、经营某个特定基础设施而不转让项目设施财产权的纯粹的私人公司。不但在项目财产所有权上与一般私人公司相同，而且在经营权取得、经营方式上与 BOT 模式也有相似之处，即项目公司是在获得政府特许授权、事先约定经营方式的基础上，从事基础设施项目投资建设和经营的。

（5）建设-转移（Build-Transfer）

BT 形式与 BOT 的不同之处在于省去了经营的过程，也就是说政府与私人机构达成协议，由私人机构进行项目的融资、建设，当项目完工时，将该项目移交给政府，私人机构利润的取得是直接从政府那里得到而不是通过项目的经营途径取得。

(6) 租赁-建设-运营（Lease-Build-Operate）

政府与私人机构签订长期的租赁协议，由私人机构租赁已存在的基础设施，向政府交纳一定的租赁费用，并在已有设施的基础上凭借自己的融资能力对设施进行扩建，并负责其运营和维护，获得商业利润。整个过程中，设施的所有权始终归政府所有。

(7) 购买-建设-运营（Buy-Build-Operate）

政府将原有的公共基础设施出售给私人机构。由私人机构负责对该基础设施的改建、扩建，并拥有永久性经营权。

(8) 扩建后经营整体工程并转移（Warp-around Addition）

又称打包协议，是指政府和私人机构签订协议，由私人机构负责对已有的公共基础设施进行扩建，并负责建设过程的融资。完工后由私人机构在一定的特许期内负责对整体公共基础设施的经营和维护，从而获得商业利润。在此类型下，私人机构对扩建的部分拥有所有权。

(9) 服务协议（Service Contract）

对一些特殊的公共基础设施，政府将服务外包给私人机构，但政府仍需对设施的运营和维护负责，并承担项目的融资风险。这种服务协议的时间一般不超过五年。

(10) 运营和维护协议（Operate-Maintenance Contract）

政府和私人机构签订运营和维护协议，由私人机构负责对基础设施的运营和维护，从而获得商业利润。特点是私人机构仅承担设施运行和维护过程中的责任，而不承担资本风险。

3.3.3 组织机构和运行形式

3.3.3.1 PPP 模式的组织机构

PPP 模式的组织机构如图 3.2 所示。

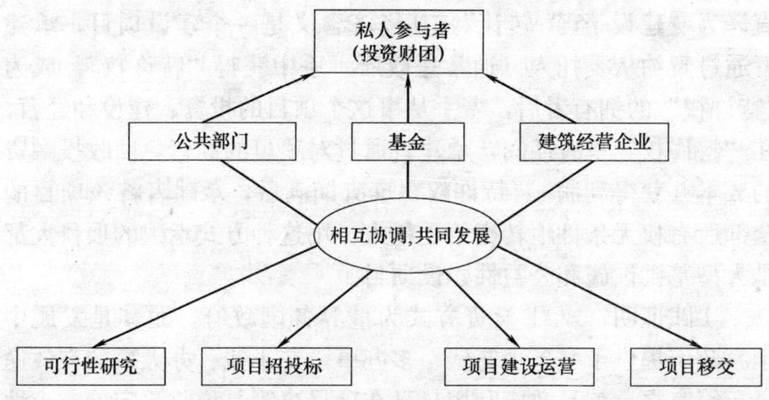

图 3.2　PPP 模式的组织机构①

3.3.3.2　PPP 模式的运行形式

PPP 模式的运行形式如图 3.3 所示。

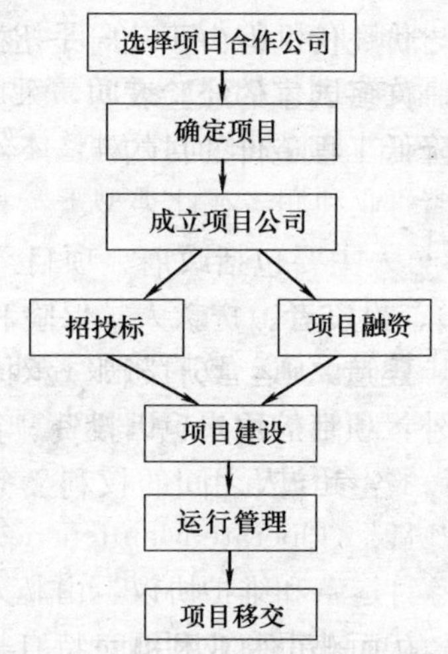

图 3.3　PPP 模式的运行形式①

3.3.3.3　PPP 的典型形式——BOT

BOT 是 "Built-Operate-Transfer" 三个英文单词的缩写,

---

① 陈伟强,章恒全. PPP 与 BOT 融资模式的比较研究. 价值工程,2003 (2):5。

直译为“建设-经营-转让”。其经济含义是一个建设项目，承建者通过契约从委托人（通常是政府）手中获得“特许权”，成为“特许权”的拥有者后，着手从事这个项目的投资、建设和经营。在“特许权”享有期间，承建者通过对项目的经营，回收投融资的成本并获得利润。“特许权”享有期满后，承建者将该项目的全部所有权无条件地转交给委托人。用这种方式承建的项目大都是大型基础设施和公益性建设项目。

实践证明，BOT 投资方式为世界各国政府，尤其是发展中国家政府提供了一条少花钱、多办事，花小钱、办大事的有效途径。简言之，就是政府利用自己在项目决策、税收、定价、土地开发等方面的决策拥有权，通过项目招标的方式，调动和吸引私人投资者的投资积极性，将项目从设计到经营的全过程，连风险和赢利一同确认给私人投资者。当然，谈判的每一个环节都充满了政府与私人间的讨价还价。但由于政府是招标方，可以较为主动地选择合作伙伴。许多国家的经验表明，采用这种方式，可取得缩短工程周期和降低工程造价的目的。

（1）项目参与者

BOT 项目的参与人主要包括政府、项目承办人（即被授予特许权的私营部门）、投资者、贷款人、保险和担保人、总承包商（承担项目设计、建造）、运营开发商（承担项目建成后的运营和管理）等。此外，项目的用户也因投资、贷款或保证而成为 BOT 项目的参与者。各参与人之间的权利义务依各种合同、协议而确立。

（2）操作程序

采用 BOT 模式的项目虽然不尽相同，但一般说来，每个项目都经过项目确定、准备、招标、各种协议和合同的谈判与签订、建设、运营和移交等过程。

① 准备阶段

这一阶段主要是选定 BOT 项目，通过资格预审与招标，选定项目承办人。项目承办人选择合作伙伴并取得他们的合作意向，提交项目融资与项目实施方案文件，项目参与各方草签合作合同，申请成立项目公司。政府依据项目发起人的申请，批准成立项目公司，并通过特许权协议，授予项目公司特许权。项目公司股东之间签订股东协议，项目公司与财团签订融资等主合同以后，项目公司另与 BOT 项目建设、运营等各参与方签订子合同，提出开工报告。

② 实施阶段

实施阶段包括 BOT 项目建设与运营阶段。在建设阶段，项目公司通过顾问咨询机构，对项目组织设计与施工，安排进度计划与资金营运，控制工程质量与成本，监督工程承包商，并保证财团按计划投入资金，确保工程按预算、按时完工。在运营阶段，项目公司的主要任务是要求运营公司尽可能边建设边运营，从而可以争取早投入早收益，同时在运营过程中要注意项目的维修与保养，以期项目最大效益地运营以及最后顺利地移交。

③ 移交阶段

在特许期满时，项目公司把项目移交给东道国或者当地城市政府。移交内容主要包括资产评估、利润分红、债务清偿、纠纷仲裁等。

（3）评价

① 风险

BOT 项目历时长，参与方之间关系错综复杂，各种风险贯穿于项目设计、建造到运营、维护再到移交的全过程。一个 BOT 项目的成败很大程度上取决于是否能识别各种风险，并采取有效手段控制风险。但在实践过程中，项目参与方往往对此没有引起足够的重视，使本来颇具投资效益的项目由于对风险管理的忽略，导致收益锐减甚至失败。

② 政府角色

政府在 BOT 模式中的角色和作用有待进一步转变。政府在对待 PPP 融资模式时，常常不能真正地作为一个监督者而不是所有者，干预过多，使得项目投资经营者不能够完全按照自己的思路进行经营管理，在客观上违背了市场经济的基本原理。

因此，要成功地运作 BOT 项目，政府必须从观念上做出相应的转变，在项目评估、招投标、谈判等过程中明确自己的身份和职责，正确选择合适并具有竞争力的经营者。在授权协议签订后努力营造良好的市场环境和给予相应的法律保障，使项目中标者顺利地进行建设和经营，让双方都获得最大的收益。

③ 私人融资的法律和相关规范

我国正处于由计划经济向市场经济转型的过渡阶段，体制有待完善，法律法规有待健全。BOT 作为一种新型的融资方式，特别是如果在私人融资的相关法律规范和政府政策上出现制度缺损，必然导致无章可循和无法可依。因此，政府及其相关部门应从法律、政策和环境方面着手支持私营企业。在贷款融资方面，应实行优惠政策，给予适当的贴息补助；在贷款担保方面，应研究制定相应的民营企业贷款担保制度，支持具备条件的私营企业通过发行债券、股票上市等办法融资。

3.4 PPP 模式的利弊分析

在发达国家，PPP 的应用范围很广泛，既可以用于基础设施的投资建设（如水厂、电厂），也可以用于很多非营利设施的建设（如监狱）。北京已经采用 PPP 模式通过法人招标方式建设了 6 个奥运场馆，但任何事物都具有两面性，有好的一面，也有坏的一面，以下具体分析 PPP 模式的优点和缺点。

3.4.1 PPP 模式的优点

PPP 模式的优点，首先在于将市场机制引进了公共基础设施投融资领域。对政府来说，一方面在 PPP 项目中的投入一般要小于传统方式的投入，而且由于私人机构的示范作用，有利于提高政府公共部门的工作效率，避免不必要的浪费，优化资源配置。

其次，PPP模式可以使得参与公共基础设施项目融资的私人机构在项目的前期就参与进来，利用私人企业的先进技术和管理经验来弥补之前的不足。因为在项目的早期计划阶段对于技术设计方案一般已经确定，从而使得在项目建设过程中进一步技术创新受到限制。如果采用PPP模式，可以使有意向参与项目建设的私人机构与政府或有关机构在项目的论证和定稿阶段共同商讨，互相发表意见和建议，从而有可能产生更优的方案。

再次，PPP模式有利于降低或者消除政府投资风险。政府与私人机构合作建设公共项目，吸引私人机构参与建设，由私人机构负责项目的融资，不但能节省政府的财政投资，还可以将项目的部分风险转移给私人机构，从而降低政府的风险。

3.4.2 PPP模式的缺点

PPP模式的缺点，首先在于作为政府部门，如何寻找最优的合作伙伴存在一定的困难。一方面，必须真正了解私人机构的运作和实力，这要花费时间和金钱成本；另一方面，公共部门在招标过程中可能出现腐败等寻租行为。

其次，在一定程度上说，PPP项目失败的原因，部分可以归结于法律法规与合同环境不够公开透明，以及政府政策缺乏连续性，变化过于频繁，政策风险使合作方的私人机构难以预料与防范。因此，当政策缺乏一定的稳定性时，私人投资机构必然要求更高的投资回报率作为承担更高政策风险的一种补偿。对于私人机构而言，存在较大的政策风险，即在项目实施过程中由于政府政策的变化而影响项目的盈利能力。为使政策风险最小化，就要求法律法规环境以及特许权合同的签订与执行过程应该是透明、公开、公正的，不应该出现官僚主义现象，人为的干扰应降至最小，否则，合作各方均会受到损失。

再次，组织形式的特点增加了管理上协调的难度，政府和私人机构在项目运作过程中，双方可能会产生矛盾，对参与方的管理水平有一定的要求。

最后，如何设定项目的回报率可能成为双方颇有争议的敏感问题，这涉及双方最直接的利益，需要不断的沟通和协调。

3.5 西方国家与我国引入 PPP 模式的现状

3.5.1 西方国家引入 PPP 模式的现状

PPP 模式在国外已经得到了较为普遍的应用，如在英国、智利、葡萄牙、巴西等国，表 3.3 为各国引入 PPP 模式的应用情况。

各国引入 PPP 模式的横向比较　　表 3.3

国家	引入年份	备　注
英国	1992	交通（公路、铁路、机场、港口）、卫生（医院）、公共安全（监狱）、国防、教育（学校）和公共不动产管理
智利	1994	为平衡基础设施投资和公用事业急需改善的背景，至今已完成 36 个项目，投资额 60 亿美元。其中，24 个交通领域工程、9 个机场、2 个监狱、1 个水库。年投资规模由模式实施以前的 3 亿美元增加到 17 亿美元
葡萄牙	1997	首先应用在公路网的建设上。1997 年至 2006 年的 10 年期间，公路里程比原来增加一倍。除公路以外，正在实施的工程还包括医院的建设和运营、修建铁路和城市地铁
巴西	2004	已经列入 2004 年至 2007 年四年发展规划中的 23 项公路、铁路、港口和灌溉工程，将作为 PPP 模式的首批招标项目，总投资额 130.67 亿雷亚尔

PPP模式在国外已较为成熟，已有很多成功案例，政府确实做到了从各个方面给予该模式支持并赋予完善的规范条例，如美国基于风险投资而建立的小企业投资公司（Small Business Investment Companies，SBIC）就是政府资金或者国有资本与私人资本结合的典型尝试。2000年悉尼奥运会主体育场就采用了PPP模式建设。澳大利亚新南威尔士州奥运协调局负责悉尼奥运会主体育场和奥运村的招标工作。主体育场招标工作用2年时间完成，主体育场投资估算6.5亿澳元，其中政府拨款9120万澳元，政府贷款600万澳元，占总投资的15.8%，其余84.2%的资金由中标联合体组建的私人财团——2000年澳大利亚体育场公司负责筹措，中标人除投入股本金、向商业银行贷款外，还向社会发行34400黄金会员坐席，单价1万澳元，发行白金会员席位600个，单价为3.4万澳元。扣除各种支出后实际筹集建设资金2.994亿澳元，占总投资的近一半。奥运协调局代表州政府与中标人共签署9种合同，除特许权协议外，还有租赁协议（包括土地租赁协议）、政府贷款协议。悉尼奥组委与中标人签署体育场协议和商业权利协议。政府通过协议授予中标的私人财团负责融资、建设及在建造完成后31年内经营和维护体育场①。

3.5.2 中国引入PPP模式的现状

2005年2月在《国务院关于鼓励支持和引导个体私营等非公有制经济发展的若干意见》中明确提出，要加大对非公有制经济的财税金融支持、放宽非公有制经济市场准入，允许非公有资本进入法律法规未禁入的行业和领域，允许外资进入的行业和领域，也允许国内非公有资本进入，并放宽股权比例限制等方面的条件。除了城镇供水、供气、供热、公共交通、污水垃圾处理等市政公用事业和基础设施的投资、建设与运营可以采用PPP模

---

① 刘志. PPP模式在公共服务领域中的应用和分析. 建筑经济，2005（7）：15。

式外，一些传统的垄断行业，如电力、电信、铁路、民航、石油等行业和领域，国家也逐步将进一步引入PPP模式。例如，民营企业开始出资兴建铁路，一举打破政府对铁路行业一统天下的局面。据铁道部以往统计，国家每年在铁路建设方面的投资少于600亿元，由于资金缺乏，中国每年的铁路建设只有1000km左右，制约了国家经济高速发展。

虽然国家大力推行相关政策，但在执行过程中也出现了一定的偏差，出现了一些“公改民”改回“民改公”案例。例如，深圳著名的梧桐山隧道，就是采用PPP模式中的BOT修建的，在特许经营期内，私人机构设置了收费站以回收成本，但随着交通量的增大，收费站成了阻塞交通的最大瓶颈。2002年3月，深圳市政府收到“关于综合整治公路、隧道收费问题的议案”。两年过去了，梧桐山隧道仍在收费，深圳市交通局组织谈判小组与梧桐山隧道有限公司先后进行了7次艰难谈判，深圳市政府急于收回梧桐山隧道经营权以取消隧道收费，但是拥有隧道经营权的企业却抛出政府不能接受的收购价格。双方仍未在收购价格、人员安置等方面达成一致。此时，政府别无选择，只有再修建一条隧道以减轻阻塞压力。

PPP模式具有其优势，但它终究是由国外移植而来的，它的成功是在国外较为完善的法律框架中实现的，而且就模式本身来说也具有一定的风险，我国有自己的国情和现状，简单地移植，出现偏差是不足为奇的，必须结合自身的国情，有计划、有步骤地引入PPP模式，确定合理的PPP模式的外部边界和内部边界，完善PPP模式的相关政策和法律，积极投入事后监管，打破条块分割现象，加强政策协调。

3.6 PPP模式的扩展——PIPP模式的诠释

Michael Dietrich 1999年在《交易成本经济学——关于公司的新的经济意义》中就指出，市场与公司传统的二分法过于简单和不现实，没有考虑涉及个别单位之间短期或者长期合作的关系。而理性的分法应该加入起沟通、合作作用的中间组织，中间组织的理论基础是市民社会论，国外著名学者黑格尔将其作为“处于国家与家庭之间的差别阶段”，是私人自律的商品交换领域及其保障机制；马克思则归将其结为“物质交换关系”或者“经济交换关系”。市民社会对应的是不受国家干预、独立存在的领域，它包含着试图克服市场经济社会矛盾的倾向。20 世纪 80 年代对经合组织国家的分析研究表明，这些国家大都普遍建立并充分利用了介乎国家与市场之间的社会中介调节机制。

基于社会变化和发展的内在需求，在 PPP 模式基础上做适度扩展，即在政府与私人部门的合作中融入中间组织，作为政府与私人部门的协调者和对话者，承担某些政府不应该“管”的职能，或者是政府和私人均失灵的领域，这就是公共部门—中间组织—私人部门的合作模式[①]（Public-Intermediary-Private Partnerships），简写为 PIPP。

在传统的 PPP 模式中加入中间组织（Intermediary），就是说中间组织主导分工的协调和交易的完成，在政府、企业的合作过程中“游走”，这比 PPP 模式在协调和合作成功率上更进了一步。PIPP 模式的基本构架如图 3.4 所示。

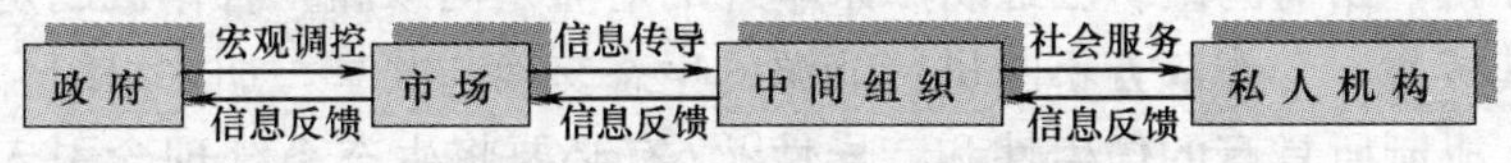

图 3.4　PIPP 模式的基本构架

3.6.1　PIPP 模式的基本内涵

从 PIPP 模式的基本构架中，可以初步了解到该模式的基本内涵。

---

① 即以中间组织为枢纽的公私合作模式。

首先，中间组织更为广泛地扮演组织、协调角色。中间组织直接组织和协调微观运行，政府和私人机构更多地履行好自身的义务和签订的契约。

其次，从资源配置的角度看，中间组织为资源配置的主导力量，是减少交易费用的关键环节，由于其自身特殊的地位，拥有较多的资源信息，可以较政府而言更专业地对项目的特许期、操作方式等做出安排。

再次，从政府的角度看，该放手时就放手，权责明确，避免了什么都管而什么都管不好。政府可以全身心地投入应该进入的领域，提高公共部门的工作绩效。

最后，从组织的关系看，中间组织是对单一组织配置经济的超越，将政府、企业和市场的调节与沟通放手于中间组织，发挥着重要的桥梁和纽带作用，其角色可以形象地表示为准市场、准政府。

3.6.2 PIPP 模式的核心内涵

PIPP 模式是基于政府、中间组织和私人机构的有机整体，同时全球可持续发展和科学发展观极力强调社会、经济和生态的和谐发展，随着环境的变迁和竞争的日益加剧，组织边界不断柔性化，当前的组织已经从原来单纯的对立走向双赢，合作机制是其核心，合作双方不断进行能源的生态交换与共享，加之组织合作机制所具有的仿生性和特异性①，有必要将生态系统理念引入组织的合作机制中，挖掘其核心内涵。

生态系统管理是 20 世纪 90 年代全球兴起的主要针对生态保护的管理体系，其核心是社会一经济一生态的复合系统。生态系

① 合作机制的仿生性是指经过了从简单到复杂、从低级到高级的发展和演进过程的动态系统，并在自然环境的竞争体系中，自我调节不断得到优化。特异性是指与一般的自然生态系统不同，组织合作机制具有社会性、人文性，并受到外界诸多因素的交叉影响。

统管理就是运用生态学、经济学和社会学等跨学科的原理以及系统工程的手段和现代科学技术来管理人类行为对环境的影响，力图平衡发展和生态环境保护之间的冲突，最终实现经济、社会和生态环境的协调可持续发展[①]。

英国生态学家泰斯勒（A. C Tansley，1935）首次定义了生态系统的内涵，生态系统是指在一定时间和空间范围内，生物与非生物环境通过能量流动和物质循环所形成的一个彼此关联、相互作用并且有自动调节机制的统一整体。

随着社会的不断发展，越来越多的学者将生态系统管理的理念引入到各自的研究领域中。Lowenthal 和 Kastenberg（1998）将生态学的相关分析路径、原理和准则应用于产业系统，提供了一种对产业机构新的思考方式，建立了产业生态模型，研究产业系统与环境的物质、能量和信息流动交换过程对社会体系的影响。Erkman（1997）认为产业生态化是研究产业系统如何运作、规制及与生物圈的相互影响、相互作用，应该怎样进行产业调整，使得产业的发展与生态的运行相一致。我国学者林云莲（2006）认为产业生态管理是一种可持续发展的管理新范式，是对传统产业管理模式的创新，产业生态管理的核心方法包括生命周期评价、ISO 14000 国际环境管理体系、生命周期设计、生命周期工程、生命周期管理、为环境而设计、为拆解而设计、为再循环而设计等一系列新的设计理念和方法，并正在成为产业界的热点和发展趋势。

基于此，我们可以将 PIPP 模式的生态内涵作如下解释：PIPP 模式的主体（政府、中间组织和私人机构）、客体（服务对象）与其所处的产业生态环境之间相互影响、相互依存和相互作用的关系中的动态平衡系统。对该生态系统的管理目的是达到动态平衡、资源的最优配置和系统的和谐持续发展。

---

① 潘祥武，张德贤，王琪．生态管理：传统项目管理应对挑战的新选择．管理现代化，2002（5）。

3.7 PIPP 模式的必要性分析

PIPP 模式的必要性首先来源于 PPP 模式固有的缺陷。Albert N. Link，John T. Scott（2001）研究了企业 R&D 投资不足与政府合作之间的关系，并强调 PPP 模式在政策方面有三个问题需要注意，这也是 PPP 模式的难点所在：首先是政府如何设计机制找到最优的私人伙伴，私人机构需要的不仅仅是技术，而且要能承担一定的社会责任；其次是政府如何确定最优的公共资金，不能太多，也不能太少，而又足以克服市场失灵带来的投资不足；最后是如何设计一种机制保障双方行为的理性化，即如何有效避免双方的机会主义行为。

PPP 模式的缺点给予了 PIPP 模式发展的空间，由于政府部门在寻找合作伙伴以及事前事后的监管等工作中，容易产生寻租行为，故可以将诸如此类的职能转给中间组织来完成，实践表明，中间组织独特的非依赖性、非市场性和良好的沟通协调能力，能较好弥补 PPP 模式的不足。

法国思想家孟德斯鸠曾用“中间组织”（Intermediary Bodies）一词来形容现代西方学者提倡的“市民社会”（Civil Society），是指座落于国家和家庭之间，但是又不依赖于任何一方的社会组织和社会生活。社会科学理论认为，人类的社会活动包括三大领域——政治、经济和社会，这三大活动领域分别由政府、私人和中间组织（主要指非营利组织）来承担。

随着时代的发展，越来越多的大型中间组织逐渐成为社会发展的主导性力量，社会经济结构已发生改变，由原来的二元结构改变为当今的三元结构，即私人组织—中间组织—政府组织的三元结构体系。现代社会的三元结构如图 3.5 所示。

三元结构社会体系是在二元社会结构中加入了中间组织一环，这是社会不断发展的要求，是解决部门失灵的又一方式。由于经济人的主体和市场的各种不确定性因素与机会主义行为倾向

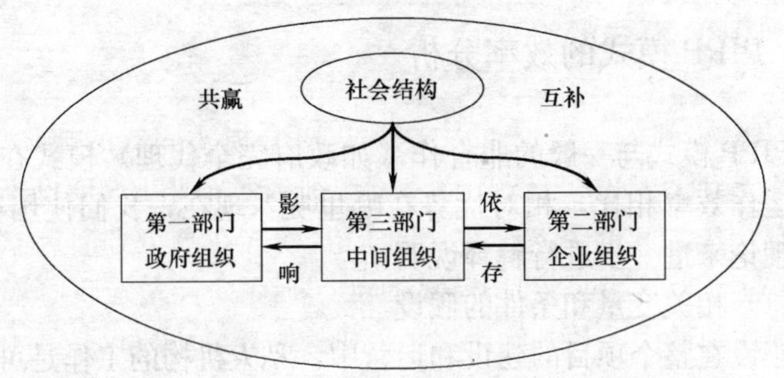

图 3.5　现代社会的三元结构

等方面的影响，导致现实中的经济组织是多样化形式的。除了市场、企业和政府外还存在大量的中间组织，原来那种单一的组织形式越来越不适应社会的发展了，人们开始用一种合作、协调的眼光来看待当今的社会体系。因为在现实中可存在这样的现象：分工的不完全不能永远地依赖一种组织形式，每一种组织形式都有其特定的适用环境，一旦超出这种环境，就必须寻找另外的出路。采取企业、政府和非市场非政府组织三方的合作可能是最有效的，这样，中间组织就产生并在经济运行中发挥着主导的作用。其制度需求机制如图 3.6 所示。

社会结构的变化与发展需要引入新的组织进行合作，三方各自发挥自身的优势，互相弥补对方的缺点，实现有机整体。

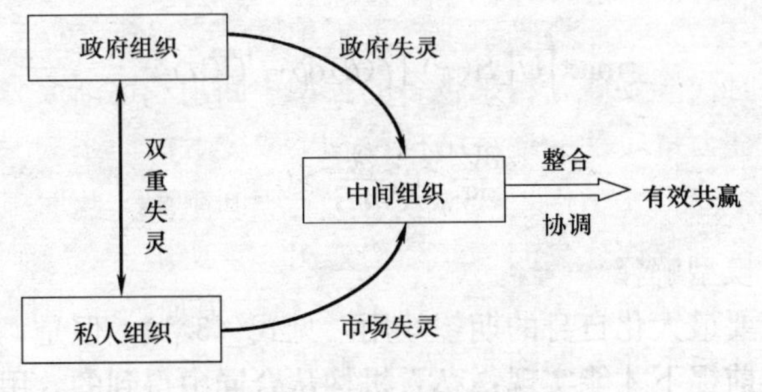

图 3.6　中间组织的制度需求

3.8 PIPP 模式的效率分析

PIPP 模式与一般的非合作（如政府完全代理）模式在公共领域运作效率相比，相对优势在哪里呢？现在，我们使用委托-代理理论来进一步进行解释说明。

（1）相关变量和条件的假设

假设在整个项目的建设和运营中，私人机构的工作是可以量化的。设私人机构的努力程度为 a；私人机构的成本函数为 $C(a)$，且成本函数是严格递增的凸函数；私人机构的产出函数为 $\pi(a)=R(a)+\theta$，θ 为随机变量，服从均值为零、方差为 σ^2 的正态分布；政府给予私人机构的报酬函数为 $S(\pi)$；政府的效用函数为 $V[\pi-S(\pi)]$；私人机构的效用函数为 $U[S(\pi)]$；已知 θ 的密度函数为 $f(\theta)$；风险规避者的 $U''<0$、$V''<0$，风险中性者的 $U''=0$、$V''=0$。

（2）建立政府与私人机构之间的博弈模型

因为中间组织主要起协调作用或者代替政府操作，所以，在此就用政府代替。

$$\max\int V[\pi-S(\pi)]f(\theta)\mathrm{d}\theta \tag{3.1}$$

$$\text{st.}\int U[S(\pi)]f(\theta)\mathrm{d}\theta-C(a)\geqslant\overline{U} \tag{3.2}$$

$$\max\int U[S(\pi)]f(\theta)\mathrm{d}\theta-C(a) \tag{3.3}$$

$$\frac{\partial V}{\partial S}<0,\frac{\partial U}{\partial S}>0$$

（3）模型解释

政府要最大化自身的期望效用，见式（3.1），但是，必须在两个约束前提下才能实现：私人机构从合同中得到的效用不小于其保留效用 $\overline{U}$，见式（3.2）；私人机构最大化自身的期望效用，见式（3.3）。

（4）模型求解

在信息对称的条件下，式（3.3）为多余的。

对式（3.1）、式（3.2）构造拉格朗日乘数函数，对 $S(\pi)$ 求导，得到一阶最优条件：

$$-V'[\pi-S^*(\pi)]+\lambda U'[S^*(\pi)]=0 \tag{3.4}$$

则$\frac{V'[\pi-S^*(\pi)]}{U'[S^*(\pi)]}=\lambda$，即双方的边际效用之比为常数。

如果 π_1 与 π_2 为任意的两个产出水平，则有：

$$\frac{V'[\pi_1-S(\pi_1)]}{U[S(\pi_1)]}=\frac{V'[\pi_2-S(\pi_2)]}{U[S(\pi_2)]}\Rightarrow\frac{V'[\pi_1-S(\pi_1)]}{V'[\pi_2-S(\pi_2)]}=\frac{U[S(\pi_1)]}{U[S(\pi_2)]}$$

帕累托最优之时是：不同状态下的边际替代率对政府和私人机构来说是无差异的。继续对式（3.4）求导：

$$\begin{cases}-V''(1-\frac{dS^*}{d\pi})+\lambda U'\frac{dS^*}{d\pi}=0\\ \frac{V''[\pi-S^*(\pi)]}{U'[S^*(\pi)]}=\lambda\end{cases}\Rightarrow\frac{dS^*}{d\pi}=\frac{U'V''}{U'V''+U''V'}=\frac{-\frac{V''}{V'}}{-\frac{V''}{V'}-\frac{U''}{U'}}$$

若令 $\rho_g=-\frac{V''}{V'}$、$\rho_f=-\frac{U''}{U'}$，分别表示政府和私人机构的绝对风险规避度，则$\frac{dS^*}{d\pi}=\frac{\rho_g}{\rho_g+\rho_f}$，此等式意味着合同支付与私人的产出水平由双方的风险规避度比率决定。

（5）模型的进一步深化

一般来说，信息不对称使得政府和中间组织无法完全掌握私人机构的信息（如操作水平、努力程度、成本函数等），所以私人机构有偷懒的动机，它可能选择一种次好（不是很努力）的行为去迷惑政府，而得到同等的待遇，设私人机构的次好行为为 a_2，则最优化问题变为促使私人机构努力工作（选择行为 a，不是 a_2）的前提下最大化政府效用。

$$\max\int V[\pi - S(\pi)]f(\theta)\mathrm{d}\theta$$

$$\text{st.} \int U\{S[\pi(a)]\}f(\theta)\mathrm{d}\theta - C(a) \geqslant \overline{U}$$

$$\int U\{S[\pi(a)]\}f(\theta)\mathrm{d}\theta - C(a) \geqslant \int U\{S[\pi(a_2)]\}f(\theta)\mathrm{d}\theta - C(a_2)$$

$$\frac{\partial V}{\partial S}<0, \frac{\partial U}{\partial S}>0$$

同理可以解得一阶最优化条件为：

$$\frac{V'}{U'}=\lambda+\mu\frac{U''}{U'}\frac{\partial S}{\partial a}$$

由 Holmstrom（1979）证明知：

$$\frac{V'}{U'}=\lambda+\mu\frac{U''}{U'}\frac{\partial S}{\partial a}<\lambda \text{ 且 } \mu>0 \tag{3.5}$$

此时没有达到第一种情况的帕累托最优。除非 $\mu\frac{U''}{U'}\frac{\partial S}{\partial a}=0$ 的时候，即$\frac{U''}{U'}=0$、$\rho_{\mathrm{f}}=0$ 的时候，式（3.5）可以达到最大值，实现帕累托最优。

（6）模型解释

PIPP 模式中，当信息透明、各方掌握信息充分的时候，很容易实现帕累托最优。当信息不透明，只要私人机构风险规避度为零（风险中性），同样可以实现帕累托最优。所谓实现私人机构风险规避度为零（风险中性），就是在签订合同的时候将政府的风险尽可能地转移给私人机构，使政府的风险规避最大。具体操作则通过合同体现，使得私人机构有动机去努力工作，不会出现行为 a_2 的道德风险。

综上可知，在 PIPP 模式中，信息的透明度从一定程度上影响着帕累托最优的实现。但只要使私人机构的规避度为零（风险中性），同样可以实现帕累托最优。

3.9 PIPP 模式的激励分析

3.9.1 模型假设

假定私人机构的特定行动 $a=(x, y)^T$ 是一个二维变量，其中 x 代表企业本身实力，y 代表企业努力程度；产出函数为 $\pi=Aa+m+\theta$，其中，A 为 a 的产出系数，m 为一常数，与项目好坏有关，θ 为均值为零、方差为 σ^2 的正态分布随机变量；委托合同为 $S(\pi)=\alpha+\beta\pi$，其中 α 为固定收入，β 为激励强度；成本函数为 $C(a)=\frac{k_1x^2+k_2y^2}{2}$，其中，$k_1$ 和 k_2 分别是 x 和 y 的成本系数；$\overline{w}$ 为私人机构的保留收入。

政府的收入为：

$$\pi-S(\pi)=Aa+m+\theta-\alpha-\beta(Aa+m+\theta)$$

政府的期望收入为：

$$\begin{aligned}E[\pi-S(\pi)]&=(1-\beta)Aa+(1-\beta)m-\alpha\\&=(1-\beta)A(x+y)+(1-\beta)m-\alpha\end{aligned}$$

政府确定性收入为：

$$(1-\beta)A(x+y)+(1-\beta)m-\alpha-\frac{\rho_g(1-\beta)^2\sigma^2}{2}$$

其中，$\frac{\rho_g(1-\beta)^2\sigma^2}{2}$ 代表政府的风险成本。

私人机构的收入为：

$$\begin{aligned}S(\pi)-C(a)&=\alpha+\beta(Aa+m+\theta)-C(a)\\&=\alpha+\beta(Aa+m+\theta)-\frac{k_1x^2+k_2y^2}{2}\end{aligned}$$

私人机构的期望收入为：

$$E[S(\pi)-C(a)]=\alpha+\beta A(x+y)+\beta m-\frac{k_1x^2+k_2y^2}{2}$$

私人机构的确定性收入为：

$$\alpha+\beta A(x+y)+\beta m-\frac{k_1x^2+k_2y^2}{2}-\frac{\rho_f\beta^2\sigma^2}{2}$$

3.9.2 模型构造与解释

（1）当协调执行机构（中间组织）能够较为容易地观测到私人机构的行为 a 时，最优化问题如下表达：

$$\max\left[(1-\beta)A(x+y)+(1-\beta)m-\alpha-\frac{\rho_g(1-\beta)^2\sigma^2}{2}\right]$$

$$\text{st.}\ \alpha+\beta A(x+y)+\beta m-\frac{k_1x^2+k_2y^2}{2}-\frac{\rho_f\beta^2\sigma^2}{2}\geqslant\overline{w}$$

解得最优化条件下：

$$\begin{cases}\beta=\dfrac{\rho_g}{\rho_g+\rho_f}=\dfrac{1}{1+\dfrac{\rho_f}{\rho_g}}\\ x=\dfrac{A}{k_1}\\ y=\dfrac{A}{k_2}\end{cases}\tag{3.6}$$

（2）当协调执行机构（中间组织）不能较为容易地观测到私人机构的行为 a 时，最优化问题如下表达：

$$\max\left[(1-\beta)A(x+y)+(1-\beta)m-\alpha-\frac{\rho_g(1-\beta)^2\sigma^2}{2}\right]$$

$$\text{st.}\ \alpha+\beta A(x+y)+\beta m-\frac{k_1x^2+k_2y^2}{2}-\frac{\rho_f\beta^2\sigma^2}{2}\geqslant\overline{w}$$

$$\alpha+\beta A(x+y)+\beta m-\frac{k_1x^2+k_2y^2}{2}-\frac{\rho_f\beta^2\sigma^2}{2}\geqslant$$

$$\alpha+\beta A(x'+y')+\beta m-\frac{k_1x'^2+k_2y'^2}{2}-\frac{\rho_f\beta^2\sigma^2}{2}$$

解得最优化条件下：

$$
\begin{cases}
\beta=\dfrac{\dfrac{A^2}{k_1}+\dfrac{A^2}{k_2}+\rho_g\sigma^2}{\dfrac{A^2}{k_1}+\dfrac{A^2}{k_2}+\rho_g\sigma^2+\rho_f\sigma^2}=\dfrac{1}{1+\dfrac{\rho_f\sigma^2}{\dfrac{A^2}{k_1}+\dfrac{A^2}{k_2}+\rho_g\sigma^2}} \\
x=\dfrac{\beta A}{k_1} \\
y=\dfrac{\beta A}{k_2}
\end{cases}
\tag{3.7}
$$

3.9.3 激励小结

（1）β为激励强度，是合同中较为重要的参数，因此，分析β具有很强的实践意义。由方程组（3.6）、方程组（3.7）中的β看出，$0<\beta<1$，表明政府和私人机构通过合作博弈达到均衡，双方都必须承担一定的风险，只是承担的比例问题。当$\rho_f=0$（即使私人机构的风险规避度为零或者使私人机构为风险中性）时，两种情况的$\beta=1$，均达到最大值，此时对私人机构的激励强度最大。

（2）由最优化后的结果可知，私人机构必须具有一定的实力，并保持相应的努力水平，才能使双方的合作博弈达到均衡。一方面，这两个条件有效杜绝了低水平的私人机构进入；另一方面，为确保私人机构在项目中的投入，政府应该在合同中增加必要的惩罚措施，并实施相关的监督。

（3）α为私人机构的固定收入，与产出π无关，从参与约束看，其与$\overline{w}$有关，$\overline{w}$是私人机构的保留收入。政府与私人机构在签订合同时，应该正确估计私人机构的保留收入水平，从历史数据或者成本模拟等确定$\overline{w}$的大致范围，再结合工程本身的特征具体化α。

（4）由方程组（3.7）知，k_1与k_2越小，β越大，所以私人机构必须尽可能降低k_1与k_2，以使自己达到更大份额的激励水平；同时，如果k_1与k_2越小，x与y也越大，私人机构投入也越多，倾向于努力工作。

3.10　基于中间组织的分析

PIPP模式比PPP模式更特别的地方，就在于中间组织的参与。中间组织的产生是基于市场与政府的双重失灵，是一种制度上与组织上的创新，是市场经济中在企业和企业、企业与市场、企业和政府之间发挥联系和沟通作用的社会组织或者经济组织。

在此，我们把中间组织界定为：中间组织是企业、市场和公共部门的相互沟通、相互渗透，并借助于一定机制融合而成的，具有相对稳定和独立的组织形态。

有学者按照中间组织是否营利将其分为：①营利性中间组织，这一组织具有一般企业的属性，实行独立核算、自主经营、自负盈亏，如会计师事务所，律师事务所，信息、技术咨询公司等。②非营利性中间组织，如行业协会、同业公会、商会等。这些组织大多都是出于维护行业内企业的利益而自愿成立的。经常代表某集团进行公开的宣传活动或者承担与政府沟通的桥梁，也向因某种原因陷于困境的成员企业或个人提供咨询和帮助，其经费来源于大多会员单位缴纳或捐助的款项。中间组织虽然有各样的划分标准，但不可否认的是中间组织最大特点就是承担政府、企业和市场的有利补充的角色，有强烈的需求机制。如香港文物和古建筑保护就是典型的PIPP模式，其网络构成[①]如图3.7所示。

3.10.1　中间组织存在的必要性分析

（1）概率模型

首先，考虑一个消费者与企业的简单经济结构，设企业提供产品供消费者消费的成本是C，而消费者愿意的支付数量为F，

① 陈迅，尤建新. 新公共管理对中国城市管理的现实意义. 中国行政管理，2003年（2）：38-43。

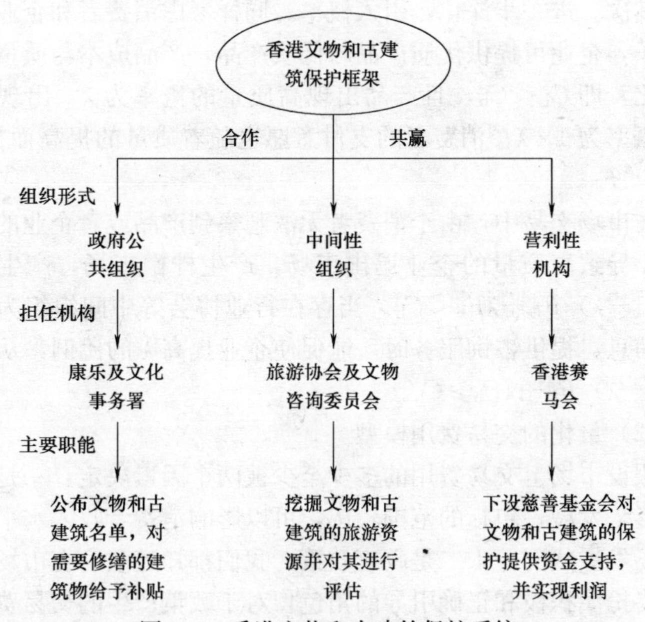

图 3.7 香港文物和古建筑保护系统

在没有诸如行业协会等中间组织的沟通协调下，消费者与企业之间的交易成本为 T。所以，交易是否成功在于 $F\text{-}C\text{-}T$ 的正负情况，如果 $F\text{-}C\text{-}T>0$，则成功交易，反之不交易。

如果此时存在中间组织，情况就会有所变化。中间组织由于其自身的特殊地位，拥有更多的信息资源，消费者可以通过其打听企业的信誉、产品质量和成本；而对企业来说，如果是优质产品，该信息对消费者来说是一种强化作用，此时，消费者愿意支付的价格 $F_h \geqslant F$；反之，如果是劣质产品，消费者对其愿意支付的价格 $F_L \leqslant F$。设中间组织的搜寻成本为 M，显然中间组织存在的条件为 $M<T$。

此时，交易是否成功取决于 $F_h\text{-}C\text{-}M \geqslant 0$，$F_L\text{-}C\text{-}M \geqslant 0$。这相对于原来的交易条件（$F\text{-}C\text{-}T \geqslant 0$）又更进了一步。它将市场层次化，分为高质量市场和低质量市场，消费者拥有了判断能力，优质企业更容易实现交易条件，避免了柠檬市场的出现。

其次，进一步深化，引入概率。同样考虑消费者和企业交易的例子，企业可提供优质产品与低质产品，产品成本与质量高低成正比，即 $C_L < C_h$，且产品出现高质量的概率为 λ，出现低质量的概率为 $1-\lambda$；消费者的支付意愿也随着质量的提高而提高，即 $F_L < F_h$。

在市场交易中，由于消费者无法观察到产品或者企业的相关信息，导致高质量的企业退出市场，产生柠檬市场，产生条件为：$(1-\lambda)F_L + \lambda F_h < C_h$。当存在行业协会等中间组织为市场搜寻信息，提供咨询服务时，能促使企业提高 λ 的比例，从而使得 $(1-\lambda)F_L + \lambda F_h \geqslant C_h$。

（2）量化的交易费用模型

假设市场上交易费用的多少至少被两个因素决定：一是宏观经济形势发展，包括的范围较广，可以影响消费者收入水平、住宅市场发展状况等；二是政府政策，我们都知道政府在市场经济中始终扮演积极和正确引导的角色，对于政策产生的交易费用比较刚性，也就是说政策的实施具有普遍性，将每一个政策范围内的公民都纳入在内。

使用 Cobb-Douglas 效用函数评价消费者消费一定量的 H 产品和非 H 产品的消费品得到的满足程度。故将消费者消费产品分为两类：H 和非 H 产品，分别用 H 和 X 表示，价格分别是 P_H 和 P_X；Y 是消费者的收入，Y_0 和 Y_1 表示消费者初始阶段和1阶段的收入；式中，R 表示消费者在 H 上的消费在总收入中占的比重为 α。

$$U = H^{\alpha} X^{1-\alpha} = H^{\alpha}(Y - P_H H)^{1-\alpha} \tag{3.8}$$

$$P_H H = R = \alpha Y \tag{3.9}$$

$$H_0^{\alpha}(Y1 - P_H H_O)^{1-\alpha} = H_1^{\alpha}(Y_0 - P_H H_1)^{1-\alpha} \tag{3.10}$$

联立式（3.8）、式（3.9）和式（3.10），解得：

$$Y_1 = \left(\frac{R_1}{R_0}\right)^{\frac{\alpha}{1-\alpha}}(Y_0 - R_1) + R_0 \tag{3.11}$$

则：

$$交易费用=Y_1-Y_0=(1-\alpha)(\frac{\alpha Y_0}{R_0})^{\frac{\alpha}{1-\alpha}}Y_0+R_0-Y_0 \quad (3.12)$$

初始阶段消费者收入为Y_0，H 消费为H_0，在1阶段消费者收入变为Y_1，此时他正犹豫是否消费随之变为H_1，也就是说考虑这种行为是否能带来同等或者更大的效用，那么他保持H_0而收入增加的效用应该等于消费H_1而收入不变的效用，这也就是式（3.10）所表达的含义。

当实际或者预期的交易费用大于式（3.12）中的（Y_1-Y_0）时，消费者肯定不消费H_1，保持原有消费模式，反之亦然。

那么，作为中间组织来说，能承担部分交易费用，设其带来交易费用下降的比例为β，则降低了［β（Y_1-Y_0）］比例的交易费用，中间组织的存在提高了交易的可能性。

3.10.2 中间组织的理论基础

（1）交易费用

诺贝尔经济学奖获得者科斯在1937年发表了名为《企业的性质》的著名论文，此文使得科斯成为交易费用经济学的奠基人。科斯认为，市场的运行是有费用的，而企业存在的合理性就在于企业节约了市场的交易费用。创建企业成为有利可图之事的主要原因似乎在于：存在着利用价格机制的费用（科斯，1937），而这一费用可归纳为发现价格的费用以及谈判和签订合同的费用。所以，按照科斯的逻辑，企业和市场是协调劳动分工的两种不同的方式，而这两种方式是可以相互替代的，企业之所以能取代市场价格机制来协调劳动分工，原因在于企业内部的管理控制费用可以低于市场交易费用。当制造一种产品比购买来得更便宜时，企业便诞生了。“通过形成一个组织并让某种权力来支配资源，部分市场费用可以节省”，“考虑到他可能以低于他所取代的市场机制的价格取得生产要素这一事实，企业家必然以较低的费用完成其职能，因为他倘若做不到这一点，他随时都可以回到公开市场”（科斯，1937）。

从交易费用理论视角分析，社会需要中间组织的理由就是需要用它来降低生产者与消费者、消费者与消费者、消费者与政府之间的交易费用。首先，生产者与消费者之间的交易费用来自于买卖双方特定交易产品或服务的信息不对称，消费者的有限理性导致他们不具备关于产品或者服务的价格、质量和效能等方面的信息，或者说消费者去挖掘这些信息是得不偿失的，得到的收益不能覆盖花费的成本。由于信息不对称产生的高额交易费用，单纯依靠市场本身是难以有效克服的，必须有相应的辅助机制。其次，消费者与消费者之间的交易费用产生于外部效应，由于资源的稀缺导致消费者之间的消费冲突，通过中间组织可以将具有共同需求的消费者集中起来，节约传递信息的费用，而且某些中间组织特有的非营利性可以避免消费者怀疑消费者剩余被外在所有者剥夺的心理，同时，也能很好地克服政府提供所带来的消费外部性。再次，考察政府和消费者之间的交易费用：政府的决策不可能同时符合所有人的利益，同时又由于其强制性，导致部分人采取寻租等方式来弥补自己损失的利益；从政府角度看，经济人的理念导致倾向过剩的供给和机构规模的扩张，官员自身的官僚化倾向可能以损失公众利益来追求自身效用最大化，中间组织能较好地发挥其补充角色，从某种程度上说，对政府部门也是良好的示范。中间组织导致的交易费用的动态变化如图 3.8 所示。

横坐标表示产出水平，纵坐标表示成本或效益，B 表示配置资源的效率，C 表示配置资源需要的成本。一方面，私人机构和政府存在比较优势，而另一方面由于信息不对称和有限理性的机会主义行为又导致正确选择和评判伙伴付出高额成本。这需要行业协会等中间组织的出现来降低成本，使得 C_1 向 C_2 移动，然后移到 C_3。当产出水平介于点 m 和 n 之间时，就保留了其存在的可能性，再者，如果双方放弃传统的对抗性，而着眼于长远目标，建立长期互信的关系，中间组织可以稳定存在，实现共赢。

(2) 新制度经济学

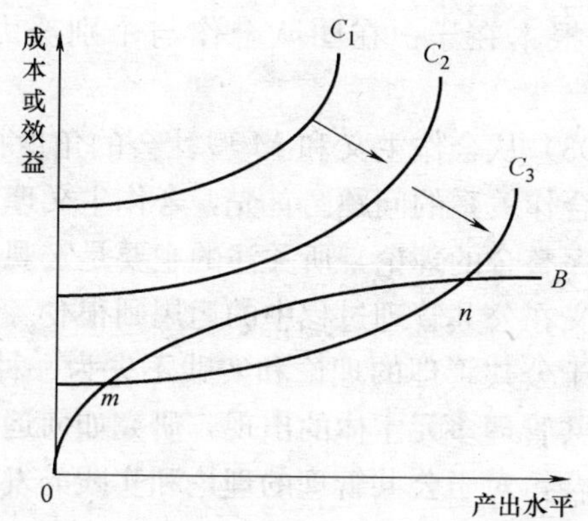

图 3.8　中间组织导致的交易费用的动态变化

新制度经济学强调制度就是规则，是一系列正式约束和非正式约束组成的网络。其基本功能就是为实现合作创造条件，社会个体通过制度使合作关系得以形成，并把个人组织成社会，以有组织的整体来更为有效地适应稀缺的环境。

所有的事物运作都有一定的游戏规则。规则是可以制定的，但一旦有了规则，如何去有效执行它又是一个难题。就国家角度看，由于理性经济人的假设，导致国家本身在资源配置方面不能够达到最优化，在制度监督上容易产生寻租行为，而市场本身就时刻存在着规则冲突和制度寻租。如何找到平衡与制约二者的角色呢？那就是中间组织。由于其独特的非依赖性，能独立生存在两者的系统之外，较好地完成监督优化者的角色。

（3）M 型社会理论

M 型社会的概念是威廉·大内（Ouchi，William G，1984）在《M 型社会》一书中提出的。“M 型社会”是威廉·大内从著名经济学家 O. E. Williamson 的“M 型公司”发展而来的。M 型公司的特点就是多事业部门（Multi-Division），每个部门有不同的产品系列。M 型公司的经理人扮演双重角色：一方面，要扩大利润、制定决策，表现得像是市场上一位独立的竞争者；另一方面，每个事业部门的经理还是团队中的一份子。M

型公司成功的根本在于：在团队合作与个别努力之间寻找平衡点。

韦琳（2003）从合作主义和M型社会的角度探讨了公共管理多元主体间合作关系的问题。首先，合作主义理论大体上是一个关于政治秩序整合的理论，所关注的主要是宏观的政治领域问题。而合作主义在公共管理过程中的运用则很少。因此，将合作主义理论运用于公共管理的理论和实践不失为一种大胆的尝试。特别是针对公共管理多元主体的出现，研究如何运用合作主义理论对此进行整合，对于公共管理的理论和实践的发展应该有一定的意义。其次，"M型社会"理论目前主要局限于政府与企业之间、企业与企业之间以及企业内部各种团体之间建立激励机制的研究。可以尝试将"M型社会"理论运用到公共管理中去，以扩大"M型社会"理论的适用范围，提升"M型社会"理论的价值。"M型社会"理论有机地将团队理论应用于协调政府与企业之间的矛盾，试图说明，在承认利益差别的条件下，企业界与政府之间合作与团队合作是可能的①。所以，"M型社会"不仅仅强调合作，而且是在承认利益差别的条件下，各相对独立主体之间既合作又竞争，在团队合作和个别努力之间达成平衡。"M型社会"结构实际上构筑了这样一个激励机制，即各个团体一时的利益损失能够通过"社会记忆力②"和"序列公平③"得到最终的补偿，从而使各个团体能够放眼长远而不争一时之利。

为了避免和消除竞争所带来的对公众利益损害的负面影响，促进各个非公共权力机构更好地为公众提供服务，有必要加强各种非公共权力机构间的合作，对它们的利益冲突进行协调、

① ［美］威廉·大内. M型社会——政府与企业如何透过团队合作形成竞争优势. 北京：中国友谊出版社，1985：2-5。

② 社会记忆力就是所称的"社区意识"、"责任意识"以及"公民意识"。

③ 序列公平是指如果有关各公司能通过谈判在一个时间横断面上达到"共识"，实行团队合作，而这一次甘心"吃亏"的公司能够在下一个时间横断面上得到报偿。

控制与整合。合作不是竞争的负面，而是它的同生物；竞争的发展也需要合作。各个非公共权力机构间的竞争中的合作也能减少不必要的冲突、资源浪费，从而更好地满足公众的需求。而且在竞争基础上的合作可以产生竞争的“双赢”结果，即从长远来看，将使各竞争主体都获利，使所有参与方都获得实力、竞争力。

各公司间团队合作的可行性基础在于共同的社会财产(Social Endowments)。但是，各公司间实行团队合作的困难在于彼此不同的独立利益。其解决的办法是社会记忆力和序列公平。

美国的著名管理学教授威廉·欧奇指出，人们研究日本的经济奇迹时，往往将成功归于政府干预与产业政策，而忽视了日本商会发挥的重要作用。日本战后出现高速经济增长的原因在于，日本企业、商会和政府一起，共同形成了独特的“M型社会”。威廉·欧奇在《M型社会》一书中，较为详细地介绍了他对日本通产省的实际考察：通产省为促进政府与企业之间的沟通合作，成立了38个专门审议委员会，更准确地说是产业问题的研讨论坛，反映企业意见向政府部门提供咨询。有的审议委员会是按行业划分的，如纺织行业审议委员会、化工行业审议委员会、电子机械委员会等等，有的审议委员会则是按专题划分的，如工业结构审议委员会、工业技术审议委员会、进出口审议委员会等等。所以，由“M型社会”理论易知，日本政府与企业能形成密切合作，原因并不是通产省拥有巨大的权力，而是日本商会借助传统文化的优势，形成了政府与企业沟通的高效渠道，仿佛像润滑剂一样促进了矛盾纠纷的解决，能就重大经济发展问题达成统一意见。

3.10.3 博弈理论分析

假定博弈双方具有完全的行为理性，是理性人的集合，符合经济人效益最大化的假设。他们有权选择合作（表示双方愿与对方共同利用或开发资源）和不合作（表示各自为政，暗地谋取私益），或者有权决定参与的程度。他们不仅完全知道自己每个行为的收益，而且也完全知道当对方选择某个策略时的收益以及应对策略，政府与私人机构的组合策略矩阵如表 3.4 所示。

政府与私人机构的组合策略矩阵　　表 3.4

博弈双方的收益矩阵		私人机构	
		合作概率 a	不合作概率 $1-a$
政府	合作概率 b	$(P-C_o, P-C_o)$	$(-V-C_o, V)$
	不合作概率 $1-b$	$(V, -V-C_o)$	$(0,0)$

在合作过程中，假设合作的价值（如信息等资源）是 V，企业建立合作的成本是 C_o，企业由于合作而得到的利润是 P。其中，企业合作的成本主要指数据的收集、人员培训和管理的费用；$P \geqslant V \geqslant 0$，$C_o \geqslant 0$。

（1）无约束条件下双方的策略取向

无约束条件是指可以自由选择合作和不合作，其行为选择不会受到来自第三方的支持或者反对。

当私人机构合作的概率为 a 时：

① 政府采用合作策略的收益为：

$$Rb_1 = (P-C_o) \times a + (-V-C_o) \times (1-a) = aV + aP - V - C_o$$

② 政府采用不合作策略的收益为：

$$Rb_2 = aV$$

显然，政府必须比较 Rb_1 和 Rb_2 的大小再决定采取哪种策略。在前述 $P \geqslant V \geqslant 0$，$C_o \geqslant 0$ 且 $0 \leqslant a \leqslant 1$ 的条件下，$aP - V - C_o \leqslant 0$，所以 $Rb_1 \leqslant Rb_2$，政府采用不合作的策略。

同理，当政府合作概率为 b 时，私人机构的最优策略也是不合作。

③ 综上所述，在无约束条件下，双方均采用不合作策略。这也同时说明了为什么在现实中成功合作总得不到很好的实现。

组合策略显示，这是典型的囚徒困境类的博弈模型：一次博弈的结果只有唯一纳什均衡，即（不合作，不合作）策略组合，收益为（0，0），不可能出现（合作，合作）的策略组合。

如果将这个一次博弈扩展为有限次完全且完美重复博弈，结果也是（不合作，不合作）策略组合。因为利用博弈理论对有限次完全且完美重复博弈的定理总结，对有唯一纳什均衡的博弈而言，有限次重复博弈的结果是一次性博弈均衡结果的简单反复。因而，这个有限重复博弈结果始终是（不合作，不合作）策略组合。

（2）有约束条件下（如激励机制）双方的策略取向

激励机制是指有外界因素促使双方的合作（如合理的协调机制与监督机制等）。假设这种外界激励因素为 H，其他条件不变，则双方的收益矩阵如表 3.5 所示。

激励机制下双方的收益矩阵　　表 3.5

博弈双方的收益矩阵		私人机构	
		合作概率为 a	不合作概率为 $1-a$
政府	合作概率为 b	$(H+P-C_o, H+P-C_o)$	$(H-V-C_o, V)$
	不合作概率为 $1-b$	$(V, H-V-C_o)$	$(0, 0)$

当私人机构合作概率为 a 时：

① 政府采用合作策略的收益为：

$$Rb_1=(H+P-C_o)\times a+(H-V-C_o)\times(1-a)$$
$$=aV+aP+H-V-C_o$$

② 政府采用不合作策略的收益为：

$$Rb_2=aV$$

显然，政府必须比较 Rb_1 和 Rb_2 的大小再决定采取哪种策略。在前述 $P\geqslant V\geqslant 0$，$C_o\geqslant 0$ 且 $0\leqslant a\leqslant 1$ 的条件下，$aP+H-V-C_o$ 的正负符号不能判断，当 $aP+H-V-C_o\leqslant 0$ 时，政府采用不合作策略；当 $aP+H-V-C_o\geqslant 0$ 时，政府采用合作策略。

同理，当政府合作概率为 b 时，当 $bP+H-V-C_o\leqslant 0$ 时，

私人机构采用不合作策略；当 $bP+H-V-C_o\geqslant 0$ 时，私人机构采用合作策略。

③ 综上所述，要使双方采用合作策略，必须使 $aP+H-V-C_o\geqslant 0$ 和 $bP+H-V-C_o\geqslant 0$，即 $H\geqslant V+C_o-aP$ 和 $H\geqslant V+C_o-bP$。

综合来看，当 n 为参与的概率时，谁来提供 H 以促使 $H\geqslant V+C_o-nP$ 呢？

我们有理由相信在激励机制下，只要能使得 $H\geqslant V+C_o-nP$ 的话，双方就会选择合作策略，反之，不选择。到底谁能扮演提供 H 的角色呢？答案是：中间组织是最佳选择。

因此，随着市场经济的不断完善，中间组织逐步成为社会经济发展中不可缺少的组成部分。有学者更将中间组织形象地比喻成引导社会经济发展的“第三只手”，即“第三域”组织。其之所以在经济管理中发挥重要作用，源于其经济制度背后的合理性和社会需求。

3.10.4　中间组织的发展与比较

在最优化配置资源时，政府、企业和市场等组织之间的界限并不明确，有时它们甚至是相互渗透、相互影响的。在这种复杂的制度性安排下，中间组织内在的独特性引来了越来越多的关注，特别是在发达国家，政府为其创造了良好的发展空间。

1972 年到 1982 年间，就雇佣人数而言，中间组织是美国经济中增长最快的部门，1982 年雇佣了美国劳工总数的 8%。据 1989 年盖洛普一项调查显示，全美国 14 岁或 14 岁以上的人大约有一半为某种中间组织的志愿活动服务过，这些志愿活动的经济价值高达 1700 亿元。

美国某学院调查表明，有七成美国人至少加入了一个协会，有 1/4 的美国人加入的协会在 4 个以上。最近几年，行业组织开始转变以往传统的与政府对立的态度，而致力于沟通、协调政府与企业之间的关系，促进政企合作，化解政府与企业之间的矛盾。

德国和日本等国试图建立一种政府与社会、企业合作或者官民协调的经济管理模式，该体制强调政府推动建立行业协会，充分发挥行业协会沟通政府与企业、企业与企业、企业与公众、政府与公众的职能。

发达资本主义国家行业协会发展的主要特点是：

（1）范围广：美国目前有 20 万个行业协会，其中 3 万个是州、地区和全国性的协会。德国目前有全国性工业协会 37 个。日本的行业协会是一个庞大的网络组织。

（2）覆盖面广：参与行业协会的企业占本行业企业的比例，日本为 90％，意大利为 80％，德国为 70％。

（3）协会内企业产值高：协会内企业的产值占本行业总产值的比例，意大利为 70％。

在我国，中间组织发展相对滞后，比较薄弱。以中间组织典型形式的行业协会来看，在十六届三中全会《中共中央关于完善社会主义市场经济体制若干问题的决定》中，强调发展各类行业协会，加强行业自律，以完善社会主义市场经济体系。而行业协会在我国已存在相当长一段时期，但并没有较好地履行自身的职责，没有具备承担市场经济管理者的能力，发展滞后于市场经济制度建设。我国现阶段行业协会发展的最大特点是独立性不够，对政府的依赖性太强，成为政府的附属机构。而独立性不够的根源就是资金来源问题。我国行业协会的建立方向是自上而下的，往往是政府主导建立怎样的行业协会，当政府大力扶持下的协会建立起来后，当然会带有浓厚的行政色彩，成为政府的附属机构，并不是根据实际需要由下而上的顺序，这种非市场化的运作方式就是我国与他国行业协会的最大区别。洪银兴（2005）将行业协会的职能分为旨在为市场发挥配置资源基础作用的合约秩序职能、通过行业内部成员的集体行动为行业集体利益增进创造条件和环境的行业发展秩序职能。行业协会职能的横向比较如表 3.6 所示，通过表 3.6 可以看出中国的行业协会在组织合作、沟通发展等方面与发达国家存在一定的差距。

行业协会职能的横向比较①　　　表 3.6

行业协会各项具体活动	职能导向		美国	日本	中国
	合约秩序	行业发展秩序			
参与制定行业规划和技术改造的前期论证		⊙		⊙	
行业调研，参与或建议政策和立法		⊙	⊙	⊙	⊙
行业统计		⊙	⊙	⊙	⊙
信息咨询，办刊	⊙	⊙	⊙	⊙	⊙
开拓国内外市场，组织展销会		⊙	⊙	⊙	
参与质量管理监督	⊙		⊙		⊙
帮助企业改善经营成果		⊙	⊙		
受委托的科技成果达到鉴定和推广		⊙	⊙	⊙	
国内外经济交流和合作		⊙	⊙	⊙	⊙
参与制定行业标准和实施、监督	⊙		⊙	⊙	⊙
制定团体规约和规范	⊙		⊙	⊙	⊙
参与行业许可证的发放和资质审核	⊙		⊙	⊙	⊙
政府授权的委托		⊙		⊙	⊙
市场建设与维护协调行业的生产和价格		⊙	⊙	⊙	⊙
推广技术，咨询和专业培训		⊙	⊙	⊙	⊙
维护会员权益，处理纠纷	⊙		⊙	⊙	⊙
发展公益事业		⊙	⊙	⊙	⊙
保护行业会员的产权，抵制行政性腐败		⊙	⊙		⊙
跨行业协会的合作		⊙			
鼓励消费，广告合作		⊙	⊙		

① 洪银兴．以制度和秩序驾驭市场经济——经济转型阶段的市场秩序建设．北京：人民出版社，2005：426-428。

3.11 我国香港地区PIPP模式在住房供给中的应用以及西方国家中间组织机构在住房保障体系中的职能分析

3.11.1 PIPP模式在住房供给中的应用——以香港为例

众所周知，香港人多地少，是世界上人口密度最大的地区之一，而且土地与房产价格居于世界前列，住房矛盾相当突出，私人开发商的住房租金和售价远远超出大部分普通市民的经济承受能力，低收入家庭根本没有机会满足住房需求。为了有效解决居民的住房困难，原港英政府于20世纪50年代开始就逐步推出公共房屋计划，成功地解决了占全港人口一半的中低收入市民的居住问题。同时，在住房政策上明确采用双轨制，即对于私营房屋市场，政府并不予以干涉而仅行使调控职能，由市场发挥作用；而对于市场调节失灵下的中低收入阶层的住宅则由政府主导。两条线解决不同主体的住房需求，可称其为分类供应的住房体系。香港住房供应体系如图3.9所示。

（1）香港公共住房政策的演进

香港的公共住房政策是面向一大批中、低收入阶层的居住需求而提出的，也一直是香港政府重点实施的对象。从开始实施到现在，经过40多年的发展，公共住房政策在香港取得了较大成功，随着香港经济发展水平的提高，可以不断满足香港市民不同层次的居住要求，使更多的居民从中获得福利，减轻居民住房的压力，香港市民普遍反映良好。香港公共房屋计划之所以成功，首先是对象明确，均定位于广大中低收入家庭，使他们真正得到实惠和信心；其次是政策稳定，透明度高，增强了开发投资者的信心；再次是随着经济发展，不断改进居住水平和环境质量，注重提高居民的满意度。公共房屋计划对香港的经济发展和社会稳定具有深远的影响，总的来看，是卓有成效的。

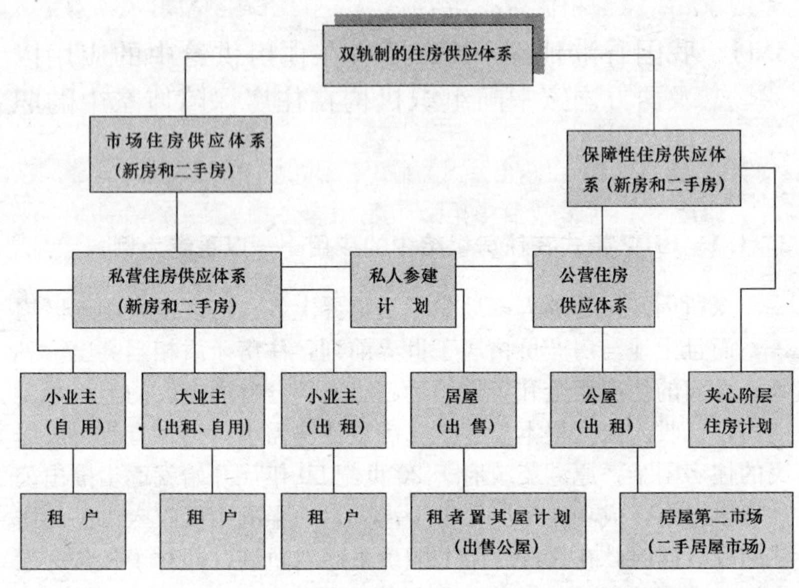

图 3.9　香港住房供应体系示意图①

① 第一阶段：从 20 世纪 50 年代末到 20 世纪 70 年代初

此阶段的公共房屋计划是面向灾民推出的。促使香港政府着手公共房屋建设的起因是一场火灾。1953 年 12 月 25 日，九龙石硖尾木屋区发生了一场大火，造成 5 万多人无家可归，为了安置这些灾民，香港房屋委员会（简称房委会，The Hong Kong Housing Authority）的前身立即成立，负责安置该次大火造成的 53000 名灾民，于是，开展了香港的公共房屋计划。香港政府在 50 多天内建设了一批两层高的临时房屋，安置了 3 万多名灾民，这批临时房屋就是早期的徙置大厦。1954 年，香港政府成立了徙置事务处，负责拆除木屋区和修建徙置区房屋。同时还成立了屋宇建设委员会，为月平均收入 900 港元以下、居住环境极

① 刘云，宁奇峰，陈伟．香港保障性住房供应体系的特点及其启示．现代城市研究，2002（4）：72。

差的家庭提供廉租住房。到1972年，大约有150万人居住在公屋内。1961年香港人口增加到300万，为了解决住房问题，香港政府开始兴建公共出租房屋，以低廉的租金租给符合规定条件的居民，俗称廉租屋（Low-Cost Housing）。

② 第二阶段：20世纪70年代初到20世纪80年代中期

1972年，香港政府提出“十年建屋计划”，开始有计划地兴建一些较为新型的屋村。该计划的目标是：每个家庭拥有自己的居所；每处居所应是水、电、厕、厨齐备的独立式单位；每人居住面积不少于3.25m^2。

1976年，香港政府又制订了“居者有其屋”计划及1978年“私人参建居屋”计划，为那些经济状况有改善但又无能力购置私人住宅的公屋租住户提供自置居所的机会。“居者有其屋”计划，是以低于市值（约70%）的价格，将楼宇售给符合条件的家庭，这项计划后来成为香港政府长远房屋策略的重要部分。该计划的实施使居民的居住条件又进一步得到改善，同时，由于允许私人参建居屋，改变了以往政府部门（主要是房屋委员会）兴建公共房屋的局面，将居屋与私人楼价挂钩，一方面，可加速建房资金的周转；另一方面，有利于抑制过高的房价，达到调节房地产市场的目的。

③ 第三阶段：20世纪80年代后期至今

1988年，香港政府公布“长远房屋政策”，除继续修建公共房屋外，重点转向以提供优惠贷款等方式资助居民购买私人楼宇。

1993年，香港政府推行“夹心层”住屋计划，该计划的目的是帮助中等收入家庭购置居所。这些家庭的收入往往超过申请公共房屋的标准，但他们又无能力购买私人楼宇。因此，香港房委会与房屋协会携手合作，以解决这一阶层市民的住屋问题。

1997年12月，公共房屋委员会提出“租者置其屋”计划，目的是实现特区行政长官董建华在施政报告中强调的10年内全港七成家庭可以自置居所的目标。计划在未来10年内，让至少250000个租住公屋的家庭，以负担得起的价格，购买现居单位。

在香港经济高速增长和人均收入水平提高的基础上，采取这种策略以减弱政府在供应住房方面的负担，更多地发挥私人的作用，表明香港政府的公共房屋政策由最初的完全福利性质向有计划鼓励自置居所方面过渡。

香港政府为鼓励住户自置居所，“自置居所贷款计划”于1998年推出，以配合居屋计划和私人参建居屋计划，提供免息贷款和补助金帮助符合条件的住户购置住所。香港住房政策计划的演进如表3.7所示。

香港住房政策计划的时间序列　　　　表3.7

推出年份	住房政策计划
1953	廉租屋计划
1972	十年建屋计划
1976	居者有其屋
1978	私人参建居屋
1988	长远房屋政策
1993	夹心层住屋计划
1997	租者置其屋
1998	自置居所贷款计划

资料来源：根据各期政策计划自行整理而成。

香港政府在公共住房方面的支出也呈逐年递增趋势。1950～1951财政年度，香港政府在房屋方面的公共开支只有20万港元，占公共开支的比例不足0.5%。1953年前后实行公共房屋政策后，用于公共住房支出的总额及占公共开支的比重大幅上升。1954～1955财政年度，香港政府在公共住房方面的支出为2760万港元，所占比重达24.2%。此后一直到20世纪70年代，该比重一直保持在20%以上。

(2) 私人参建居屋计划——典型的PIPP模式

1966年，香港大约有274000个居住存量单位，其中223000个是私人单位，只有51000个是公屋单位，约占全部居住单位的18.6%。在20世纪60年代初期，香港政府在高度、面积比率及高层楼宇的发展两方面放松建筑条件，以鼓励较高的土地使用率和私营部门参与开发。

1972年，香港政府首次公布一项长达10年的房屋计划。同年，香港政府打算加快建设公共租住房屋，目标为每年33000个单位，以满足150万人的需要。到了1976年，香港政府基于市民对居所的需求高涨，便推出了居者有其屋计划和私人机构参建居屋计划，按照居者有其屋计划，推出了一些住宅以满足扩大的住房需求，同时又顾及到一些收入条件稍高、不能入住公共租住房屋但又无法负担私人楼宇租金的住房需求。

① 私人参建居屋计划的目的

私人机构参建居屋计划的主要目的是加快建设公共房屋，方法是让私人发展商参与及投资公共房屋。显然，私人参建居屋是PIPP模式的具体应用，政府将原本由政府负责的项目通过吸收私人资本，引导房屋委员会与私人机构共同完成。实现公共、中间、私人三个部门之间互相补充、互相竞争与相互监督。

基于PIPP模式的私人参建居屋计划是为了缓解当时人口剧增和房价涨幅过快的现实，其目的是满足居民，特别是低收入阶层的住房需求。一方面，政府面临较大的财政压力，住房是高消费产品，单由政府全部提供是不现实的；另一方面，从公共管理角度看，如果将私人的市场理念融入到公共部门的运作，有利于提高公共部门的工作效率，政府服务的角色将更加完善，使政府真正由管理者角色向服务者的角色转变，同时，加之中间组织的协调与沟通，更加提高了各方的绩效。

② 私人参建居屋计划的运作方式与参建条件

香港政府邀请私人开发商投标建屋计划。中标的发展商须依照某些规格兴建楼宇，私人参建居屋计划地盘投标所得的地价归政府所有，但由于政府保证开发商能按指定价格（低于市场价）出售住宅单位，所以他们承担的风险很小。1988年4月1号房委会改组后，承担了出售私人参建居屋单位的责任，负责挑选购楼者，但如果在指定时间内仍未找到符合条件的购房者，房委会必须将居屋单位购入。如果居屋的实际售价高于保证价格，则获得的盈利归房委会所有。反之，房委会支付差价给开发商。私人参建居屋计划的投标由私人参建居屋计划投标小组委员会负责审议，其成员来自各个政府部门，包括房屋署居者有其屋小组委员会、建筑小组委员会、财务小组委员会的主席。小组委员会接到标书后，就投标的地价、规划准则、建筑物条例、管理建议、投标者技术能力和经济能力等因素进行评估，然后决定将合约批给哪个投标者。从总体上来说，其运作方式是政府拨地，以招标承投方式售与私人地产商发展，同时招标章程会管制发展商的楼宇设计、水准及售价，并加强建屋进度和物业市场的监察，拟定措施，防止过度投机炒卖。

③ 评价与监察标准

从 1993 年 3 月起，所有参与投标公屋工程项目的承建商，首先必须取得 ISO 900 品质保证系统资格证书才可获得投标机会，同时房委会采用“表现评估计分系统”（PASS）对承建商进行综合评价；其次，聘请专业的屋宇测量师或者工料测量师，负责监察发展商兴建的居屋情况，确保实际的发展按投标书的设计、建筑计划和工程明细表的规定付诸实施，须提交发展计划的进展情况和发展商的表现，所提意见转交各个有关部门处理。建筑工程完工后，监察工程的测量师将检查所有楼宇，确保符合工程明细表的规定。

④ 楼宇管理与利润分配

为确保执行私人参建居屋计划的发展商在修缮房屋和管理有关计划时能履行其责任，开发商必须预先缴纳一笔保证金，保证在 1 年保养期内修缮楼宇损毁之处，并提交一份银行保证书，作为 10 年期间妥善管理和维修有关屋苑的保证。同时开发商聘请管理公司负责有关屋苑的日常管理工作。私人发展商在该项计划中能得到的主要利益，是以比一般市场价低的价格，从房委会购入土地发展居屋。从已往多年售卖私营部门参建居屋计划的经验来看，绝大部分居屋单位都被超额认购，所以私人发展商的投资风险甚低，能得到合理的利润。

⑤ 私人参建居屋计划的评价

首先，私人参建计划是香港公共房屋最大的成就之一，它不仅促进了社会的安定与和谐，也使得香港保持经济繁荣。该计划使得有潜力自置居所又无力购买私人楼宇的中下阶层成为业主，受到了中等收入家庭的欢迎，且为房委会带来不少利润以发展公屋，并有效缩短了公屋轮候时间，促进了住房保障制度的建设，保障社会安定，缩小贫富差距。迎合了香港居民不断增长的住房需求，特别是对那些无力承担高额住房价格的低收入者来说，他们无疑是最大的受益者。

其次，成功地将私人和中间组织理念引入到公共政策，提高公共部门的工作绩效。借助私人发展商的经验、资源及专业知识，以辅助政府兴建的居屋计划，提高建屋量，缓解市民对居屋的不断需求，为更多家庭提供自置居所机会。政府充分利用市场和社会力量，改变过去形式单一、垄断的局面，将某些职能出让给中间组织，在不扩大政府规模、不增加公共财政支出的情况下，改善公共服务的提供，提高行政效率，增强行政能力。

再次，在政府的宏观把握下，有利于配合城市总体规划，避免缺乏总体规划而造成杂乱无章的状况。

3.11.2 西方国家中间组织在住房保障体系中的职能分析

(1) 西方国家——住宅合作社

住宅合作社是一个为社员提供持续住房的法律组织，归社员所有并受其控制。住宅合作社同其他住房联盟的区别在于其所有权结构及承诺坚持合作社原则。

住宅合作社是城市居民以一种互相帮助、共同建房的方式来解决住房问题的一种互助、非营利的经济组织。这种组织旨在缓和住房紧张的矛盾，减少因住房紧张而产生的社会问题。其任务是：筹集资金、建设住宅，并对建设的住宅进行分配、维修和管理。住宅合作社遵循“个人集资、单位资助、政府扶持、民主管理、自我服务”的原则，实行独立核算，资金自求平衡。

住宅合作社在国外发展较为成熟且成效显著。1775 年在英国伯明翰成立了全球第一家互助性建筑社团；1860 年和 1862 年在法国、德国分别出现了住宅合作社。此种社团在欧洲大陆发展很快，到 1873 年奥地利已建立起 138 个住宅合作组织；意大利于 1892 年成立住宅协会以后，95 个省相继建立了地方协会，后来发展为住宅合作社。住宅合作社在国外得以迅速发展是以产业革命为基础背景的，生产力得到极大的提高，也正是在这一时期，城镇中低收入的缺房户居住问题日益突出，第二次世界大战以后，欧洲许多国家遭受战乱之苦，住宅异常缺乏，成为各国政府面临的一个难题。住宅合作社为解决中低收入者住房紧缺显现出独特的优势，得以迅速地发展。根据国际合作社联盟统计，在五大洲 40 多个国家中，住宅合作社已发展到 7 万多个，拥有社员 2000 万户，已成为许多国家解决城镇住宅问题的主要形式之一。从住宅合作社发展的历史过程可以看出，住宅合作社的兴起与发展是时代发展的需要，是由国家的城市经济、社会、人口、文化、环境等多方面因素综合影响的最优选择。目前国外住宅合作社主要类型如表 3.8 所示。

目前国外住宅合作社主要类型　　　　表 3.8

类　型	特　点
租房式住宅合作社	房产归合作社所有，社员租合作社的住房居住。住户通过组织管理委员会参与合作社服务，但不会成为合作社的房产所有人，这种住宅合作社在发展中国家相当普遍
房产私有的住宅合作社	合作社负责联系贷款与购买住宅基地，凡申请入社的人必须认购入社股金，以股金填充贷款缺额。社员可以分期付款来偿还本息和合作社的其他开支，社员可以优先得到住房。一旦本息缴清，住房便归属个人所有
普通型的住宅合作社	介于房产共有和个人私有的中间式住宅合作社。社员可以在社内转让自己的股份或选择买主。这种做法鼓励社员在家庭人口发生变化而使住房消费发生变化时，可以进行内部住房调剂。房屋共有的住宅合作社，入社社员缴纳入社股金，便可以争取到住房。合作社房产在居住期间属于共同所有，并从社员中间选出负责人，管理有关住房业务，如抵押贷款付款方式、利率大小、房屋维修费等，目的是保障社员利益

世界上不同国家住宅合作社的发展简况如下：

① 原联邦德国

在原联邦德国，住宅合作社即非盈利性建筑联合会，是使用社员的资金及国家无息贷款进行合资、合力建房的一种形式，入社条件是每个人购买一定额度的股票。作为社员在原联邦德国境内不受搬迁的影响，可以自由转移。由于合作社社员可以利用闲暇时间以出工的方式承担部分劳务，所以建房成本和管理费用较低，同时合作住宅的房租也比商品住宅的房租低，而且相对稳定。政府也出台相应政策鼓励私人建房，主要措施有：为住宅合作社提供长期低息贷款，贷款利率仅为1%～4%，偿还期为30～40年，最长时间可达60～65年，贷款额可达到住房建筑造价的80%～90%；对住宅合作社实行所得税、财产税、交易税部分减免，并提供建筑地段的优惠；在政府不能保证直接给予住宅合作社贷款的条件下，住宅合作社可向其他金融机构贷款，如果利息过高，其超出部分则由政府给予补贴；住宅合作社所建造的住宅向居民个人出售或出租，当居民确因收入水平低，不能负担其租金时，住宅合作社可降低租金向社员出售或出租，使社员能够承受，同时，政府对于其租金差额给予必要的补贴。

② 瑞典

在瑞典，互助合作住宅已占全国住宅总数的40%以上。其发展数量之大离不开瑞典政府对住宅互助合作社提供的各种资助，如推行土地公共化政策，并利用土地优先购买权和绝对的土地管理权支持住宅互助合作事业；瑞典的最大劳动团体——瑞典劳动总同盟为争取职工福利，规定经营互助合作住宅不能以盈利为目的，并且限制了私人住宅企业追求利润，以稳定住宅价格。住宅合作社的资金来源主要有三个方面：社员交纳的股份金、社员的存款储蓄、以住房作抵押向金融机构借款或贷款。住宅合作社把储蓄和住宅建设结合起来，以储蓄作为合作社发展的基础。全国住宅合作社联盟设有自己的储蓄银行，承担社员住房储蓄和贷款业务，社员一般在这些银行储蓄8～10年，就可以获得住房永久使用权。由于住宅合作社重视居民个人在住宅建设中的作用，并把金融、住宅建设、管理融为一体，因而它成为瑞典住宅建设的主要形式。“二战”以来，瑞典合作社住宅投资近500亿克郎，提供住宅40多万套，为广大居民解决了住房困难。

③ 挪威

在挪威，合作住宅占全国住宅总数的20%，是解决中低收入家庭住房问题的重要形式之一。挪威最大的合作住宅组织是NBBL住房合作社联盟，拥有106个城市合作住宅建筑协会和3884个住宅合作社。1960年，挪威议会通过了《合作住宅建筑联合法》，从法律上协调和明确了住宅合作社的权力、作用，促进了住宅合作社的发展。到20世纪80年代，随着政府强调市场机制的作用，住宅合作社联盟也强调引进市场机制，面向市场，根据住房需求建造住宅，调整价格政策。联盟规定当合作社社员转让合作住宅时，只能以原购买住宅时的价格出让。当政府取得了价格的管制后，改为根据通货膨胀、市场供应情况确定转让价格。除此之外，住宅合作社联盟还实行根据建设造价向社员出售住宅、控制使用土地、实行优惠利息贷款、建立住房保障体系、开发市场、发展社员等做法。

④ 美国

在美国，第一个住宅合作社于19世纪晚期在纽约成立。如今，美国住宅合作社超过150万个单元组成，其中包括许多主要城市，如纽约、华盛顿、芝加哥、迈阿密、明尼阿波利斯、底特律、亚特兰大等，超过1500万的家庭（包括所有收入水平）生活在由住宅协会拥有和管理的房屋中。住宅合作社有许多规模和样式，比如镇公所、别墅、中高层公寓、学生公寓、高级公寓以及移动房屋，如表3.9所示。

(2) 中国香港特别行政区——香港房屋委员会与香港房屋协会

美国多种类型的住宅合作社　　表 3.9

类　型	特征及作用
市场等级合作社	股东以市场价格买卖股份
有限权益合作社	限制股份的转让价格，合作社限定最高转让价格以保护中低收入者和避免投机
租赁合作社	不拥有建筑或财产，或者长期租赁，到期时有购买的可能
高级住宅合作社	定位于高级市民
制造型住宅社区(移动住宅)	拥有合作社社区的土地，合作社所有权使居民可以控制停车场的管理和运营费用，同时拥有制造型住宅
特殊需要的住宅合作社	满足人们特殊需要(如以残疾人为会员的合作社)
学生住宅合作社	多数存在于大学校园中，为学生提供便宜的宿舍、住宅和公寓。如北美学生合作社(NASCO)，是美国和加拿大学生合作社协会
艺术家合作社	是为艺术家和艺术工作室准备的，是为了确保艺术家工作和生活支付能力的方法。如明尼阿波利斯的 Artspace，是艺术家合作社的主要形式之一
互助住房协会	尽量让相当多的居民参与其中，并由制造房屋的居民拥有和控制

据 2006 年相关统计资料，香港廉租屋供给占 30.9%，公屋占 18.3%，共计 49.2%，取得如此的成就应归功于香港政府建立了一套官民结合、集中协调的住房保障管理机制，主管机构是香港房屋委员会（Hong Kong Housing Authority），是专责推行香港的公共房屋计划的财政独立的法定机构，于 1973 年 4 月成

立。房屋委员会前身为处理房屋及迁置事务的组织，即前迁置事务处，负责前政府廉租屋村以及前屋宇的建设。房屋委员会于1988年4月改组，建立系统框架，成为具有法定地位、财政自主的机构。其角色的扮演是为了实现香港政府长远房屋策略的目标，就有关公共房屋事宜向香港特区行政长官提供建议，并通过其执行机构——房屋署，策划及兴建供出租和出售的物业。由于是财政独立的机构，所以在日常运作中必须整合资源提高绩效。2006年初，领汇基金（Link Reit）的上市就是最真实的写照，聘请专业的管理团队来负责经营以提高营运效率。

房屋委员会可以取得政府以优惠条件提供的平整土地、基础设施、低息贷款，并掌握对公共房屋、居住小区及临时房屋区的策划、建造、出租、出售、管理等职权。房委会下设建筑、商业楼宇、管理及行动、租务上诉及投诉、居者有其屋、发展、编制与财务、出售公屋给住户、探讨公屋住户租金政策及编配标准等九个常务小组。有时还根据需要成立其他临时的专责小组。房委会每三个月举行一次例会，每年举行一次特别会议，允许普通市民旁听。其目的是让普通市民能够了解房屋政策的制定过程，增加房屋政策的透明度。其基本构架如表3.10所示。

房屋委员会是香港房屋市场最大的业主，在高峰期建屋达到每年80000个单位，在经济不景气时也超过14000个单位，其年度推出房屋数量变化如表3.11所示。

香港房屋协会（Hong Kong Housing Society）是一个财政独立、自负盈亏的非营利机构，萌芽于1948年，1951年成为法定机构，其宗旨是为解决香港的住屋问题做出贡献。在20世纪70年代前，主要为没有能力负担私人楼宇租金的人士提供良好家居的主要来源，70年代后期，房屋协会转向其他方面发展，除协助政府安置居民的郊区公共房屋外，兴建住宅发售计划及夹心阶层计划的居屋，将重点放在市区改善计划上面。

香港房屋委员会基本构架 **表 3.10**

<table>
<tr><td>中心职能</td><td colspan="5">负责统筹公共房屋事务，策划、兴建、管理公共屋村及临时房屋区，同时负责管理辖下出租的公共屋村、出售的居屋屋苑、过渡房屋、平房区、临时收容中心、工厂及屋村内的商业设施等。与私人机构合作兴建居屋及透过自置贷款计划，协助市民置业。此外，代表政府执行拆迁政府土地上的搭建物以改善居屋状况等</td></tr>
<tr><td>常务小组</td><td colspan="5">建筑、商业楼宇、管理及行动、租务上诉及投诉、居者有其屋、发展、编制与财务、出售公屋给住户、探讨公屋住户租金政策及编配标准</td></tr>
<tr><td>人员构成</td><td colspan="5">27 位非公职委员及 4 位公职委员</td></tr>
<tr><td>人员来源</td><td colspan="5">成员可以是行政会议、立法会及各级议会议员，可来自不同的社区组织及公共机构，或者专业人士及公屋住户</td></tr>
<tr><td rowspan="3">执行机构</td><td rowspan="3">房屋署</td><td>中心职能</td><td colspan="3">负责推行房屋委员会及其辖下的小组委员会所制定的政策</td></tr>
<tr><td rowspan="2">组织结构</td><td rowspan="2">4 个核心业务处、2 个支援服务处</td><td>核心业务处</td><td>负责辖下的业务拓展与日常运作、制定工作目标和服务标准，以及分配资源：物业管理、编配及销售、商业及综合事务、建筑与发展、编制财政计划等</td></tr>
<tr><td>支援服务处</td><td>即机构事务处和财务会计处：从高层角度提供有关不同业务范畴的重要策略与建议</td></tr>
<tr><td>取得成就</td><td colspan="5">房屋委员会可以看成全球较为庞大和成功的住房物业发展和管理机构之一。最大成就就是配合政府的公屋计划，促进了香港的经济繁荣和社会稳定。迄今为止，全港约有 230 万人（占总人口的 35%）租住公屋，并有 233000 个家庭通过房屋委员会的“居者有其屋计划”自置居所。此外，平均每年兴建 40000 套，并管理逾 830000 套房屋，以及面积达 130 万 m^2 的商业和社会用地。同时也积极运用市场理论将这些物业打包上市，提高管理绩效水平</td></tr>
</table>

香港公屋、居屋与私人楼宇数量对照表　　表 3.11

年　度	公屋单位	居屋/私人参建居屋	公屋+居屋	私人楼宇
1993～1994	19800	24700	44500	32200
1994～1995	24400	4000	28400	27500
1995～1996	14600	19300	33900	20800
1996～1997	14900	16900	31800	12400
1997～1998	17900	12000	29900	22400
1998～1999	9800	18000	27800	17300
1999～2000	31800	16600	48400	33500
2000～2001	47600	32700	80300	23700
2001～2002	34000	7000	41000	21000
2002～2003	20000	12000	32000	31000
2003～2004	14000	300	14300	26000

资料来源：www.cityu.edu.hk/hkhousing。

（3）美国——NLIHC 和社区发展公司

在美国，不仅有各种住宅合作社，而且也有许多民间组织作为支持后盾，如于 1974 年成立的全国低收入者住房联盟（National Low —Income Housing Coalition，缩写为 NLIHC）。这类组织在美国具有相当大的影响力，他们对州议会和州政府施加政治影响，推动他们调整全州范围内的住房政策，以满足各种肤色低收入人群的住房需求，具体职能与运作形式如表 3.12 所示。

美国 NLIHC 的职能与运作形式　　表 3.12

主要职责	联盟承诺	运作形式	
		公众教育	政策游说
消除美国的可支付住房危机	通过自己的行动确保每一个人都能够得到安全、体面和可支付的住房，都能够在卫生和健康的社区内生活	出版研究报告，免费散发备忘录，定期进行民意调查，组织群众集会并聘请政策专家进行演讲	组织集会并邀请议员参加，力促联盟的成员向所在选区的议员写信或者打电话施加影响，通过全国住房信托基金运动赢得广泛的社会关注与支持

社区发展公司是20世纪80年代和90年代兴盛起来的中低收入者住房的重要承办者、开发者和管理者，是非营利机构的典型代表。其主要职能是针对中低收入者的住房建筑和修复、宅第维修和供暖计划、公共住宅区管理以及买房和租房的资讯业务，后来逐渐参与大量的住宅建设和房地产开发。社区发展公司与私人开发商不同，他们不像私人开发商那样只涉及市场销路和投资回报，更多地偏重社区居民的多样化需求，住房的价格低于私人开发商的住房价格，资金来源有效①。

（4）沙特阿拉伯——SAUDI

沙特阿拉伯人口增长率远远高于其他国家，巨大的流动性以及对本土市场有着较大影响的外国移民的迁入，必须有足够的住房来安置这些移民。政府不再以单独的力量，而是结合社会公共机构，例如社会协会、合作社和私人部门来共同完成。

在过去的4年中，政府拨款2.67亿美元，修建64000个低价住宅单位。允许低收入公民获得贷款，鼓励私人部门修建便宜的住房，满足那些从农村到城市的移民者。其次，Land Parcels也是当时影响较为突出的计划，低收入者可以获得小住房单位，配备基本的水、电、电话及其他必要的设施供应。在金融方面，有房地产发展基金（Real Estate Development Fund，REDF），REDF金额到达67亿美元，有25个分支提供专门服务，范围涉及3935个村庄。这有效降低了移向大都市居民的数量。REDF最大可以承受的贷款是针对个人的80000美元，在25年内是免息的。2005年给私人市场的贷款数量为493596笔，金额34.7亿美元。作为投资的贷款数量为2480笔，金额1381.3亿美元。

SAUDI是最大的协会组织，最初就定位于社会项目发展计划和通过政府努力增加产品以促进持续力和连续性。为了有效发

---

① 卢为民. 大都市郊区住区的组织与发展. 南京：东南大学出版社，2002：90-91。

挥协会的发展角色，协会专注于以下事务：提高新组成家庭的住房服务和质量、合作计划、提供便利贷款计划。SAUDI 协会提供适当的房屋给低收入者，并推行人道主义，帮助处于困难的那些人群，如离婚的妇女、寡妇、孤儿和残疾。所要到达的目标是开发住宅复合体的建筑、帮助没有生产能力的依赖者转变为有生产能力的居民、促进社会和经济联合发展。

3.12 中国 PIPP 模式的公共住房保障体系的基本架构及具体形式的探索

中国 PIPP 模式的公共住房保障体系的基本架构，如图 3.10 所示。

3.12.1 私人机构——PIPP 模式生产活动的具体实施者

（1）必要性

必要性基于需求过剩和筹备不足的社会环境。由前实证分析可知，我国当前解决中低收入者的住房需求问题还十分严峻，现阶段还是以吸收私人资本以增加供应量以及借助二、三级市场为主要对策。因为，一方面我国居民收入分配状况不像西方国家现阶段的橄榄形状，我国的低收入群体占多数，他们处于社会的最底层，且有边缘化的趋势，住房需求异常强大；另一方面政府廉租住房和经济适用住房的筹备很是不足，我国当前经济适用住房发展水平无法从根本上解决数目众多的低收入群体的住房问题，国家财政也不可能承担所有建造费用，况且现阶段我国的市场经济已逐步建立起来，金融体系正不断完善，私人机构应该发挥比较优势，参与公共住房建设。

（2）可行性

可行性首先源于开发商的风险规避偏好。以经济适用住房为例，虽然政府将开发商的利润率控制在3%以下，利润率水平远远低于商品房的利润率，但据报道：虽然经济适用住房开发商

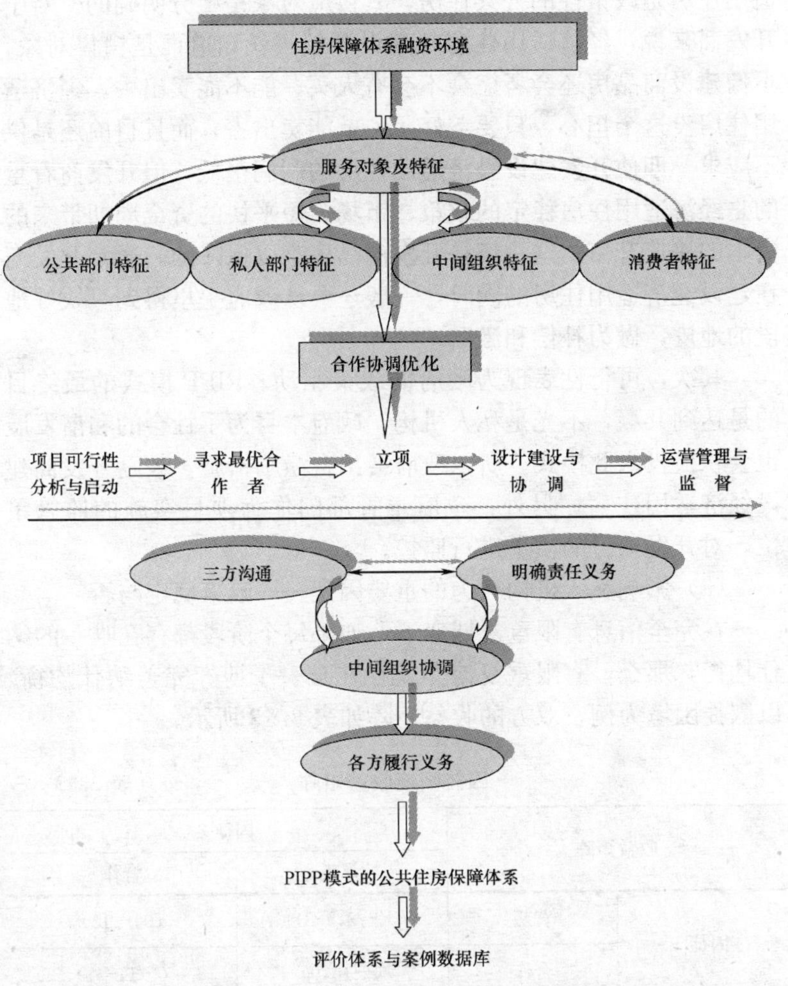

图 3.10　中国 PIPP 模式的公共住房保障体系的基本构架

3%的利润率与其他房地产项目的高利润率相比有着较大的差别，然而，却仍有大批开发商争先恐后地申请开发这类项目，在竞标中，许多开发商提出的标价比政府要求的 3%的利润率还要低。因为开发商都知道经济适用住房的建设是没有任何风险的。经济适用住房是政策性的公共住房，其供应对象是十分明确的。对于开发商来说，经济适用住房从建设开始，就知道谁是销售对象，不像建设商品房还会考虑会不会有人买、能不能卖出去。经济适用住房没这个担心，只要盖好了，就能卖出去，而且目前还是供不应求。即使开发建设经济适用住房的利润很低，但开发商看重的是经济适用住房稳定的政策、市场、短平快的资金周期带来的资本的快速升值。这一切是开发商品房难以保障的。通常开发商在建设经济适用住房的同时，一般还会从政府手里得到一块好地段的地皮，做为补偿和激励。

其次，可行性表现为政府的政策驱动。PIPP 模式的最终目的是达到共赢，不光是私人机构，政府本身为了社会的和谐发展也会积极投入此模式。所以政府会出台激励措施，鼓励开发商建设经济适用住房，另外，政府主管部门作为项目实施的监管单位，对开发项目的质量进行监控。

（3）影响私人机构行为的重要因素——政策稳定与否

在完全信息有限重复博弈下，如果每个阶段都存在唯一的纳什均衡，那么，有限重复博弈就存在唯一子博弈完美纳什均衡。以囚徒困境为例，双方的收益矩阵如表 3.13 所示。

囚徒困境收益矩阵　　　　表 3.13

收益矩阵		囚徒 2	
		背叛	合作
囚徒 1	背叛	(−8,−8)	(0,−15)
	合作	(−15,0)	(−1,−1)

该阶段存在唯一纳什均衡：（背叛，背叛），即每个人都选择背叛。但是实际生活中合作却经常发生。Kreps，Milgrom，Roberts 和 Wilson（1982）的信誉模型给予了合理的解释。在同样阶段的博弈重复出现时，博弈双方可能更加关心对方采取某种行为的信誉。如果一方始终按照同一方式行动，那么，对手会依此

来调整自己的行动。例如，中央政府在颁布某项政策时，给予市民以良好的社会效应，即政府是说话算话的，会具体尽力实施的，那么，作为市民就会根据政府的政策意图去行动。相反，如果政府从来给予市民的影响就是说一套做一套，那么市民就会反其道而行之，最终达不到政策效果。

政府与私人机构的序贯博弈如图 3.11 所示。假设：①双方合作成功得到的支付大于不合作得到的支付。②双方的收益不考虑机会成本。③节点处：■表示政府，●表示私人机构。

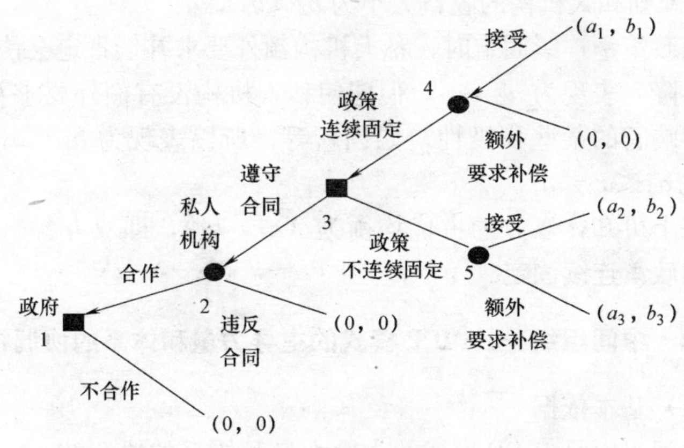

图 3.11　政府与私人机构的序贯博弈

首先，政府对于某一项目确定是否合作，如果不合作，当然双方的得益为（0，0），行为终止。如果政府与私人机构合作，则到下一个节点 2。从节点 2 开始，私人机构有两种选择，遵守合同或者违反合同。如果违反合同（此时指比较严重的违反合同）的话，造成合作解体，双方的得益为（0，0）；如果遵守合同，则走到节点 3。在节点 3，政府面临两种选择，政策连续固定或者政策不连续固定。政策连续固定是指政府不会滥用权利去更改当前政策或者影响项目收益的相关法规，即便更改也保持政策的连续性。如果政策不连续固定，到节点 5，此时私人机构可以接受或者额外要求补偿，收益分别为（a_2，b_2）

或（a_3，b_3）。如果政策连续固定，则到节点 4，此时，私人机构接受的收益为（a_1，b_1），如果私人机构额外要求补偿，当然无收益（0，0）。

现在来比较各非零收益的大小。在政策不连续固定的情况下，私人机构接受的收益肯定小于他额外要求补偿的收益，表现为 $b_2 < b_3$。

当政策连续固定时，一般来说，私人机构额外要求的补偿达不到原来的水准，只能要求大部分甚至象征性的补偿，表现为 $b_3 < b_1$。则私人机构的收益大小为 $b_2 < b_3 < b_1$。

当政策不连续固定时，私人机构额外要求补偿肯定会使政府收益下降，表现为 $a_2 > a_3$，但即使私人机构没有额外要求补偿，也会影响它的某些积极性，如创新等，所以表现为 $a_2 < a_1$，总体上说 $a_3 < a_2 < a_1$。

综上可知，双方的占优均衡为（a_1，b_1），即双方各自遵守合同与政策连续固定。

3.12.2 中间组织——PIPP 模式的主导力量和体系的协调核心

（1）基本依据

中间组织是 PIPP 模式的主导力量和体系的协调核心，其基本依据是：非营利性质和降低成本。另外，从博弈的角度，其本身代表一种策略的相互依存状况，一方的选择得到的结果取决于另一方有目的的行为者的选择。在信息完全的条件下，博弈的参与者对其他参与者的偏好函数完全了解，可以通过信息达到对未来的正确预期，选择策略改善自己的状况，这就可能产生合作博弈。但在实际生活中，存在各种各样的不确定性，每个人的能力和行为方式各异，从而导致更多概率的不合作博弈。在信息不完全的条件下，针对不合作博弈，如果有相应的机构介入，可能会使博弈由不合作走向合作。

（2）基本功能

中间组织的基本功能如图 3.12 所示。

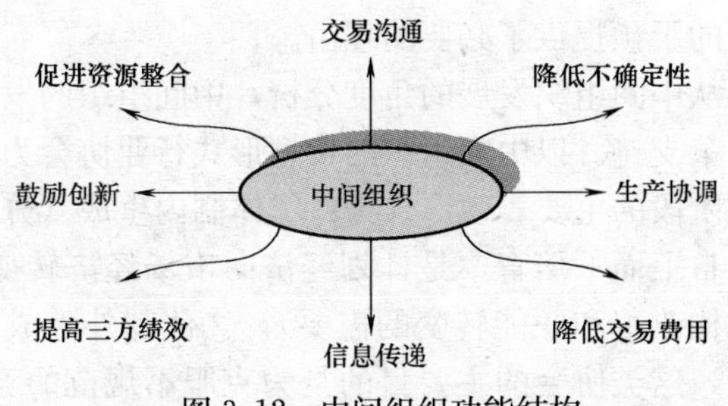

图 3.12　中间组织功能结构

3.12.3　政府——PIPP 模式的宏观调控者，非直接执行者

（1）基本依据

首先，从政府再造理论分析，美国政府再造理论的奠基人戴维·奥斯本（David Osborne）和特德·盖布勒（Ted Gaebler）（1996）在《改革政府》一书中提出了“企业化政府”模式，这一模式的政府基本内涵为：①起催化作用的政府：掌舵而不是划桨；②社区拥有的政府：授权而不是服务；③竞争性政府：把竞争机制注入到提供服务中去；④有使命的政府：改变照章办事的组织；⑤讲究效果的政府：按效果而不是按投入拨款；⑥受顾客驱使的政府：满足顾客的需要，而不是官僚政治需要；⑦有事业心的政府：有收益而不浪费；⑧有预见的政府：预防而不是治疗；⑨分权的政府：从等级制到参与和协作；⑩以市场为导向的政府：通过市场力量进行变革。政府职能须得到让渡与拓展，即政府与企业及其他非政府组织之间职能重新调整与组合。政府职能重点应转到经济调节、市场监管、社会管理和公共服务上来，将其他职能外移给市场、社区和中介组织。一些本来由政府主导的领域通过交由行业协会，实行适当的权利下放，达到高效率和新局面。

其次，从市场失灵的角度分析，市场机制调节的“看不见的手”虽有其能，但也有其不能，表现在公共物品、垄断、信息不对称、外部性、分配不公和贫富两极分化，这些自身无法克服的缺陷为政府的干预提供了必要的理由。

再次，从中间组织发展的角度分析，中间组织的发展需要得到政府的政策支持。以中间组织的典型形式行业协会为例，我国行业协会现阶段的主要表现形式为：①体制内生成（分解和剥离政府部门，自上而下培育，是计划经济向市场经济转变的产物，也是政府机构改革和职能转变的需要）；②体制外生成（具有较强的区域性，这类协会的主要目的是为克服不规范的竞争状态，如企业为追求利润最大化的非正常竞争行为）；③体制内外结合生成（政府大力倡导和支持与相关经济主体自愿加入相结合）、法律授权生成（如律师事务所、估价协会）。现阶段存在的问题主要有：①行业覆盖面窄（根据统计显示全国性行业协会中非国有会员不超过50%的占79%）；②资金紧缺（以上海为例，调查的49家工业行业协会中，会费缴纳不足50%的有13家，平均收缴率为61.2%）；③发展不平衡（区域不平衡：由东向西、由南到北呈递减趋势）。现阶段的行业协会处于初步阶段，不能像发达国家那样，完全与政府脱离，需要政府的政策支持和社会环境的理解。

（2）基本功能

政府在PIPP住房保障体系运作模式中的基本功能主要为：宏观把握、保障公共物品的供应、协调公平与效率以及完善中间组织等，具体如图3.13所示。

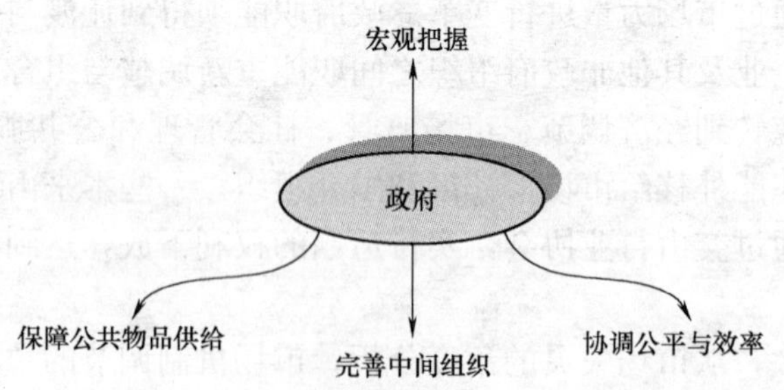

图3.13　政府组织的基本功能结构

4 我国PIPP模式的公共住房保障体系的控制系统

4.1 PIPP模式的时机选择与边界把握的混沌控制

我国住房保障经历了由住房福利化分配，到与市场接轨的过渡阶段。建国初期由于基本的金融体系没有建立，不具备采用PPP模式的基本条件，更谈不上具体合作方式的选择了。随着我国市场经济的逐步建立和发展，在基础设施、市政工程等领域已经尝试引进了PPP模式，并具有了一定的经验。而且，从对上述西方国家与香港地区的介绍和政策对比中可以看出，多数发达国家在住房严重短缺时，采取较大规模的干预政策，如政府直接新建，然后过渡到吸引私人资本的参与、对私人机构供给方和中低收入者需求方的补贴、税收和金融政策，在解决了大部分的中低收入者的住房需求后，他们就从增加住房供给转向借助二、三级市场，结合中间组织考虑针对需求方的支持，其意图是最大程度地发挥市场机制，也就是在保证住宅市场稳定发展的基础上，采取相应的措施或者手段，弥补住宅市场的失灵。

4.1.1 合作形式的时机选择

4.1.1.1 西方发达国家和中国香港地区的时机把握

美国等西方发达国家的公共住房保障体系，经历了政府直接建房——私人参与合作建设——私人参与和财政、金融政策灵活融合、中间组织具体实施的发展模式，其中，后阶段的两种模式无不体现了合作的理念。

香港地区由直接建设到私人参与，再积极运用补贴和税收等政策补充，其间不乏10年建屋计划、居者有其屋、夹心层住屋计划、租者置其屋计划、自置居所贷款计划等居屋计划的颁布。政府逐渐重新定位，由开始的直接提供资助房屋，转为担当协助者及促成者的角色。

结合多国的发展经验看，在住房严重短缺时，采取较大规模的干预政策，如政府直接新建，此阶段没有涉及合作问题。然后，过渡到吸引私人资本的参与，此阶段主要是建设方面的合作。最后，对私人机构供给方和中低收入者需求方的补贴、税收和金融政策，这可以看作是政策倾向上的合作，政府不直接参与到住房建设上，而是借中间组织之手，通过补贴和政策优惠等形式间接“干预”。

总体上说，就是在解决了大部分中低收入者的住房需求后，政府就从增加住房供给的合作形式转向借助二级市场主要采用金融税收等政策倾向的合作形式。

4.1.1.2 我国的合作形式的时机把握

前面述及，建国初期我国由于基本的金融体系没有建立，中间组织基本不存在，不具备采用PIPP模式的条件，更无法论及合作方式的选择。

张泓铭等（2005）对上海市住房保障制度进行了基于时间序列的政策探讨。他们认为，根据经济学分析，在住房保障任务相对繁重、住房市场总量偏紧、价格结构偏高的时期，廉价（租）住房措施不仅必要，而且需要加强。

褚超符（2005）探讨了我国住房保障的政策与模式。他认为，住房保障体制实际上是政府向居民提供的一种公共产品，其效用通过支持转移的方式实现社会收入的再分配，本身服从动态阶段发展规律，体现水平的层次性与手段的多元化，没有一劳永逸的简单解决办法，只有根据时间阶段的不同，采取不同的住房供应结构、财政补贴与金融政策。

关静（2006）认为住房保障应该把握“度”，政府的住房保障必须适度，才能促进社会效率的提高，进而促进社会总福利的增长，相反，住房保障程度不够会制约社会效率的提高，住房保障过度同样会降低社会效率。因此，各地在实施住房保障时必须拿捏好住房保障的“度”，尽量使其恰到好处。当前，各地在住房保障“度”上存在的问题主要有：首先，住房保障广度不够，一些地方片面追求经济发展，追求 GDP 的增长，而对于住房保障问题尚未引起足够的重视，因此，还没有建立起住房保障制度。而更多的地方，虽采取了一些住房保障措施，但由于住房保障覆盖面过低，大多数低收入群体的住房问题还得不到必要的保障。其次，住房实物保障广度过大。住房保障可以补“砖头”或者补“人头”。补“人头”，即加大被保障家庭住房需求的方式，更有利于住房市场的发展和效率的提高。补“砖头”，即直接从住房供应上解决的方式，一般适用于住房保障所需要的一定标准的住房市场供应不足的情况。无论是补“砖头”还是补“人头”，解决的范围都不应过大，否则将冲击住房市场，影响市场效率。再次，住房保障标准过低。实行租金补贴的地方，制定的月租金补贴标准过低，被保障家庭无法通过住房租赁市场租赁到合适的住房，也就无法改善住房条件。甚至部分家庭因此而放弃了享受住房保障的权利。综合来看，我国目前的城镇住房保障应该是低水平、广覆盖式的，应将中等偏下收入、低收入和最低收入家庭纳入住房保障范围，即住房保障范围应占全部家庭的 30%～40%。从长期来看，随着社会经济的发展，国家各项收入分配改革政策的实施，中产阶层将更加壮大，低收入阶层会逐渐缩小，住房保障覆盖面也应该逐渐缩小。

随着我国经济逐年稳定发展，住房状况有了很大的改观，到 2001 年城镇居民人均住宅建筑面积为 20.8m^2，比 1989 年增长 53.3%，城镇居民家庭中人均居住面积低于 4m^2 的拥挤户从 1989 年的 5.7%下降到 0.8%，2004 年城镇居民人均住宅建筑面积为 25m^2，2006 年人均住宅建筑面积为 27.1m^2，呈逐年上升趋势，但与发达国家相比，还有一定的差距，我国当前解决中低收入者住房问题的形势还十分严峻，现阶段的合作形式是以吸收私人资本以增加住宅供应量为主，以及借助二级市场进行融资，并通过土地供应政策扩大住房保障的规模。当然以后合作形式要逐步调整到政策倾向上的合作，政府不直接干预市场，避免对市场造成冲击①。

4.1.2 案例分析——香港红湾半岛事件

红湾半岛位于香港红磡湾填海区，为私人参建的居屋，总楼面面积约 144300m²，另有 494 个泊车位和相关商业设施。整个项目于 2002 年 11 月落成，同年，政府宣布停建及停售私人参建的居屋，使红湾半岛 2000 多个单位空置。由于政府无法依私人参建的协议向发展商介绍买家，再三斟酌后决定将居屋转私屋，以发展商补差价的形式将红湾半岛出售。2003 年 1 月，红湾半岛转私屋的首轮补价谈判失败；2003 年 12 月，政府开出每平方英尺 2300 元港币，后降至 1800 元港币，双方达成补价协议，开发商放弃向房委会索要因为不准发售而带来的损失 19 亿 1400 万元港币，再补 8 亿 6400 万元港币地价，发展商实际补地价每平方英尺 556 元港币，红湾就从政府的居屋项目转为普通的市场楼宇。

随后，发展商新创建和新鸿基地产聘请测量师就改造红湾半岛研究了各种方案，方案包括清拆、翻新及更改图则等，但时至今日，楼市复兴，当年的发展商以利为先决定全面拆卸重新兴建中高档次的住宅区以获取最大利益，红湾半岛位置优越，拆卸重建后估计可获得的利润达 67 亿元。但这一违背可持续发展的举措引发了社会各方的争议，市民、环保人士纷纷开始指责政府当初出售红湾半岛实属下策。最后发展商考虑到自公布红湾半岛拆卸重建计划以来，引起社会各阶层的反对，为不影响社会稳定，决定改变计划，转而研究改装楼宇、提升单位设施以至屋苑质素的可行性。

---

① 本节数字来源中国统计年鉴 2005。

红湾半岛作为私人参建居屋的后续，既不能发挥满足中低收入者住房需求的保障功能，也不能融入市场，由市场解决，落为今天的尴尬局面，是与当时私人参建居屋的宏观经济环境密切相关的。香港特区行政长官在1997年10月有关房屋政策的施政报告中提出，要达到平均每年兴建8.5万个住宅单位的目标，其中5万个单位由公营部门供应，另外3.5万个则由私营发展商提供。而且，当时一直推行下来的私人参建居屋很好地解决了香港公共住房的社会保障问题，受到极大的好评。但因亚洲金融风暴的来临，使楼价大幅下跌，香港政府八万五建屋计划和私人参建居屋又对楼市进一步造成压力，政府为了稳定楼市，决定停止私人参建居屋。

通过分析易知，并非居屋计划本身出现问题，而是在香港政府八万五建屋计划和席卷整个亚洲的金融风暴这样的经济背景下，加之后来突如其来的SARS事件，楼市低靡的趋势势不可挡，香港政府不得不延长停售居屋的时间。

必须引以为戒的是，出台一项政策必须符合现实经济情况，政府在不得不干预房地产市场的时候，必须先认识经济力量和经济规律：香港政府八万五建屋计划被某些学者称为大跃进目标，市场根本无法接受，政府干预的边界没有把握好，虽然是出于解决中低收入阶层的住房需求，加之亚洲金融风暴和SARS事件，楼市崩溃是很正常的。

4.1.3 合作边界把握的实证分析①

此处的实证分析主要是基于我国政府的宏观政策（1997年以来的经济适用住房政策）对市场的影响程度，分别对商品房市场和住宅市场进行考察，并对回归结果进行分析。本节目的在于考察中国住房保障实际发展对市场的冲击力度，实证结果也证明了在政府资金压力、监督机制不完善的现实前提下的宏观经济政策

① 本节数据来源：中国统计年鉴2000～2005。

的弱化效应，进一步强化了实施PIPP模式合作机制的必要性。

（1）商品房市场

① 对全国的商品房市场进行非虚拟变量的计量回归

选取变量：Y 为商品房销售面积 SSQ（万 m^2），X 为国内生产总值 GDP（1978＝100），商品房销售价格 SP（元/m^2）。

回归结果：

Dependent Variable: *SSQ*				
Sample: 1987 2004				
Included observations: 18				
Variable	Coefficient	Std. Error	t-Statistic	Prob.
C	－10729.73	790.7034	－13.56985	0.0000
GDP	82.38247	4.797646	17.17144	0.0000
SP	－14.27398	1.652354	－8.638575	0.0000

Adjusted R^2＝0.985001；Prob(F－statistic)＝0.000000

回归分析：看方程的各个系数，回归较为理想，Adjusted R^2 接近1。系数的正负号与现实吻合，即 GDP 与 SSQ 正相关，而销售价格越高，销售面积越少。

② 对全国的商品房市场进行包括虚拟变量的计量回归

选取变量：Y 为商品房销售面积 SSQ（万 m^2），X 为商品房销售价格 SP（元/m^2）；JJ 为是否实施经济适用住房政策（1997年以前 JJ＝0，1997年后，包括1997年 JJ＝1）。

回归结果：

Dependent Variable: *SSQ*				
Method: Least Squares				
Sample: 1987 2004				
Included observations: 18				
Variable	Coefficient	Std. Error	t-Statistic	Prob.
C	－12985.14	2409.604	－5.388909	0.0001
GDP	49.56928	6.102097	8.123319	0.0000
JJ	－3988.120	2995.865	－1.331208	0.2030

Adjusted R^2＝0.919848；Prob(F-statistic)＝0.000000

回归分析：方程整体回归较好，但 JJ 的 T-test 不能通过，即 JJ 不显著。现实意义即国家实施的经济适用住房政策对整个商品房市场的冲击不大。我们通过对 $SSQ=C(1)GDP+C(2)SP$（1987～2004）的方程进行 Chow-Breakpoint Test，结果如下：

Chow Breakpoint Test: 1997			
F-statistic	20.60299	Probability	0.000050
Log likelihood ratio	32.69833	Probability	0.000000

拒绝原假设，即 1997 年不是发生了结构变化的点，没有发生断点。与使用 JJ 虚拟变量的结果吻合。

（2）住宅市场

① 对全国的住宅市场进行非虚拟变量的计量回归

选取变量：Y 为住宅实际销售面积 ZSQ（万 m^2），X 为国内生产总值 GDP（1978＝100），SP 为住宅平均销售价格（元/m^2）。

回归结果：

Dependent Variable: *ZSQ*				
Method: Least Squares				
Sample: 1991 2004				
Included observations: 14				
Variable	Coefficient	Std. Error	t-Statistic	Prob.
C	−8493.712	1810.057	−4.692510	0.0007
GDP	79.56008	8.530269	9.326796	0.0000
SP	−16.78282	3.797235	−4.419748	0.0010

Adjusted $R^2=0.971914$；Prob(F-statistic)＝0.000000

Chow Breakpoint Test: 1997			
F-statistic	27.60505	Probability	0.000143
Log likelihood ratio	34.01138	Probability	0.000000

回归分析：系数均通过 T 检验，方程通过 F 检验，回归较

为理想，Adjusted R^2 接近 1。系数的正负号与现实吻合，即 *GDP* 与 *ZSQ* 正相关，而住宅销售价格 *SP* 越高，销售面积越少。其次，进行断点检验 Chow Breakpoint Test，拒绝原假设，即 1997 年不是发生结构性变化的点。

② 对全国的住宅市场进行包括虚拟变量的计量回归

选取变量：*Y* 为住宅实际销售面积 *ZSQ*（万 m^2），*X* 为国内生产总值*GDP*（1978＝100）；*JJ* 为是否实施经济适用住房政策（1997 年以前 *JJ*＝0，1997 年后，包括 1997 年 *JJ*＝1）。

回归结果：

Dependent Variable：*ZSQ*				
Method：Least Squares				
Sample：1991 2004				
Included observations：14				
Variable	Coefficient	Std. Error	t-Statistic	Prob.
C	－16643.93	2426.949	－6.857963	0.0000
GDP	51.91335	5.247345	9.893261	0.0000
JJ	－4677.126	2279.997	－2.051374	0.0648

Adjusted R^2＝0.943610；Prob(F-statistic)＝0.000000

回归分析：方程整体回归较好，通过 F 检验，但 *JJ* 的 T-test 在 5%的置信区间没有通过，即 *JJ* 不显著。现实意义即国家实施的经济适用住房政策对整个住房市场的冲击不大。这与前所做的 Chow Breakpoint Test：1997 结果吻合。

（3）实证分析结论

1997 年以来，国家开始实施经济适用住房政策，近几年又加大了稳定住房政策的力度，通过对商品房市场和住宅市场的回归结果分析，得知宏观住房政策对市场的冲击不大，虚拟变量与断点检验同时证明了这点，这也同时吻合了现实中房价居高不下的非良性发展态势。在此，进一步证明了在政府资金压力、私人机构利益最大化、监督机制不完善的现实下，宏观经济政策的不断弱化，构建发挥各方比较优势的合作机制势在必行。

4.2 边界把握的形式与混沌控制

我国市场经济已经建立，现阶段我们所处的并不是大规模的建设阶段，那是对市场的完全替代，而是中间阶段，通过一种合作达到多方的共赢，从长期来看，需逐步向对需求方支持的模式过渡。此阶段存在政府干预住房市场的度的问题，即边界把握。如果政府对市场干预过度，加之宏观经济的不可预测性，很有可能对市场造成冲击；但如果干预不够，又不能及时解决中低收入者的住房需求，所以作为宏观经济的调控者，此度必须把握好，以避免对社会造成负面影响。

4.2.1 边界把握形式

当前，我国政府对住房市场的干预工具主要是经济适用住房和廉租住房，各个地区、城市对二者虽有不同的偏好，但它们都是商品房的可替代产品，扩大经济适用住房或者廉租住房的建设，会降低商品住房的市场份额，会对住房市场形成或大或小的冲击。所以政府干预的度显得尤为重要。当然，影响边界大小的主要因素还是现实的发展状况和实际需求。当前的实施状况尚不理想，主要问题是经济适用住房制度缺损和廉租住房供给不足。此外，我国贫富比例异常，中低收入人群十分庞大，贫富差距体现在个人差距、城乡差距和行业差距，我国现阶段还是以吸收私人资本以增加供应量以及借助子市场为主要对策，所以，现阶段干预边界的把握尤为重要。

借鉴发达国家和地区的实际经验，首先，是可以建立专门的机构（如本文所提出的中间组织），来负责筹划制定公共房屋体系，例如，新加坡的建屋发展局和香港的房屋委员会，它们都为当地中低收入者的住房保障做出了巨大贡献，受到了社会的肯定。其次，是建屋计划具体化，同时配备市场需求分析，如3～

5 年的房屋市场环境和需求的综合分析；3～5 年的面向已识别的房屋、没有住房的中低收入者的发展策略。再次，是把握各种指标体系，将这些指标和其他地区或者国家作横向对比，依据市场需求，来确定发展规模。房屋政策作为一项公共政策，有其特定的性质，随着时间、空间的变化，社会不断发展变化，政策问题会发生变化，政策也要及时更新，且新旧政策的替代有一定的滞后期，所以，在实施过程中要因具体条件的变化做出调整和事前规范，而不是事后补救。最后，涉及对整个经济形式的分析以及突发事件的处理，上述亚洲金融风暴不能说是突发事件，因为关于经济因素的事件都有一定的酝量期或者泡沫形成期，日常对经济的预警分析显得尤为重要，这方面工作做好了，才不会措手不及，乱了阵脚。

4.2.2 混沌控制

混沌是非线性动力学系统所特有的一种性质，混沌系统属于确定性系统却因具有对初值的敏感依赖性而难以预测，包含于复杂系统却因具有稠密的周期轨道而不能分解，看似混乱无序实则具有规律性，体现了基于确定性和非线性系统的内在随机性。混沌理论属于复杂性学科，其动力学模型如下所示：

$$\begin{cases}\dfrac{\mathrm{d}x(t)}{\mathrm{d}(t)}=\alpha x(t)+F[x(t-\tau)] \\ F(x)=xG(x)\end{cases}$$

式中，$x(t)$ 表示正或者反的各种力量合并后的力量；$\mathrm{d}(t)$ 表示变动的速率；α 是变动速率系数；τ 表示时滞；$F[x(t-\tau)]$ 表示系统内部的控制关系，它由反馈信号 $x(t-\tau)$ 和反馈函数 G 组成。在控制函数中存在时滞 τ，这是由于反馈信息及调节必须在一段时间之后才能产生所决定的。求解这个含有时滞的微分方程模型，其解可以是稳定解、极限环解、多周期的长波解以及混沌解。

M. Stutzer（1980）首次在 Havvelmo 经济增长方程中揭示

了宏观经济系统的混沌现象。经济系统不再是市场稳定和供求均衡的结果，而是由许多相互作用的个体在不稳定状况下彼此不断调整关系的结果。R. H. Day 与 Benhabib 等经济学家均在经济均衡模型中证实了混沌性与周期的条件。经济理论模型和经验模型能够产生混沌已经成为公认的结论。刘静岩、韩文秀（2002）提出了房地产混沌控制模型，并对混沌的同步控制作了较为详细的研究。

但在非理性的房地产市场中，消费者的预期给予公共政策很大的影响，混沌控制模型必须考虑政策回灌效应，这是影响政策控制有效与否的关键。本节基于此提出修正的混沌控制模型。

（1）政策回灌效应

回灌原本属于地质学科名词，用来指由于不正确地开采地下水，导致地质疏松、地面出现下沉现象，为了缓解和阻止这种沉降趋势的继续发生，采取将地表水回灌于地下的方法，从而改变地下水失衡的状况。在缓解和遏制城市地面沉降措施上，除了停止不规范的地下水开采和节约用水外，地下水回灌是另一重要措施，利用地表水补充地下水，改变地下水失衡的状况。这也是长三角沿海地区缓解地面沉降的主要措施之一。地下水回灌能在一定程度上缓解地面沉降现象，但回灌并不能达到原先的地面高度，只能回升部分，甚至反降，所以从总体上可以说只能是暂时遏止继续下降的趋势。相关数据显示，1966 年上海市全市大面积开展人工回灌，灌水量 400 万 t，经过 5 个月的人工回灌，上海市区地面回升，年平均回升量为 6mm，最大回升量为 38mm，在一定程度上缓和了地面沉降，但是极其微小。

地面沉降存在上述回灌效应，这对政府的公共政策体系是良好的借鉴与启发。当有不正常的市场现象持续出现时，政府政策在某种程度上具有回灌效应，即缓解或回复少许，甚至没有缓解反而加重，恢复不到原有状态，我们可以称此种现象为政策回灌效应。

（2）影响政策回灌效应的重要因素——消费者心理预期

心理预期是指经济主体根据有关信息对未来将会发生事件的判断，主要以过去及当前的各种信息为主要评价依据。在不同的经济发展阶段及不同的经济背景下，个人产生的预期会有所不同。正常情况下，随着价格的上涨，需求量会下降，如图 4.1 左图所示；但如果存在异常的消费者预期的话，价格越高，消费者预期下一期的价格会更高，这样导致的结果是价格越高，需求量越大，需求曲线由原来斜向下变为斜向上，在此，称为异化的需求曲线，见图 4.1 右图所示。

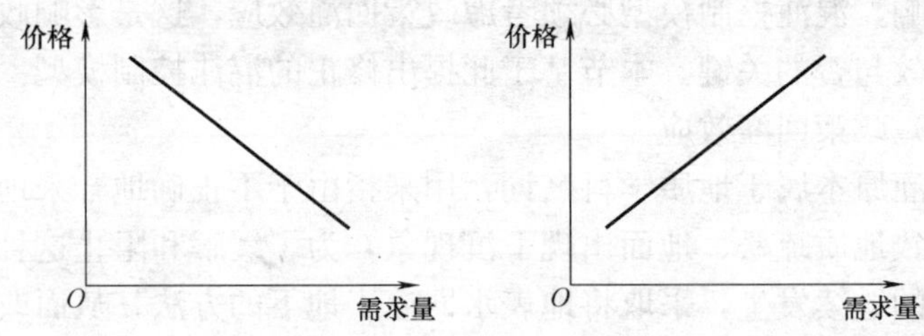

图 4.1　正常需求曲线（左）与异常需求曲线（右）

首先，经济人利润最大化的行为目标，导致他们随时寻找市场的投资热点，一旦确定某个切入点，“羊群效应”和“路径依赖”会使更多的人不计成本和风险地尾随而入，在不知不觉中制造泡沫，投资变成投机，这虽然可能并不是他们的初衷。其次，地方政府也有一定的“责任”。由于房地产涉及的行业较多，许多地方政府把房地产业当作发展乃至带动当地经济发展的主要因素和依赖，客观上促成了土地和住房价格的快速增长，消费者和投资者对价格预期不断看涨，加之对政府出台稳定房价政策实施效果的失望，引来又一轮的预期看涨，这样就形成了恶性循环，周而复始，造成房价、地价呈跨跃式循环增长，而对于那些开发商的投机和炒作则是在市场大环境下“理性选择”的结果。

（3）政策回灌效应的实证分析[①]

① 本节数据来源：中国统计年鉴 2005。

假设消费者作出决策之前是不能观察到市场的当期价格的，必须先对产品的价格形成预期，外推式预期的结构组成如下：

$$p_t^e = p_{t-1} - \rho(p_{t-1} - p_{t-2})$$

式中，p_t^e代表的是$t-1$期对t期价格p_t的预期，而ρ是一个调整系数，是表示最近价格的变化中的一部分被加到最临近的价格上，从而形成对下期变量的预测。ρ的符号不确定，从而形成一个动态的价格演进路径。

① 动态回归

利用商品房销售价格 SP（元/m^2），做外推型适应预期回归，其结果如下：

样本范围	$SP(-1)$的t检验的P值	$SP(-1)-SP(-2)$的t检验的P值	Adjusted R^2
1989～2001	0.0000	0.0122	0.977669
1989～2002	0.0000	0.0071	0.980289
1989～2003	0.0000	0.0049	0.982595
1989～2004	0.0000	0.0238	0.977493

各回归的系数均通过 t 检验，Adjusted R^2 的值接近 1，回归结果良好。从 2001～2004 年，$C(2)$ 的数值持续递减，如下：

$C(2)$ 1989～2001＝0.741681；$C(2)$ 1989～2002＝0.735003

$C(2)$ 1989～2003＝0.725452；$C(2)$ 1989～2004＝0.653592

结果表明，消费者看涨的预期的变化率是递减的，即政策等外界因素对其影响是有的，但从数值上看，仍不太理想，始终超过 0.5 的水平。

② 动态回归结果分析

分别在 2001 年、2002 年和 2003 年对方程（样本从 2001～2004 年度的回归方程）进行邹氏转折点检验（Chow Breakpoint Test），该检验的目的是检验在整个样本的各子样本中模型的系数是否相等。如果模型在不同的子样本中的系数不同，则说明该模型中存在着转折点。转折点出现的原因可能由于社会制度、经济政策的变化及社会动荡等，我们可以用邹氏转折点检验来验证某点是否是转折点。Chow Breakpoint Test 的 F 检验结果如下：

F-Probability2001＝0.088080；F-Probability2002＝0.089345；F-Probability2003＝0.062000

三个断点的 Chow Breakpoint Test 检验均拒绝原假设，既没有发生结构性的变化，与消费者一直看涨的预期一致，即外部环境如政府宏观经济政策、社会发展等没有达到期望的效果，没能在一定程度上改变消费者的预期。

所以，就整体来看，宏观经济政策对住房市场的压制影响不大，但有一定的作用，因为消费者看涨的速率在递减。

③ 政策回灌效应的定量分析

基于政府 2003 年底实施影响深远的政策条款，以 2003 年为基准年，测算效应大小：(0.725452－0.653592)/0.725452＝9.9％

$$回灌效应=1-9.9\%=90.1\%$$

即，2004 年政府的宏观经济政策对全国市场的回灌效应(基于 2003 年）是 90.1％。

（4）基于政策回灌效应修正的混沌控制

房地产投资在一定程度上影响宏观经济的发展，特别是当非理性行为预期产生泡沫倾向时，将会造成难以挽回的损失，不但阻碍经济的发展，还可能影响社会的和谐发展，危及正常的社会秩序。所以需要对房地产投资中的泡沫加以有效控制。在此，基于 R. Day 资本产出模型提出基于 logistic 房地产投资泡沫混沌控制的修正模型①，如下：

---

① 基于刘静岩、韩文秀（2002）房地产混沌控制模型的修正，即考虑了政策回灌效应，添加了政策效果折扣变量，因为在非理性的房地产市场中，消费者的预期给予公共政策很大的影响，有时政策虽然是正向的，而导致消费者的行为却为负向（正如消费者对房价的不断看涨和政府压制房价），故混沌控制模型必须考虑政策效果折扣，这是影响政策控制有效与否的关键。

$$X_{t+1}=\frac{\gamma\varphi(\alpha+\beta)}{1+n}X_t(1-X_t)$$

式中，$X_t\in(0, 1)$，$\gamma\in(1, 10)$，$\varphi\in(0, 1)$，$\alpha\in(0, 1)$，$\beta\in(0, 1)$，$n\in(0, 1)$。

参量涵义：X_t为房地产投资变量，是一个混沌经济变量；$\frac{\gamma\varphi(\alpha+\beta)}{1+n}$是房地产投资的控制参数；$\gamma$表示政府的宏观调控参数；$\varphi$表示由于回灌效应带来的政策效果折扣变量；$n$表示人口增长率；$\alpha$表示投资规模的增长率；$\beta$表示投资收益率。

首先，探讨X_t的周期分岔。

混沌控制目标首先是对混沌奇怪吸引子内无穷多的周期轨道进行稳定控制，其次是通过可能的策略、方法及途径，达到有效控制所需的周期轨道，或抑制混沌行为，获得需要的新动力学行为，如各种周期态及状态。

Logistic 方程中X_t具有倍周期分岔规律，即局部的稳定和倍周期变换性质。同时，控制参数$\frac{\gamma\varphi(\alpha+\beta)}{1+n}$的取值范围直接影响投资变量$X_t$的周期状态。根据混沌理论与相关数学知识，可得出以下结论：

① 当$0<\frac{\gamma\varphi(\alpha+\beta)}{1+n}<1$时，要使得$X_t$具有稳定的周期（周期=1）解，计算得$X_t=1-\frac{1}{\frac{\gamma\varphi(\alpha+\beta)}{1+n}}$，这与$X_t\in(0, 1)$矛盾，故此时无解。

② 当$\frac{\gamma\varphi(\alpha+\beta)}{1+n}=1$时，则$X_t=0$，这不具有现实意义。

③ 当$1<\frac{\gamma\varphi(\alpha+\beta)}{1+n}<3$时，$X_t$局部稳定，周期为1，且$X_t\in(0, 0.664)$。

④ 当$\frac{\gamma\varphi(\alpha+\beta)}{1+n}=3$时，发生叉形分岔，周期为2。

⑤ 当 $3<\frac{\gamma\varphi(\alpha+\beta)}{1+n}<3.449$ 时，X_t虽然局部结构稳定，但随$\frac{\gamma\varphi(\alpha+\beta)}{1+n}$不同而跳动。

⑥ 当$\frac{\gamma\varphi(\alpha+\beta)}{1+n}=3.449$ 时，X_t不稳定，周期为 4。

⑦ 当 $3.449<\frac{\gamma\varphi(\alpha+\beta)}{1+n}\leqslant 3.544$ 时，周期变化为 8。

⑧ 当 $3.544<\frac{\gamma\varphi(\alpha+\beta)}{1+n}<3.5699$，周期变化为 2^n。

⑨ 当$\frac{\gamma\varphi(\alpha+\beta)}{1+n}>3.5699$，系统呈现混沌状态，无法预测。

其次，对周期稳定的$\frac{\gamma\varphi(\alpha+\beta)}{1+n}$进行上下限分类讨论。

根据国务院不同行业竞争力评价指标体系数值，各参数的取值范围为：$3\%<\alpha<20\%$，$5\%<\beta<30\%$（住宅房地产投资通常的回报水平在 6%～8%，但是商业房地产高的可达 20%以上，10%～15% 都是正常的，而世界的平均水平为 4%～5%），$1.5\%<n<5\%$，$10\%<\varphi<90\%$。分别取上限、下限和中间值计算：

① 取上限 $\alpha=20\%$，$\beta=30\%$，$n=5\%$，$\varphi=90\%$

要使得 X_t具有稳定周期，根据前面分析可知，必须有 $1<\frac{\gamma\varphi(\alpha+\beta)}{1+n}<3$。代入上限数值有 $\gamma=2.33\times\left(\frac{\gamma\varphi(\alpha+\beta)}{1+n}\right)$。当$\frac{\gamma\varphi(\alpha+\beta)}{1+n}=3$ 时，$\gamma=7$；当 $\frac{\gamma\varphi(\alpha+\beta)}{1+n}=1$ 时，$\gamma=2.33$；当$\frac{\gamma\varphi(\alpha+\beta)}{1+n}=3.5699$ 时，$\gamma=8.33$。所以，要使其不出现混沌现象，必须使得政府控制参数 $\gamma<8.33$，最好能控制在 $2.33<\gamma<7$，使 X_t具有稳定的周期 1 解。

② 取下限 $\alpha=3\%$，$\beta=5\%$，$n=1.5\%$，$\varphi=10\%$

同理，$\gamma=126.875\times\left(\frac{\gamma\varphi(\alpha+\beta)}{1+n}\right)$，当$\frac{\gamma\varphi(\alpha+\beta)}{1+n}=0.0788$ 时，

$\gamma=10$（这时 γ 达到最大值 10），$X_t=-11.69$，为负增长，要使得 $X_t>0$，必须 $\frac{\gamma\varphi(\alpha+\beta)}{1+n}>1$，则 $\gamma>126.875$，这与 $\gamma\in(1, 10)$ 矛盾。

③ 取中间值 $\alpha=10\%$，$\beta=12.5\%$，$n=1.75\%$，$\varphi=40\%$

同理，$\gamma=11.3\times\left(\frac{\gamma\varphi(\alpha+\beta)}{1+n}\right)$，当 $\frac{\gamma\varphi(\alpha+\beta)}{1+n}=3$ 时，$\gamma=33.9$；当 $\frac{\gamma\varphi(\alpha+\beta)}{1+n}=1$ 时，$\gamma=11.3$；当 $\frac{\gamma\varphi(\alpha+\beta)}{1+n}=0.885$ 时，$\gamma=10$（此时 γ 到最大值 10），但此时的 $0<\frac{\gamma\varphi(\alpha+\beta)}{1+n}<1$，不能实现正常的 X_t，达不到稳定状态。

综上所述，合理的控制 $\frac{\gamma\varphi(\alpha+\beta)}{1+n}$ 具有较大意义。当 $\frac{\gamma\varphi(\alpha+\beta)}{1+n}$ 中的参数取下限值和中间值时，产生矛盾，无法实现正常的 X_t，此时政府应该合理宏观调控，引导消费者正确的心理预期，尽量减少政策回灌效应，实现 X_t 的正常化，引导向非混沌状态发展；当 $\frac{\gamma\varphi(\alpha+\beta)}{1+n}$ 中的参数取上限值时，最好能控制 γ 在 $2.33<\gamma<7$ 区间内，使 X_t 具有稳定的周期解，此时的政策应该有所针对性，不能两极化，引导稳定的规模增长。

再次，混沌最明显的特征是蝴蝶效应，即一个混沌系统具有将很小的微观扰动放大成为宏观行为的能力，或者说一个细微的变化通过某种非线性的反馈系统可能会引发始料不及的、影响巨大的后果，强调对初始条件的敏感性。所以必须注意 $\frac{\gamma\varphi(\alpha+\beta)}{1+n}$ 中参数可能出现细微变化，因为这些变化可能会带来巨大的意想不到的后果。

4.3 宏观经济政策系统控制

我国一直以来都致力于住房市场的调整控制，但与预期效果有一定的差距。学者李一戈（2007）认为调控房地产市场非一家之力，应该是多部门合力作用的结果，房地产宏观调控应有一个部系联席会议，组成部门包括建设部、发改委、国土资源部、财政部、税务部，这个机构是完整统一的，而不是各行其是。再看我国政策现实，宏观调控迄今为止，陆续出台的政策不少，有关系土地的、金融的、税收的等，但效果不明显，其中很重要的因素就是政策部门之间的分散化，即没有形成系统。本节结合有关数据的实证结果也证实了此点。

4.3.1 数据分析

采用四个经济变量：商品房平均销售价格指数（*INDEX*）、国家财政收入中的税收收入（*TAX*）、建筑业信贷（*CREDIT*）与全国住宅开发投资完成额（*INVEST*）。样本区间为 2000 年 1 月～2006 年 4 月。数据来源为中国经济景气月报和中国经济信息网。

（1）数据变换

首先对原始序列进行季节性修正，使用季节调整的 X11 的乘法模型。其次分别取自然对数，以消除序列的异方差。经过变换后的序列分别命名为 $INDEX_1$、$INVEST_1$、TAX_1 与 $CREDIT_1$（后面的相关分析是基于这四个变量的）。

（2）序列平稳性检验

对变量序列进行 ADF 检验，检验方程中均包含常数项。显然，在水平状态下，三个序列的平稳性单位根检验均接受原假设，而一阶差分下均拒绝原假设，所以四个变量都是一阶单整的。结果如下：

变量	Level 水平下的 P-value	一阶差分的 P-value
$INDEX_1$	0.5096	0.0000
TAX_1	0.5806	0.0001
$INVEST_1$	0.7482	0.0001
$CREDIT_1$	0.6827	0.0000

（3）VAR 模型

确定滞后分布长度，利用 AIC 与 SC 准则确定，综合考虑，选择 1 期滞后。结果如下：

lag intervals for endogenous	AIC	SC	lag intervals for endogenous	AIC	SC
11	−9.675543	−9.057546	14	−8.888571	−6.738387
12	−9.326278	−8.205382	15	−8.941086	−6.264113
13	−9.249598	−7.618038	16	−9.667530	−6.455394

（4）协整检验

采用利用协整检验来考察变量之间的长期关系。在此基于 Johansen（1988）、Johansen 与 Juselius（1990）的迹统计量与最大根统计量。结果如下：

H0	Trace Statistic	P-Value(5%)	Max-Eigen Statistic	P-Value(5%)
$R=0^*$	58.51681	0.0037	34.94625	0.0047
$R\leqslant 1$	23.57056	0.2192	18.90021	0.0998
$R\leqslant 2$	4.670345	0.8428	3.673234	0.8921

注：1. * 表明 5% 的置信水平下拒绝原假设，结果表明四个变量序列存在 1 个协整关系。

2. 检验中的滞后项根据 AIC 法则确定为 1；临界值来自 MacKinnon-Haug-Michelis（1999）。

（5）协整关系

从以上平稳性检验和协整可以看出 $INDEX_1$、$INVEST_1$、TAX_1 与 $CREDIT_1$ 四个变量是非平稳的，而且存在长期的协整关系，这样我们可以利用 VAR 模型考察变量之间的相互作用与动态效应。

1980 年 Sims 提出向量自回归模型（Vector Autoregressive Model）。这种模型采用多方程联立的形式，它不以经济理论为基础，在模型的每一个方程中，内生变量对模型的全部内生变量的滞后值进行回归，从而估计全部内生变量的动态关系。

对 VAR 模型进行相关的滞后期、相关性与异方差检验，均通过。

$INDEX_1$、$INVEST_1$、TAX_1 与 $CREDIT_1$ 之间长期均衡关系为：

$$INDEX_1 - 4.430052286 \times INVEST_1 + 5.763164293 \times TAX_1 - 0.01651494795 \times CREDIT_1 - 19.5351597 = 0$$

显然 $INDEX_1$ 与 $INVEST_1$、$CREDIT_1$ 成正比，而 TAX_1 与二者成反比。

4.3.2 动态效应 VECM 模型

如果 VAR 模型 $Y_t = \Pi_1 Y_{t-1} + \Pi_2 Y_{t-2} + \cdots + \Pi_k Y_{t-k} + u_t$，$u_t \sim \text{IID}(0, \Omega)$ 的内生变量都含有单位根，那么，可以用这些变量的一阶差分序列建立一个平稳的 VAR 模型：

$$\Delta Y_t = \Pi_1 \Delta Y_{t-1} + \Pi_2 \Delta Y_{t-2} + \cdots + \Pi_k \Delta Y_{t-k} + u_t$$

然而，当这些变量存在协整关系时，这种建模方法不是最好的选择。如果 $Y_t \sim I(1)$，且非平稳变量间存在协整关系。那么建立单纯的差分 VAR 模型将丢失重要的非均衡误差信息。因为变量间的协整关系给出了变量间的长期关系。同时用这种非均衡误差以及变量的差分变量同样可以构造平稳的 VAR 模型，得到一类重要的模型，这就是向量误差修正模型（VECM）。VECM 模型的误差修正模型将长期调节与短期调节的过程一并考虑，故其优点是提供了解释长期关系与短期调节的途径。如下：

$$\begin{pmatrix} D(INDEX_1) \\ D(INVEST_1) \\ D(TAX_1) \\ D(CREDIT_1) \end{pmatrix} = \begin{pmatrix} 0.0003 \\ 0.0338 \\ -0.1668 \\ 0.0037 \end{pmatrix} \times \text{ecm}(-1) +$$

$$\begin{pmatrix} 0.0072, 0.0182, -0.0011, -0.0796 \\ -0.3234, -0.1204, -0.0907, -0.5861 \\ 0.5268, -0.4847, -0.0603, 0.6196 \\ 0.1098, -0.0096, -0.0037, -0.1029 \end{pmatrix} \times$$

$$
\begin{bmatrix} D[INDEX_1(-1)] \\ D[INVEST_1(-1)] \\ D[TAX_1(-1)] \\ D[CREDIT_1(-1)] \end{bmatrix} + \begin{bmatrix} 0.0017 \\ 0.0321 \\ 0.0199 \\ 0.0125 \end{bmatrix} + e_t
$$

对于 $INDEX_1$ 来说，*ecm*（−1）前系数 0.0003>0，说明虽然三者之间有长期均衡关系，但如果在短期内，$INVEST_1$、TAX_1 与 $CREDIT_1$ 发生微小变动，会引起 $INDEX_1$ 更加剧烈的波动，短期内 $INDEX_1$ 很难达到均衡；同理，$INVEST_1$ 对于其他三个变量的微小变动难以在短期内恢复均衡状态。

而 TAX_1 则有自我调节的机制，−0.1668<0 说明当其他三个变量均衡关系偏离长期均衡关系时，TAX_1 调节到均衡状态的速率为 16.7%。

4.3.3 VECM 的脉冲响应函数与方差分解

脉冲响应函数描述一个内生变量对误差冲击的反应。具体地说，它描述的是在随机误差项上施加一个标准差大小的冲击后对内生变量的当期值和未来值所带来的影响。

首先，计算 10 期的脉冲响应函数，考察 TAX_1 对 $INVEST_1$ 和 $INDEX_1$ 的脉冲，如图 4.2 所示。

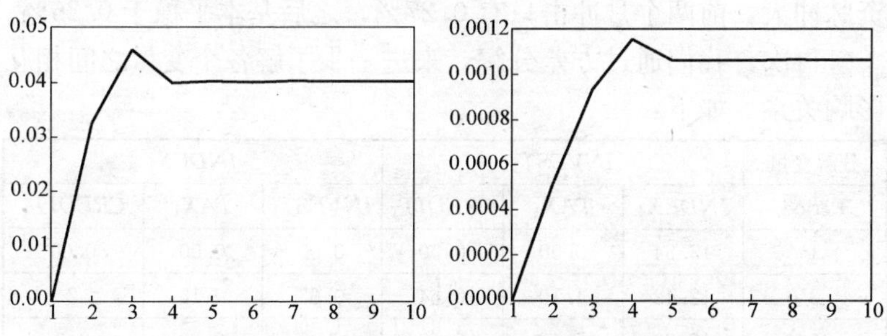

图 4.2　税收对投资的冲击（左）与税收对平均价格指数的冲击（右）

上图反映税收冲击对投资产生明显的正效应，在前两个月影响达到为 3.26%，第三个月接近 4.5%，之后平稳于 4%。这解释为税收政策对投资的滞后效应；税收冲击对平均价格指数也产生明显的正效应，且走势与对投资脉冲基本一致，但价格的反应总体上没有投资大，在前两个月只有 0.05%，第 4 个月达到最大 0.11%。

其次，考察 $CREDIT_1$ 对 $INVEST_1$ 和 $INDEX_1$ 的脉冲反应，如图 4.3 所示。

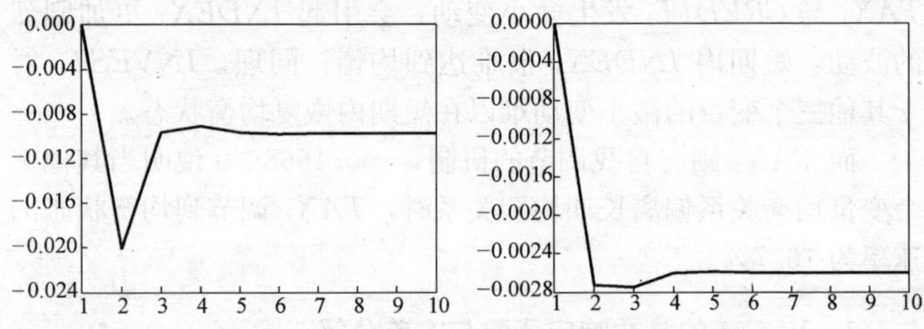

图 4.3 信贷对投资的冲击（左）与信贷对平均价格指数的冲击（右）

上图反映信贷冲击对投资产生明显的负效应，在前两个月负效应达到为 2%，稍后有所反弹，之后平稳于 1%。这解释为信贷政策对投资确实有一定的约束作用，但后期的约束逐渐弱化；信贷冲击对平均价格指数也产生明显的负效应，但势头没有对投资脉冲大，前两个月冲击只有 0.27%，之后基本平稳于 0.26%。

再次，我们通过方差分解，来进一步了解各个变量之间相互影响关系。如下：

分解变量	$INVEST_1$			$INDEX_1$		
Period	$INDEX_1$	TAX_1	$CREDIT_1$	$INVEST_1$	TAX_1	$CREDIT_1$
1	13.84	0.00	0.00	0.00	0.00	0.00
3	12.42	4.10	0.64	0.63	0.15	2
5	12.33	5.42	0.57	0.6	0.29	2.3
7	12.27	6.06	0.54	0.58	0.34	2.42
9	12.23	6.45	0.53	0.58	0.36	2.49
10	12.22	6.59	0.52	0.57	0.37	2.51

分解变量	TAX_1			$CREDIT_1$		
Period	$INDEX_1$	$INVEST_1$	$CREDIT_1$	$INDEX_1$	$INVEST_1$	TAX_1
1	1.64	4	0.00	6.28	15.46	0.88
3	3.92	18.40	0.48	7.12	11.60	0.48
5	5.01	29.14	0.50	7.37	10.76	0.33
7	5.86	36.83	0.48	7.48	10.38	0.27
9	6.49	42.55	0.47	7.54	10.16	0.23
10	6.74	44.89	0.47	7.56	10.09	0.22

方差分解得出与脉冲响应类似的结论：对于 $INVEST_1$，受到政策影响较小，而对信贷紧缩政策反应更小，最大值为 0.64%（见第 3 期）；而 $INDEX_1$ 对信贷的反应比税收强烈。对于两个宏观经济政策来讲，其相互协调效应（可以理解为政策合作）较差，主要体现在对 TAX_1 的分解中，$CREDIT_1$ 的影响值仅为 0.48 左右，相反 $CREDIT_1$ 对 TAX_1 的反应最大值也只有 0.88，远远低于另外两个变量的影响值。

4.3.4 总结

通过对商品房平均销售价格指数（*INDEX*）、国家财政收入中的税收收入（*TAX*）、全国住宅开发投资完成额（*INVEST*）和建筑业信贷（*CREDIT*）建立 VAR 与扩展的 VECM 模型，考察了相互之间的均衡调节机制与政策合作协调效应，结论如下：

首先，在短期内尽量保持四者平衡，通过 VECM 反映，虽然 TAX_1 有自我调节的机制，但在短期内，$INVEST_1$ 与 $INDEX_1$ 分别对其余三者微小变化有强烈反映，短期内很难达到均衡，所以应该建立合理的预警机制，并设立合理的敏感反映区间，一旦稍有偏离，立刻进行微调与控制，以免长期累加后偏离长期均衡。

其次，通过 TAX_1 对 $INVEST_1$、$INDEX_1$ 脉冲图形与方

差分解，得出与理论相反但与显示吻合的结果，即 TAX_1 对其他二者的冲击是正向的，这与当前加强房地产行业税费体制改革（出台物业税）的取向一致。我国现有房地产税收的不足之处主要表现在以下三方面：首先，税基窄、名目多、轻保有；其次，房地产开发流通环节税费多（近来出台的物业税也就是针对保有阶段税赋轻的现实而出台的）；再次，计税依据不合理（现行的计税依据不能反映房地产的实际财产价值）；最后，表现为双轨税制（内资企业和个人执行《房产税暂行条例》和《城镇土地使用税暂行条例》，而外资企业和个人执行《城市房地产税暂行条例》并且仅对房产征税，对地产不征税，有碍征纳双方的协调一致）。从总体上说物业税发展方向为合并税种、统一征收。目前几个大城市已经形成初步的开征体系，但实际操作和具体时间还有待探讨，如何合理评估不断变化的房屋价值和新旧制度如何过渡是面临的核心问题，在借鉴国外征税的基础上相应的法规制度也需要不断完善，并配之以科学的供应体系。

再次，是政策合作协调问题，由于税收体系的静态化以及市民对政策预期的“非理性化”导致公共政策合作上的不一致。这点在公共管理理论中体现得尤为突出，必须加大公共政策的实施效果和监督机制，引导消费者的理性预期。

4.4 合作伙伴控制

4.4.1 香港的 PASS 系统

PASS 系统（即表现评估计分系统）是基于香港私人参建居屋的评价体系，它是对私人参建商的全方位评价，这对于我国 PIPP 模式住房保障体系是很好的借鉴。

早在 1993 年 3 月，香港房委会和香港房协会就已经编制了各类发展商的名册，所有参与投标公屋工程项目的承建商，必须先取得 ISO 900 品质保证系统资格证书才可获得投标机会。随着承建商独立名册的建立，1999 年香港政府正式制定了相应的表现评估积分系统，目的是以一套客观的标准去评核承建商的表现以及提供连贯的方法去比较各承建商之间在不同工程项目上的表现。

PASS 系统在评估一个建筑项目的质量表现时，主要考虑以下四个方面：结构工种、建筑工种、外部工种和其他责任。每月末，房委会的代表会和承建商的工地职员开会，公布评估结果，对四个方面进行评分，计分比例分别为：35%、35%、10%和20%。在工程项目实体完成阶段，将会公布一个“实体完成阶段评估”报告（Substantial Completion Assessment），总结先前的评估。在房屋的维修保养期后再进行另一次“最终完成阶段评估”（Final Completion Assessment），目的是检查和确定完成的建筑物交付使用后的质量情况。由于 PASS 系统评分每月进行一次，评估点随机抽取，且只在测评前半天通知承建商。因此，其公正性得到了公认。PASS 系统具体分类操作如下：

（1）编制承建商名册

承建商入选房委会的承建商名册，必须合乎以下的基本条件和标准：已获取 ISO 900 品质保证系统资格证书、有足够的能力承担房委会财政上的要求、有健全的公司架构及充裕的人力资源以承担房委会各类合适的工程项目、过往业绩纪录良好。

（2）PASS 系统的评核组合

PASS 包含三个评核组合：

① 施工性评核（Output Assessment）：衡量承建商是否遵照施工材料、工艺技术与一般的合约条款。

评核内容包括结构工作（Structural Works）、建筑工作（Architectural Works）与其他项目（Other Obligations）。评核方式以随机抽样项目进行，按其所达到的合约标准程度给予A+、A、B、C、D 和 E 的不同评级，并将每个评级按权重组合转化为积分，最高积分为 100。

② 管理层面评核（Input Assessment）：衡量承建商在施工期间的人力资源运用与管理能力。

度量承建商在施工与保养维修期间的地盘管理、协调、进度是否合乎标准。时间定在每一季正式之地盘会议上进行，参与人包括项目建筑师和整个项目小组，并有高级建筑所当场见证，评核的方式主要基于一些指定的项目按满意度打分，而余下的项目则根据不满意之纪录作为评检。包括 6 个方面的内容：管理和施工组织、资源、协调与控制、文件、编制及进度、完工。频率为 3 个月一次。

③ 维修保养评核（Maintenance Period Assessment）：衡量承建商在维修保养期间的整体表现。

评核主要针对未做成之工作，维修工作之进行、管理，回应与文件上的处理。频率为 3 个月一次。

PASS 的三个评核体系之实质是提供一个客观评核标准，作为对承建商质量表现的评审依据，激励承建商对自身改进与提高，同时也作为房委会对承建商管理的有效方法。

（3）积分表——评分系统的表现形式

PASS 系统是利用积分表来反映承建商的项目表现能力的，积分表用两条分数线来表示三个级别：

① 综合目标质量分数线（Composite Target Quality Score，CTQS）；

② 综合边缘低分数线（Composite Lower Score Threshold，CLST）。

积分表中最高积分之 25％被划分为综合目标质量分数线（CTQS），积分表中最低积分的 75％被划分为综合边缘低分数线（CLST）。积分的多少和落入的区域直接影响着承建商中标的成功率。分数越高于综合目标质量分数线，承建商会获得越多的机会投标。房委会邀请他们来竞投工程合约。反之，分数越低于综合边缘低分数线，则被邀请竞投工程项目的几率就越小。流程如图 4.4 所示。

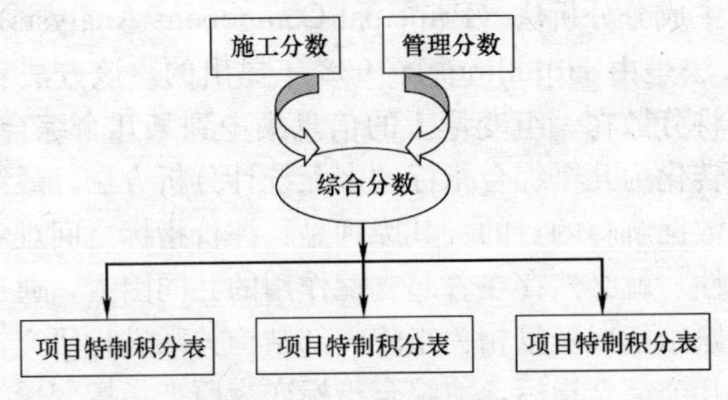

图 4.4　积分制流程图

4.4.2　PIPP 的合作审核评价体系

PIPP 模式发挥的作用大小很大程度上有赖于政府部门宏观引导下的中间组织如何建立合作选择机制以寻找最优的合作伙伴的问题。其基本框架如图 4.5 所示。

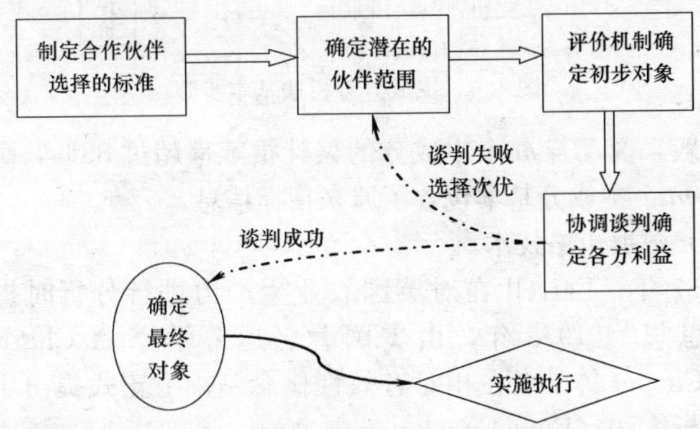

图 4.5　合作伙伴选择的基本框架

现阶段，我国政府对私人机构的审核机制还不完善，没有建立标准的规范体系，在此，香港的 PASS 体系对我国是良好的借鉴，本文在此提出基于主成分分析法和数据包络技术融合的 PIPP 合作审核机制，并进行实证分析。

（1）主成分分析法（Principal Component Analysis）

PCA法是由Hotelling于1933年提出的，该方法利用降维的思想，将分散在一组变量上的信息集中到某几个综合指标上，把多指标转化为几个综合指标的多元统计分析方法，最终达到数据压缩和数据解释的目的。其原理是：评价指标之间难免会有一定的相关性，就必然存在着起支配作用的共同因素，通过主成分分析法对原始指标变量相关矩阵内部结构关系进行研究，找出影响过程的几个综合指标，使综合指标变为原来指标变量的线性组合，从而保留了原始变量的主要信息，彼此之间不相关，有助于抓住主要矛盾。其具体步骤如图4.6所示。

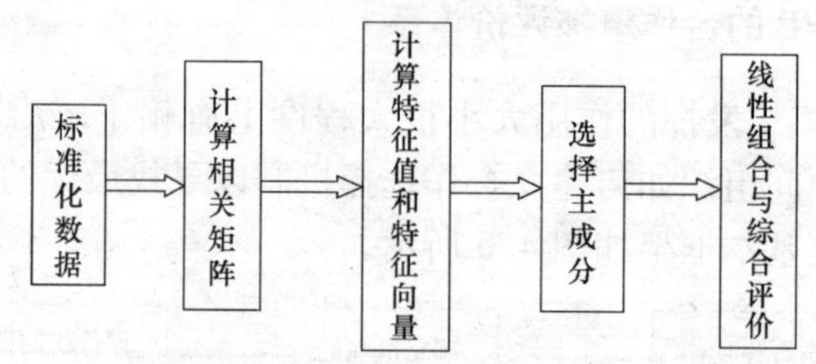

图4.6　主成分分析法基本步骤

一般来说，若m个主成分的累计贡献率超过85%，那可以认为前m个主成分基本包含了原来指标信息。

（2）数据包络技术

1957年，Farrell在对英国农业生产力进行分析时提出了“包络思想”。1978年，由美国著名运筹学家A. Charnes和W. W. Cooper等学者在相对有效性概念基础上正式提出了数据包络分析方法（Data Envelopment Analysis，DEA）。该方法是一种处理多投入、多产出指标的非参数生产前沿分析方法，其要旨是根据一组关于输入-输出的观察值来估计有效生产，可以度量一组多维输入变量（在以一组输出变量为基准的情况下）在一个多维空间所能达到的最优包络。利用数学规划，该方法不仅可以解决具有多输入输出特征的同行业企业生产率评价问题，还可以应用到政府部门、学校、医院、商店、银行分支等具有相对一致特征的同类型部门或单位。理论上可以证明，DEA 有效性与相应的多目标规划问题的 Pareto 有效解（或非支配解）是等价的。本书拟采用 DEA 基本的模型——C^2R 模型。

假设有 n 个 DMU_j（$1\leqslant j\leqslant n$），对于输入和输出的给定向量如下：

X_{ij} 表示第 j 个决策单元对第 i 种输入指标的值，且 $X_{ij}\geqslant 0$；Y_{rj} 表示第 j 个决策单元对第 r 种输出指标的输出值，且 $Y_{rj}\geqslant 0$；V_i 表示对第 i 种输入的一种度量（或权重系数）；μ_r 表示对第 r 种输出的一种度量（或权重系数）。其中 $i=1$，2，3，…，m；$r=1$，2，3…，m；$j=1$，2，3，…，n。

$$X_j=[X_{1j},X_{2j},\cdots,X_{mj}]^T \qquad Y_j=[Y_{1j},Y_{2j},\cdots,Y_{sj}]^T$$

$$V=[V_1,V_2,\cdots,V_m]^T \qquad \mu=[\mu_1\mu_2,\cdots,\mu_s]^T$$

则第 j 个决策单元的效率评价指数为：

$$h_j\equiv\frac{\mu^T Y_j}{V^T X_j}=\frac{\sum_{r=1}^{s}\mu_r Y_{rj}}{\sum_{i=1}^{m}V_i X_{ij}}$$

其中，总可以适当地选取权重系数 μ 和 V，使得：$h_j\leqslant 1$。

基于此可以构造如下的最优化 C^2R 模型：

$$(\overline{P})\begin{cases}\max\dfrac{\sum_{r=1}^{s}\mu_r Y_{rj0}}{\sum_{i=1}^{m}V_i X_{ij0}}=V_{\overline{P}}\\ st.\dfrac{\sum_{r=1}^{s}\mu_r Y_{rj}}{\sum_{i=1}^{m}V_i X_{ij}}\\ \mu_r\geqslant 0\\ V_i\geqslant 0\end{cases}$$

分式规划（$\overline{P}$）经过 Charnes-Cooper 变换，可以化为等价的线性规划问题（P），若令：

$$\begin{cases} t=\dfrac{1}{V^T X_0} \\ \omega=tv \\ u=t\mu \end{cases}$$

以左等价如下的线性规划模型（P）：$P\begin{cases} \max u^T Y_0 = V_{\overline{P}} \\ st.\ \omega^T X_j - u^T Y_j \\ \omega^T X_0 = 1 \\ \omega \geqslant 0 \\ u \geqslant 0 \end{cases}$

最优目标函数值 $V_{\overline{P}}$ 就表示第 j_0 个候选合作伙伴的综合效率。当加入松弛变量 S^+ 及 S^- 以后，得到其对偶规划（D）：

$$(D)\begin{cases} \min\theta \\ st.\ \sum_{j=1}^{n}\lambda_j X_j + S^- = \theta X_0 \\ \sum_{j=1}^{n}\lambda_j Y_j - S^+ = Y_0 \\ \lambda_j \geqslant 0, S^+ \geqslant 0, S^- \geqslant 0 \end{cases}$$

对于线性规划 C^2R，若其最优解如下：

① $V_D=\theta_0<1$，则称决策单元 DMU_{j0} 为 DEA 无效；

② $V_D=\theta_0=1$，则称决策单元 DMU_{j0} 为弱 DEA 无效；

③ $V_D=\theta_0=1$，$S_0^+=0$，$S_0^-=0$，则称决策单元 $DMUj_0$ 为 DEA 有效，即同时达到技术有效和规模有效。

若最优解非 DEA 有效，可以计算出它在有效前沿面的投影，通过调整 X_{j0} 和 Y_{j0}，转化为决策单元的 DEA 有效。可采用以下变换$\begin{cases} X'_{j0}=\theta_0 X_{j0} - S_0^- \\ Y'_{j0}=Y_{j0}+S_0^+ \end{cases}$；

即 X_{j0} 调整为 $\theta_0 X_{j0} - S_0^-$，Y_{j0} 调整为 $Y_{j0}+S_0^+$ 时，由原来的非 DEA 有效转化为 DEA 有效。

（3）PCA 和 DEA 的融合

将评分系统按照投入和产出设置，再运用DEA进行包络，得出最后的评价结果。这样既可以避免人为的主观判断，降低各指标之间的相关性，又可以评价一个企业的投入与产出的有效性，同时根据DEA的松弛变量的值给出修正意见。

(4) 实证分析

首先，基于投入和产出的合作机制设计指标如表4.1所示（该表为简化版，可根据实际项目进行指标调整）。

合作机制指标设计 **表4.1**

投入	企业总体规模指标A	资本积累率(%)A1
		职工人数(人)A2
		活动范围(按投资的城市个数计)A3
	人力资源指标B	大专学历以上的员工比重(%)B1
		专业技术人员占员工的比例(%)B2
	专业创新投入指标C	员工参加专业培训和学习的周平均时间(h)C1
		与学校、科研单位合作技术合作项目数量(个)/半年C2
		企业用于技术开发经费占销售收入比例(%)C3
		利用互联网信息共享的程度C4
产出	财务指标D	主营业务利润率(%)D1
		净资产收益率(%)D2
		总资产报酬率(%)D3
		1/不良资产比率D4
		销售增长率(%)D5
		存货周转率(次)D6
		流动资产/流动负债(%)D7
		成本利润率(%)D8
	创新产出指标E	研发人员数量比例(%)E1
	产出的柔性指标F	品牌知名度F1
		市场占有率F2
		企业的资质等级F3
		银行信用等级F4

其次，运用主成分分析方法，对4个企业的以上数据按照投入产出分别进行主成分分析，基于投入的 Total Variance Explained 结果如表 4.2 所示[①]。

基于投入的 Total Variance Explained 结果　　表 4.2

Component	Initial Eigenvalues			Rotation Sums of Squared Loadings		
	Total	% of Variance	Cumulative %	Total	% of Variance	Cumulative %
1	6.562	72.912	72.912	5.852	65.027	65.027
2	2.166	24.066	96.979	2.876	31.951	96.979
3	.272	3.021	100.000			
4	2.48E-016	2.75E-015	100.000			
5	1.32E-016	1.46E-015	100.000			
6	2.81E-017	3.12E-016	100.000			
7	8.88E-018	9.87E-017	100.000			
8	−1.40E-016	−1.56E-015	100.000			
9	−5.28E-016	−5.86E-015	100.000			

基于产出的 Total Variance Explained 结果如表 4.3 所示。

基于产出的 Total Variance Explained 结果　　表 4.3

Component	Initial Eigenvalues			Extraction Sums of Squared Loadings		
	Total	% of Variance	Cumulative %	Total	% of Variance	Cumulative %
1	12.498	96.138	96.138	12.498	96.138	96.138
2	.446	3.433	99.570			
3	.056	.430	100.000			
4	1.87E-015	1.44E-014	100.000			
5	4.02E-016	3.09E-015	100.000			
6	2.43E-016	1.87E-015	100.000			
7	2.12E-016	1.63E-015	100.000			
8	1.04E-016	7.97E-016	100.000			

① 基于 SPSS13.0 版本。

续表

Component	Initial Eigenvalues			Extraction Sums of Squared Loadings		
	Total	% of Variance	Cumulative %	Total	% of Variance	Cumulative %
9	−2.01E-017	−1.55E-016	100.000			
10	−2.49E-017	−1.92E-016	100.000			
11	−1.72E-016	−1.32E-015	100.000			
12	−2.03E-016	−1.56E-015	100.000			
13	−1.81E-015	−1.39E-014	100.000			

系数得分矩阵（Component Score Coefficient Matrix）结果如表 4.4 所示。

系数得分矩阵结果 **表 4.4**

投入	Component	
	1	2
A1	.156	.014
A2	−.004	.306
A3	.187	−.065
B1	.150	.033
B2	−.045	.350
C1	−.137	.422
C2	.180	−.061
C3	.186	−.065
C4	.180	−.061

产出	Component
	1
D1	.079
D2	.080
D3	.080
D4	.077
D5	.079
D6	.080
D7	.079
D8	.079
E1	.071
F1	.079
F2	.080
F3	.080
F4	.076

基于投入（两个主成分）的指标线性组合与基于产出（一个主成分）的指标线性组合，并得到 4 个企业的投入产出组合值，如表 4.5 所示。

投入产出组合值 **表 4.5**

	企业 1	企业 2	企业 3	企业 4
投入 2	60.69397	54.25592	47.77712	37.273
投入 1	60.02693	41.59195	41.21712	57.164
产出 1	62.41439	53.11184	45.01433	39.45943

再次，运用数据包络技术，输出结果如下[①]：

Results from DEAP Version 2.1

Output orientated DEA Scale assumption：CRS

EFFICIENCY SUMMARY **表 4.6**

	企业 1	企业 2	企业 3	企业 4
技术有效性值	1.000	1.000	0.942	1

① 企业 1

Results for firm：1；Technical efficiency=1.000

PROJECTION SUMMARY OF FIRM 1 **表 4.7**

variable	Original value	Radial value	Slack movement	Projected value
output 1	62.41439	0.000	0.000	62.41439
input 1	60.02693	0.000	0.000	60.02693
input 2	60.69397	0.000	0.000	60.69397

② 对于企业 2

Results for firm：2；Technical efficiency =1.000

PROJECTION SUMMARY OF FIRM 2 **表 4.8**

variable	Original value	Radial value	Slack movement	Projected value
output 1	53.11184	0.000	0.000	53.11184
input 1	41.59195	0.000	0.000	41.59195
input 2	54.25592	0.000	0.000	54.25592

③ 对于企业 3

Results for firm：3；Technical efficiency=0.942

---

① 基于 DEAP12.0 版本。

PROJECTION SUMMARY OF FIRM 3 **表 4.9**

variable	Original value	Radial value	Slack movement	Projected value
output 1	45.01433	2.776	0.000	47.790
input 1	41.21712	0.000	0.000	41.21712
input 2	47.77712	0.000	0.000	47.77712

④ 对于企业 4

Results for firm：4；Technical efficiency＝1.000

PROJECTION SUMMARY OF FIRM 4 **表 4.10**

variable	Original value	Radial value	Slack movement	Projected value
output 1	39.45943	0.000	0.000	39.45943
input 1	57.164	0.000	0.000	57.164
input 2	37.273	0.000	0.000	37.273

基于以上输出结果，易知以下结论：从 PCA 的输出结果看，基于投入的是两个主成分的线性组合，基于产出的是一个主成分的线性组合。DEA 输出结果显示，由表 4.6 得出企业 1、企业 2 和企业 4 的技术有效性值等于 1，表明该 3 个企业至少是弱 DEA 有效的，是否是 DEA 有效要看 Radial Value 和 Slack Movement 的结果，表 4.7、表 4.8、表 4.10 分别显示企业 1、企业 2、企业 4 的 Radial Value＝0、Slack Movement＝0，表明该 3 个企业是 DEA 有效的。企业 3 的技术有效性值等于 0.942，表明这个企业是非 DEA 有效的，企业还有改善的空间，表 4.9 中显示同样的投入，企业 3 如果要达到 DEA 有效，产出应该在 47.790 水平，而不是现有的 45.01433，存在继续改善的空间。

将 PCA 与 DEA 方法融合可以达到双赢的效果，不仅可以为寻找最优合作伙伴提供参考，而且可以按照企业纵向的时间序列绘制 DEA 有效包络图，指明企业投入产出的趋势变化以及未来改善的方向，定量改进。

4.5 基于 Agent 的对象管理信息系统控制

Agent 原为代理商，是指在商品经济活动中被授权代表委托人的一方。后来被借用到人工智能和计算机科学等领域，以描述计算机软件的智能行为，在信息技术尤其是人工智能和计算机领域，可以看作是能够通过传感器感知其环境，并借助于执行器作用于该环境的任何事物。

Agent 有其自身的特点，主要表现为：

① 代理性：代理具有代表他人的能力，即代表用户工作；

② 自制性：一个代理是一个独立的计算实体，具有不同程度的自制能力，能在非事先规划、动态的环境中解决实际问题，在没有用户参与的情况下，独立发现和索取符合用户需要的资源与服务；

③ 主动性：代理能够遵循承诺采取主动，表现面向目标的行为；

④ 反应性：感知环境并对环境作出适当的反应；

⑤ 社会性：能同代理代表的用户、资源与其他代理进行交流；

⑥ 智能性：能实现从推理到自学习等一系列的智能行为；

⑦ 合作性：更高级的代理可以与其他代理分工合作，共同完成单个代理无法完成的任务，即所谓的 Multi-Agent；

⑧ 移动性：具有移动的能力，基于任务的从一个节点移动到另一个节点。

Agent、体系结构和程序之间存在如下关系：Agent＝体系结构＋程序。

Agent 自身的特点使得其在开发和运行提供软件和硬件环境支持的条件下协调合作地完成各项任务。Multi-Agent 是基于多个 Agent 组成的系统，解决单个 Agent 不能解决的问题。

住房保障管理制度的不断健全，交易管理、产权产籍管理、土地出让、城市规划等方面的信息系统的日趋完善可提供完整的资料和丰富的信息来源，借鉴国外经验以及计算机技术为基于 Agent 的对象管理信息奠定了基础。

4.5.1 结构模块合成图

结果模块合成图如图 4.7 所示。

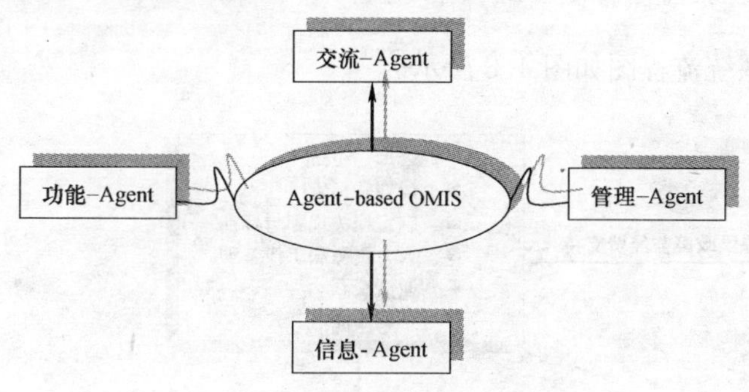

图 4.7 结构模块合成图

该信息系统可由四个结构模块组成：即管理-Agent、信息-Agent、交流-Agent 与功能-Agent。具体如下：

① 管理-Agent：属于整个结构模块的第一个模块。提供诸如计划和预算、人力资源和工作管理、查询功能（例如，住房所有者需要进行政策或者价格的查询，通过此查询系统可以快速给予相关信息）、与其他 Agent 通信交互功能。

② 信息-Agent：即数据挖掘与信息保存与更新。信息含量诸如宗地号、物业类型、物业所在位置、占地面积、临街状况、即将推出的物业等。

③ 交流-Agent：是指系统的管理者与消费者（中低收入者）之间的交流与意愿的表达。典型形式如公众对物业的价格、面积和入住人资格持有异议，可以通过此模块申诉，并按照程序采取申诉、反馈、解说与复核。

④ 功能-Agent：是结构模块的核心部分，属于 Multi-Agent

性质。包括：标准物业 Agent、修正 Agent、培训 Agent 与通信 Agent。标准物业 Agent 确定下来，可以根据修正 Agent 得出评估物业的标准程度。培训 Agent 负责对工作人员进行教育和培训，实现实时学习，并可作为人力资源的考核指标；通信 Agent 负责各功能模块之间信息的传递。

4.5.2 系统流程图

系统流程图如图 4.8 所示。

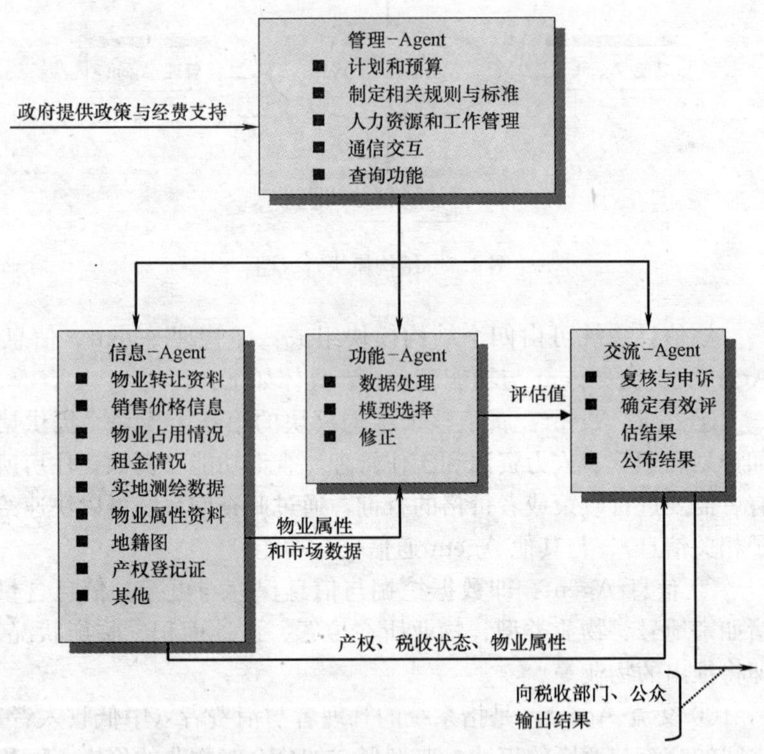

图 4.8 系统流程图

四个子 Agent 构成复合的 Multi-Agent 系统。各 Agent 之间通过通信交互完成信息的沟通与传送，信息的传送可以是同步通信传送或者异步通信传送，具体平台采用黑板通信，便于及时交流与合作。

四个主要 Agent 模块构成的 Multi-Agent 系统极大地提高了政府部门的效率，同时通过有效的信息传递与交流机制，有利于住房保障系统的公平、公正与持续发展。

4.5.3 建立合同网络架构与案例数据库

合同网络架构是一种组织分析结构（OBS），功能是具体展示组织单位的工作要素，与项目管理中的 WBS 分解结构是密切相关的。如总体承包形式、工程的准备阶段的管理方式、设备、材料供货的管理问题等，这些都可以在合同网络架构图中得到反映。建立合同网络架构后，还必须跟进项目质量工作总控制计划、项目进度总控计划、项目投资总控制计划、项目环境与安全控制计划。

由于我国在公私合作方面刚刚起步，有许多地方需要进一步完善，特别是从一些失败的案例中总结经验和教训，建立案例数据库，对案例进行分类，并进行案例总结，以后有类似的合同签订时，可以在相应的数据库里找到对应的内容，作为参考数据和计算模型。

同时，随着现代信息理论和技术的不断发展，信息技术在项目合同管理中应用的不断深入，项目管理信息系统和专家理论系

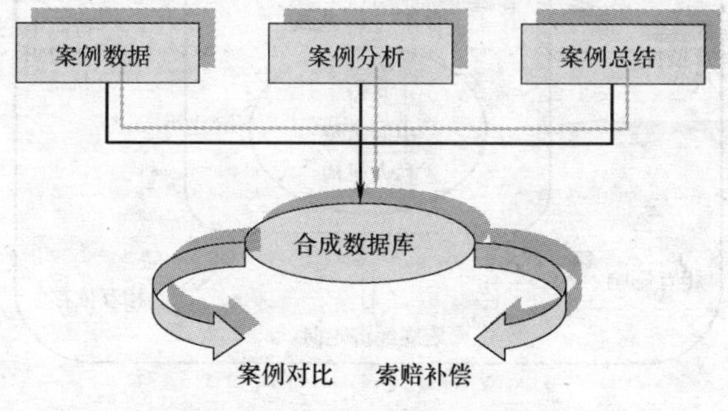

图 4.9 案例数据库模式结构

统的建立和不断完善，为建立模型及相关的数据库提供了方便和参考，计算机为系统的建立和应用提供了坚实的技术基础。当然，由于其复杂的综合性使得这是一项长期而艰巨的任务，需要各方的共同努力和协调，但这是发展的必然趋势。案例数据库模式结构如图 4.9 所示。

4.6　生态系统管理控制

组织合作需要实现共赢的目标，实质上是达到一种平衡，范围内的成员在不断的能量交换的过程中寻找稳定的均衡点。组织合作需要有生态管理的理念，需要生态平衡和生态交换等系统管理方式去实现各方的共赢。

前面章节我们已经探讨了基于生态角度的 PIPP 模式的核心内涵，由此，我们可知 PIPP 模式的公共住房保障体系的生态系统含义为：PIPP 模式的住房保障的主体（政府、中间组织和私人机构）、客体（中低收入者）与其所处的产业生态环境之间相

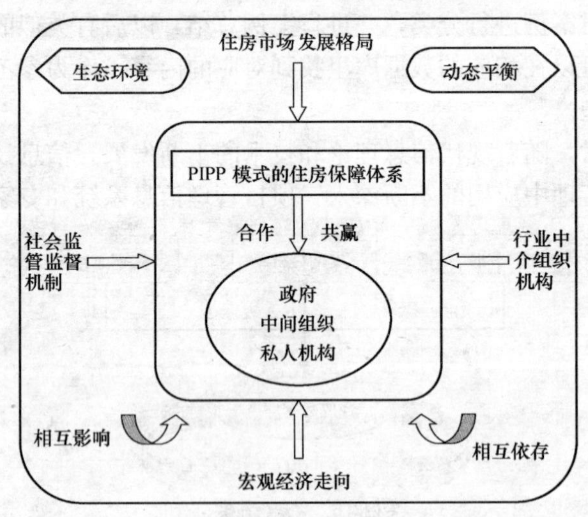

图 4.10　PIPP 模式的公共住房保障体系的生态系统管理

互影响、相互依存和相互作用的关系中的动态平衡系统。PIPP模式的公共住房保障体系的生态系统管理如图 4.10 所示。

由于住房保障体系关系到国计民生，必须防止“蝴蝶效应”的产生，即能将很小的微观扰动放大成为宏观行为的能力，或者说一个细微的变化通过系统可能会引发始料不及的、影响巨大的后果，强调对初始条件的敏感性。我们必须积极阻止产生扇动的初始条件，其基本途径是实现政府主导，发动私人机构，实现共赢的 PIPP 模式住房保障体系的生态平衡。当前该体系的生态非均衡表现如图 4.11 所示。

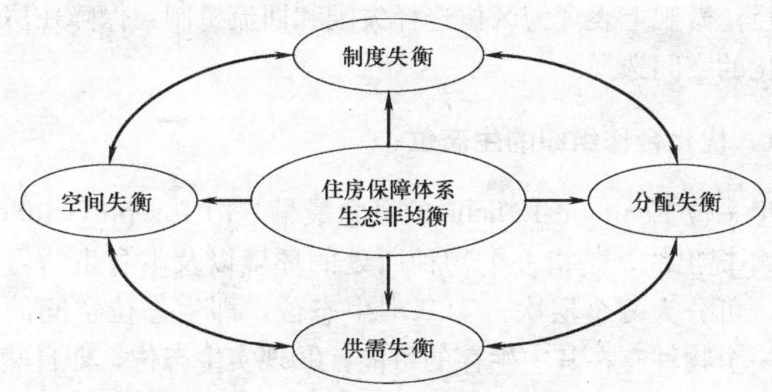

图 4.11　住房保障体系的生态非均衡表现

我国住房保障体系生态非均衡，首先表现为供需结构失衡。中国的人口结构还不是橄榄形，中低收入家庭占多数，要满足这部分家庭的住房需求不是容易之事。建设部明文要求各地应建设适当比例的经济适用住房，但实际建设中，经济适用住房只占住宅建设中的很小一部分，来自有关部门的统计显示其比例不到 5%，且廉租住房也出现储备不足、发展缓慢与地区发展不平衡的现象。其次，为制度失衡。一方面，表现为保障住房无序开发和管理，客观上形成了新的社会分配不公。另一方面，表现为合作协调机制的缺乏，一项关于跨国企业合作的调查结果显示，所罗列的各种合作障碍因素（如信息、利润）中，沟通被摆在第一位。他们认为在合作伙伴中，形成良好的沟通氛围是最难达到的，而这又是影响合作成功与否的核心。有效信息得不到准确和迅速的传递，造成延误，当矛盾产生的时候没有相应的制度进行调节和约束，或者说没有相应的协调机构进行调节。组织合作形式比较复杂，会增加管理上协调的难度，参与方的管理水平需要达到一定的水平。再次，是分配失衡。宏观上表现为贫富差距正急剧拉大，马太效应逐步显现；微观上表现为回报率，其经常成为合作各方颇有争议的问题，需要合同约束和不断的沟通协调。最后，是空间失衡。宏观上表现为与自然环境的关系非均衡，走可持续和科学发展观的道路是其收敛途径；微观上表现为区位选择失配和回流机制，保障住房缺乏人性化的空间选择。

4.6.1 优化合作组织的生态位

生态位 Ecological Niche 的概念最早是由 Joseph Grinnell 于 1917 年提出的，是指一个物种所处的环境以及本身生活习性的总称。可分为两个层次：①基本生态位，即生态位空间的一部分，一个物种有在其中生存的可能；②现实生态位，即自然界中真实存在的生态位，强调的是种种之间的关系。合作组织一方面要优化基本生态位，即自身的机构设置、管理和协调结构、预警和绩效评价机制等，另一方面要优化现实生态位，必须置身于现实生态体系中，优化其比较优势的生态位，整合资源，构建系统化的管理运行模式。生态位所强调的是一种与外界的交换关系，从 PIPP 模式来看就是三方之间的合作关系，合作中难免会有冲突的产生。从基本生态位角度看，合作各方必须以自身为改善点，树立信任对方的良好心态；从现实生态位角度看，要以沟通和协调为手段。相互信任是首要条件，当前的交易形式不是以物易物，而是合作，通过合作共同创造新价值，建立相互信任的机制和措施，设计审核体系；沟通是手段，沟通可以表现为目标与方向的协调、结构与功能的协调、相互关系的协调、组织要素的调控、系统的调整和过程的调节。总体上说，冲突在关系社会中是不可避免的，重要的是如何面对冲突、化解冲突，将冲突转化为沟通的契机。长期、稳定的相互信任与合作是中间组织的核心特征，利用中间组织加深冲突双方的相互了解，促成建立在开放、真诚基础上的彼此信任和共同成长，同时各方要本着长远规划、整体考虑的原则，在考虑局部利益的情况下更着眼于整体利益和长远利益，在管理过程中采取柔性管理，体现以人为本的管理方式，创造良好的环境，积极引导和实现创新意识。

4.6.2 柔性化其合作边界

柔性是指能根据环境的变化迅速调整思路，避开威胁，并具有适应不同情况的能力。组织边界的柔性化是指组织可以根据自己的比较优势和比较劣势来调整行动范围，使各方达到资源的最优配置和高效率。随着时代的变迁，中间组织使各式组织合作边界变得更加柔性化，中间组织逐步成为调节市场的“第三只手”，并成为政府和市场、市场和市场的对话连接者，对规范市场、组织间的沟通协调起着重要的作用。同时法律规范先行的策略也使得边界更具有弹性。要积极建设以法律规范为先导和依据的管制体系，这使得操作具有法律依据和实施程序，内容包括申诉裁决机制和各方的权利义务分配等。西方发达国家在法律规范方面的建设较为完善，例如，英国按行业颁布相应的法律，对私人机构的融资作了详细的规定和说明。分别在 1984 年、1986 年、1989 年和 1993 年颁布了电信法、煤气法、电力法和铁路法，这些法律按照行业，详细规定了机构设立和操作细节。而在我国，往往有先改革后立法的情形出现，在此我们并不反对在实践中取得经验和教训，再反馈实现，毕竟每个国家都有自己的国情和特点。我们所强调的是在开始改革前，至少有大致甚至较为详细的法律框架作保障，因为如果每一个细节和操作法律规范都在实践中建立，花费的成本和代价是相当大的。所以必须强调立法为先，加之反馈和修正的原则。住房保障的 PIPP 运作模式的成功，同样需要立法的保障。

4.6.3 相关机构的确定和有效运行

首先，各行业应该建立一个法定的管制机构，而这些机构本身是独立于政府和市场的，并接受群众的监督和申诉。在英国，如果管制办公室和被管制企业在修改经营许可证条款等方面发生冲突，总监可以将发生冲突的事件提交“垄断与兼并委员会”（Monopolies and Mergers Commission，MMC）裁决，同时“公平交易办公室”（Office of Fair Trading，OFT）有权监督和调查被管制企业垄断市场的有关情况。在整个管制运行过程中，管制总监和负责的国务大臣起着核心作用。在我国，这方面的执法机构比较少，还不完善，主要表现在独立性较差，对政府有较大的依赖性，不能有效保障各方利益，直接影响其执法的权威性。

其次，需要有公平的仲裁等协调机制。伦敦地铁是采取合作模式成功运行的典型，保证该结构有效运行及合约有效执行的关键，在于其内嵌了一种科学合理的审核仲裁机制。其仲裁者是运输大臣任命的独立权威，负责重新确定合作双方的财务与相关事宜，其核心任务是确定投资回报率而提出价格水平。每次阶段性审核过程中，仲裁者审核的内容主要包括3个方面：价格、工作范围与融资安排。如交易的价格每7.5年会被所有合作方共同审核一次，如果双方对下一个7.5年的期间价格不能达成一致，则提交给仲裁者处理。最后仲裁者还有一个核心职能是对私人公司所提供的服务确定一个经济且有效的价格，仲裁者在对各个虚拟公司成本评估的基础上决定未来公司的收费水平[①]。

再次，是建立公民监督与参与机制。公民监督是实现有效管制的强大支持，其对象是政府和私人机构，公开途径是多样的，如新闻媒体、因特网等，收集和考察社会各阶层的意见。公民参与的形式与决策内容和公民的组织程度有关，公民按照组织程度可以分为无组织团体、单一有组织团体、多个有组织团体与复合

---

① 王灏. 伦敦地铁PPP模式中的仲裁机制. 中国投资，2005（4）：111-112。

型团体。同时，公民参与是推进政府再造改革运动中一项十分重要的内容。戴维·奥斯本（David Osborne）和特德·盖布勒（Ted Gaebler）（1993）强调通过向社区公民授权，以控制官僚的势力，社区自身通常比官僚更了解社区自身的问题。在我国，公民参与是社会主义民主政治建设的重要内容。十六大报告指出，发展社会主义民主政治，最根本的是要把坚持党的领导、人民当家作主和依法治国有机统一起来。改革开放以来，我国在公民参与方面进行了有益的实践和探索。公民参与的深度和广度都日益增加，并逐步建立了相应的制度和措施。如我国政府制定的《中国21世纪议程》，为公众和社会团体参与可持续发展制定了全面系统的目标、政策和行动方案。虽然我国在推动公民参与方面取得了进步，但是由于公民参与受经济、文化发展等诸多因素的制约，实践中仍然存在不少问题，如公民参与领域不够广泛、参与程度不够深、参与积极性不够高、参与机制不够完善等。要做到有效、广泛的公民参与，除了经济、文化等的发展以及民主意识的提高外，还必须有法律的、制度的、程序的保证。在住房保障领域实行PIPP运作模式，还需要公民的监督和支持。

5 公共住房空间区位选择

公共住房作为保障性住房，具有福利性、商品性、社会性的多重属性。公共住房和商品住宅虽然都能满足人们的居住诉求，提供相应的生存空间，但是两种类型的住房还存在着一定的差别，对于商品住宅，资源的配置由市场机制决定，在商品住宅市场由于存在着信息偏在、交易成本、外部性和竞争不充分，导致住宅市场失灵；公共住房的配置并非由市场机制决定，而是由政府的公共住房政策所决定的。政府提供公共住房最终的目的就是实现“居者有其屋”，保障居民住房消费的公平。公共住房政策是政府干预住房市场的重要手段之一。

不动产的特性，决定了住宅属于完全差异化的产品。当某一区域住宅市场供给不足、需求增加时，区域之外的房地产并不能流动到区域之内参与竞争，区域之内的房地产也不能流动到区域之外参与竞争，因而，房地产企业之间的竞争，属于区域性的竞争。房地产产品的特性决定了作为住房供应主体的开发商，往往具有较强的市场势力，具有较强的左右市场价格的能力，能够在高于边际成本的区域进行定价；为了获得较高的垄断利润，相同区位的开发商往往采取价格合谋手段。因此，国内有关学者认为，住宅市场呈现出区域性的寡头垄断特征①。在住宅市场，住房的完全差异化和区位的固定，使住宅消费往往需要较高的信息搜寻成本和搬迁成本，即交易成本，较高的交易成本对住宅市场带来了摩擦，影响了住宅市场的效率。

土地资源的稀缺使房地产具有保值增值的特性，住宅作为房地产的子系统，也具有上述特性。住宅具有生活必需品和投资品

---

① 苗天青．我国房地产业：结构、行为与绩效．北京：经济科学出版社，2004。

的双重特性，作为投资品，在国家实行扩张性的货币政策、资产价格上涨、住宅市场形成同向预期的正反馈机制的作用下，住宅价格容易产生泡沫，适度的价格泡沫有助于住宅市场的繁荣，但是，泡沫膨胀到一定程度，即住宅价格严重脱离由市场所决定的基础价值时，会影响住宅市场的运行。住宅市场与金融市场的高度相关性，意味着当房地产市场或者住宅市场价格泡沫一旦破灭，将会对金融业产生巨大的冲击，诱致金融危机的爆发，进而影响到实体经济，严重时会引致经济危机的发生，美国的资贷危机为我们提出了警示。

住宅作为耐久性商品，还具有价值量高、独一无二的特性。住宅价格水平的高低，从微观层面上来分析，会影响到居民的生活水平和其他生活必需品的消费，在财富和收入水平一定的状况下，住宅价格水平的上升，对于不拥有住宅产权的居民，会增加住房的消费支出负担，降低其他生活必需品的消费；从中观层面上来分析，住宅价格水平过高，住宅价格的过滤效应会阻止一部分城市急需的科技、教育、管理等人才进入城市劳动力市场，影响城市的人才竞争力；从宏观层面上来分析，住宅产业或者房地产业的发展会影响到一国的产业政策，当房地产价格或者住宅价格出现严重泡沫、房地产市场过热、对房地产的投资规模过大，会抑制其他产业的投资，从而影响其他产业的发展，房地产业和国民经济具有强相关性，房地产业和国民经济应该保持协调性发展。

住宅的产品特性和市场特性，往往导致住宅市场失灵，因此，世界上不同的国家往往采取一定的手段对住宅市场进行调控。从横向进行对比分析可知，不同的国家所采取的调控措施和手段有所差异，有些国家对住宅市场直接进行干预，直接利用财政投入进行公共住房建设，如新加坡和欧洲福利国家，虽然公共住房政策的实行对商品住宅市场产生了一定的挤出效应，但是，通过政府的有形之手有效地弥补了住宅市场的缺陷；另外一些国家，则采取相应的财政、税收、金融、货币政策提高待保障家庭的住房支付能力，或者采用相应的优惠政策刺激非盈利机构和私人开发机构开发公共住房。从纵向进行对比分析，由于不同的国家在不同的历史发展阶段，住房市场的发展状况及居民的居住条件存在诸多差异，所实行的对住宅市场的调控政策也呈现出动态的变化。

公共住房制度和政策的运行更多地受到城市政府公共政策、土地供应政策、城市规划、城市发展战略的影响。公共住房制度在运行中，涉及诸多方面的问题，如融资机制、土地供应、开发供应模式、开发标准、准入退出机制、产权界定以及空间区位选择等，关于融资机制以及开发供应模式、土地政策等均已在前文中详细论述，本章将结合我国公共住房的选址现状，借助于国内外已有的住区区位选择理论，对公共住房的空间分布及区位选择进行研究，并试图提出城市公共住房发展模式和合理选址的政策建议。

关于公共住房的空间区位选择和区位分布，不论是政府直接通过财政转移支付兴建还是在政策优惠的情况下由盈利的或者是非盈利的机构供应，并非是住宅市场自由竞租的结果，更多地受到政府公共住房政策导向的作用。近一个世纪以来，国外贫民窟的更新和公共住房的运作实践表明，城市政府的公共住房政策由于空间区位选址的失配，造成了社会不同收入阶层之间的隔离，强化了居住隔离和社会隔离，造成了低收入阶层在劳动力市场上就业的困难，影响到社会的安定。虽然，迄今为止，我国所实行的保障性住房政策不过 20 年的时间，保障性住房的隔离化运作模式所引致的居住隔离问题还没有凸显，但是，随着时间的推移，累计倍增效应会不断加强，居住隔离问题及其引致的居住与就业的分离、就业机会的难以获得、失业等问题将会逐步出现。从短期来分析，公共住房空间区位失配对购房者会产生福利损失，从长期来分析，会产生居住隔离和失业的加剧，基于公共住房选址及其空间分布问题的重要性，本章对公共住房的空间区位选择、供应运作模式、福利损失等问题进行较为深入的研究。

5.1 我国主要城市经济适用住房发展现状及开发区位的选择

有别于国外的公共住房，我国的保障性住房被人为地划分为两类：经济适用住房和廉租住房，两者的保障目标群体、运作模式、产权特征存在着明显的差异。廉租住房实行货币补贴和实物补贴，并以货币补贴为主，保障准入门槛非常高，受惠家庭的规模较小，实物补贴以存量公房为主，在区位分布方面，一般位于交通便捷、配套设施齐全的内城区。经济适用住房则主要采用集中供地、集中开发，与商品住宅分离化的运作模式，在住区区位选择、空间分布方面普遍存在着选址偏远、选址失配的问题。下面以我国主要城市北京、天津、上海、重庆为例，分析以上四个直辖市经济适用住房的发展现状和经济适用住房的区位分布与选址。

5.1.1 北京市经济适用住房发展现状及开发区位的选择

5.1.1.1 北京市经济适用住房发展现状

伴随着我国住房制度的货币化改革，北京市作为我国的首位城市，逐步实行了住房保障制度，并采取了以经济适用住房保障为主、以廉租住房保障为辅的住房保障实施策略，采用土地、金融、税收、住房公积金等政策来保证住房保障制度的运作。实践表明，北京市经济适用住房制度的运作效率是较高的，经济适用住房保障水平、保障规模和其他城市相比处于较高的水平，保障目标群体也比较宽泛，在保障北京市低收入居民和城市动拆迁居民的住房方面发挥了重要的作用。自 1998 年以来，北京市政府每年用于公共住房的投资，特别是经济适用住房的投资不断增加，开工面积、销售面积不断上升，虽然自 2004 年以来，投资额有所下降，但是北京市经济适用住房制度的实施，缓解了北京市居住困难群体的住房问题，局部解决了住房市场供需不相匹配的矛盾。北京市经济适用住房年度投资额、开工面积、销售面积如图 5.1、图 5.2、图 5.3 所示。

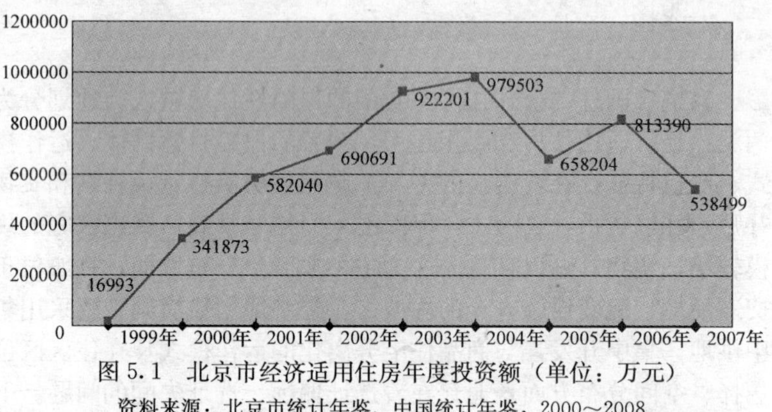

图 5.1 北京市经济适用住房年度投资额（单位：万元）

资料来源：北京市统计年鉴、中国统计年鉴，2000～2008。

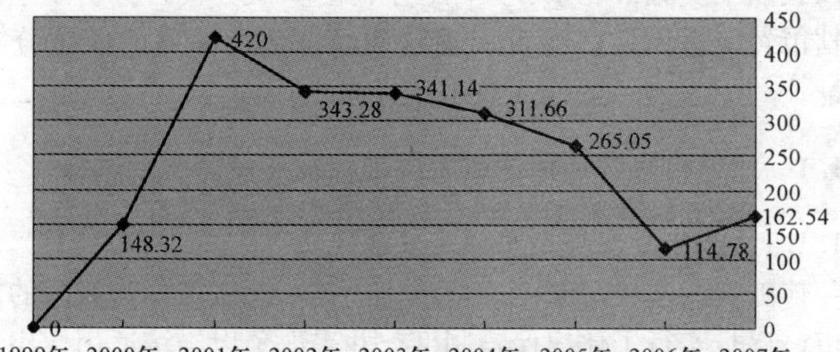

图 5.2 北京市经济适用住房年度开工面积（单位：万 m^2）

资料来源：北京市统计年鉴、中国统计年鉴，2000～2008。

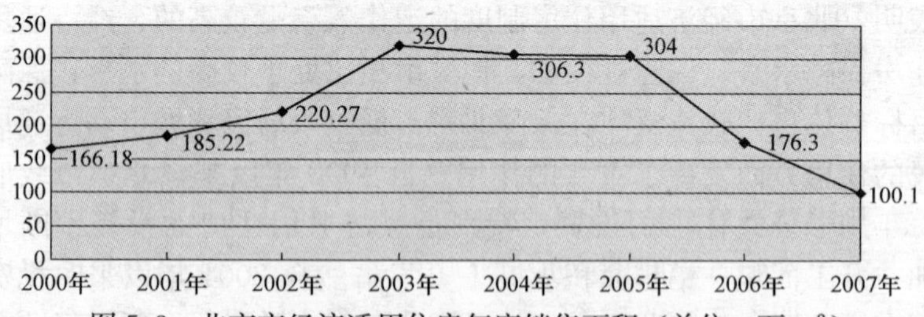

图 5.3 北京市经济适用住房年度销售面积（单位：万 m^2）

资料来源：北京市统计年鉴、中国统计年鉴，2000～2008。

通过以上图形中的数据可知，北京市经济适用住房完成的年度投资额，从1999年开始大幅度增加，2001～2004年，年增长率分别为70.3%、18.7%、33.5%、6.2%，在2004年时，投资额达到最高，为97.95亿元，从2005年开始，北京市经济适用住房投资额有所降低，年度增长率开始变为负值，2005～2007年分别为－32.8%、23.6%，－33.8%，在2007年时，只有53.85亿元，投资额下降非常明显。年度开工面积，从1999年开始到2001年不断增加，在2001年达到最大值，为420万m^2，但是2001年以后，开工面积开始降低，截至2007年，降至162.54万m^2。经济适用住房销售面积在2003年达到最高，为320万m^2，2004年、2005年销售面积变化不大，但是2006年、2007年销售面积明显降低，2007年只有100.1万m^2。北京市经济适用住房竣工面积占商品住宅的比例如表5.1及图5.4所示。通过图表可知，自2003年以来，北京市经济适用住房的年度竣工面积占住宅的比例逐步下降，到2007年时，所占比例仅为6.52%。

北京市经济适用住房、住宅竣工面积　　　表5.1

年　度	2003年	2004年	2005年	2006年	2007年
经济适用住房竣工面积	322.8万m^2	298.8万m^2	325.6万m^2	270.1万m^2	188.6万m^2
住宅竣工面积	2593.65万m^2	3067.0万m^2	3770.9万m^2	3193.9万m^2	2891.7万m^2
经济适用住房竣工面积占住宅的比例	12.45%	9.74%	8.63%	8.46%	6.52%
经济适用住房竣工套数	27790	27399	29409	25442	17223

我国在实行经济适用住房政策之初，并没有制定严格的准入标准，主要结合当时的政府产业政策，把住宅产业作为新的经济增长点，加大住宅的投资，刺激住宅消费，拉动经济的增长。因此，北京市经济适用住房政策最初实行的几年，把北京市中低收

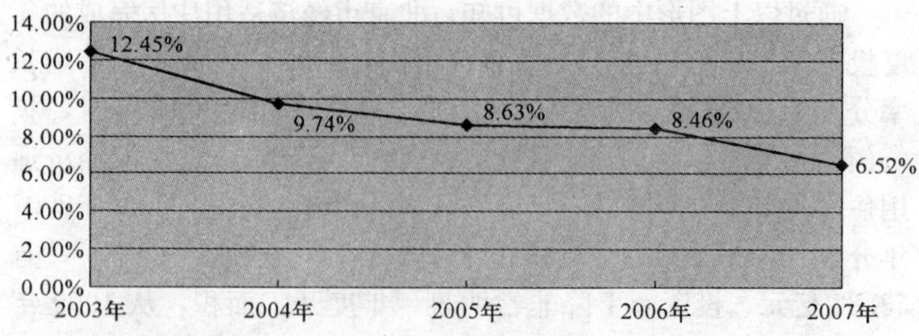

图 5.4 北京市经济适用住房竣工面积占住宅的比例

资料来源：北京市统计年鉴、中国统计年鉴，2004～2008。

入阶层纳入住房保障的范围，由于准入门槛较低，准入审核主体的缺位造成大量的经济适用住房被高收入居民购买，在经济适用住房购买群体中，存在着一定的投机、投资需求。随着经济适用住房制度的运行，经济适用住房的保障边界由不清晰逐步清晰，准入审核机制逐步趋于合理，北京市在不同的时间，颁布了廉租住房和经济适用住房的管理办法，对保障家庭住房条件、资产和收入状况进行了严格的界定，明确审核主体和审核流程，以保证经济适用住房制度的运行绩效。如《北京市人民政府关于印发〈北京市经济适用住房管理办法（试行）的通知〉》（京政发［2007］27 号）中对经济适用住房购买家庭进行了严格的规定，具体如表 5.2 所示。

北京市城八区城市居民购买经济适用住房家庭收入、住房、资产准入标准（2007 年） **表 5.2**

家庭人口	家庭年收入	人均住房使用面积	家庭总资产净值
1 人	22700 元及以下	$10m^2$ 及以下	24 万元及以下
2 人	36300 元及以下	$10m^2$ 及以下	27 万元及以下
3 人	45300 元及以下	$10m^2$ 及以下	36 万元及以下
4 人	52900 元及以下	$10m^2$ 及以下	45 万元及以下
5 人及以上	60000 元及以下	$10m^2$ 及以下	48 万元及以下

资料来源：http：//www.bjjs.gov.cn/publish/portal0/tab60/。

5.1.1.2 北京市经济适用住房的区位选择

北京市经济适用住房项目主要分布在丰台、昌平、石景山、大兴、房山、顺义等区，如大型经济适用住房小区回龙观、天通苑等就位于昌平区，北潞元小区等位于房山区，而新增加的经济适用住房用地主要分布在马坡、宋庄、石门营等地，以上项目均位于郊区或者郊县。北京市经济适用住房项目开发空间区位分布如图 5.5 所示。

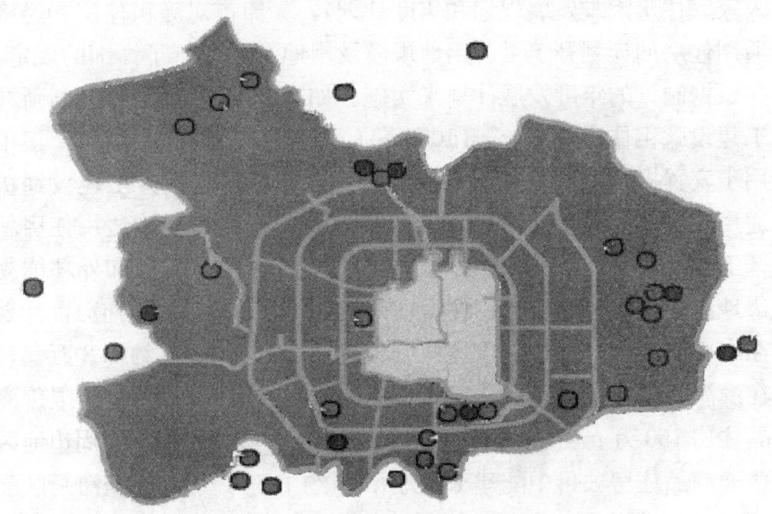

图 5.5 2008 年北京市经济适用住房开发区位分布

5.1.2 天津市保障性住房发展现状及开发区位的选择

5.1.2.1 天津市保障性住房发展现状

天津市在推进住宅市场建设和发展的进程中，逐步实行并不断完善住房保障制度，特别是经济适用住房制度，采取土地政策、税收优惠以及财政转移支付等措施，不断扩大经济适用住房的投资规模，并制定了严格的经济适用住房管理办法，颁布了相应的文件和实施条例，明确管理机构的责任以及经济适用住房的保障准入群体，为经济适用住房政策的合理运行奠定了基础。和国内其他城市对比分析可知，天津市经济适用住房的发展规模、销售面积在住宅中占有的比例是比较高的。通过近十年来的经济适用住房建设和廉租住房制度的运作，较好地解决天津市居住困难家庭的居住状况，明显地改善了他们的住房条件。

借鉴新加坡公共住房的运作经验，天津市公共住房管理机构在不同的发展时期结合城镇居民的居住状况和住房诉求，制订了相应的年度发展计划和发展目标。如根据《天津市解决城市低收入家庭住房困难发展规划和年度计划》，天津市对廉租住房和经济适用住房的计划开工量、用地规模及用地布局进行了详细的规定，并根据制订的年度发展计划来实施。如在2009年，全年计划新开工建设廉租住房5万m^2（1000套），主要安排在中心城区，集中用于安置拆迁片低收入住房困难家庭。全年计划新开工建设经济适用住房550万m^2（约8.88万套），其中销售型经济适用住房新开工430万m^2（约6.88万套），主要安排在中心城区和外环线周边地区；租赁型经济适用住房新开工120万m^2（约2万套），计划在中心城区和外环线周边地区安排建设108万m^2（约1.8万套），在滨海新区建设12万m^2（2000套）。全年计划新开工建设限价商品住房150万m^2（约2万套）。计划在中心城区和外环线周边地区普通商品住房项目中配建135万m^2（约1.8万套），在滨海新区配建15万m^2（2000套）。天津市经济适用住房每年度的投资额、开工面积、销售面积如图5.6、图5.7、图5.8和表5.3所示。

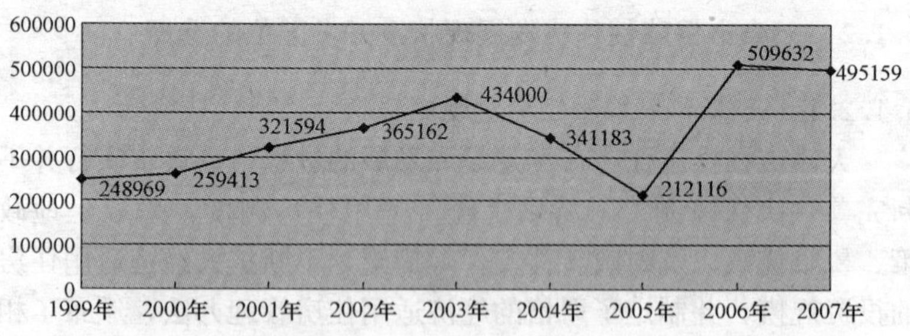

图5.6　天津市经济适用住房年度投资额（单位：万元）

资料来源：中国统计年鉴，2003～2008。

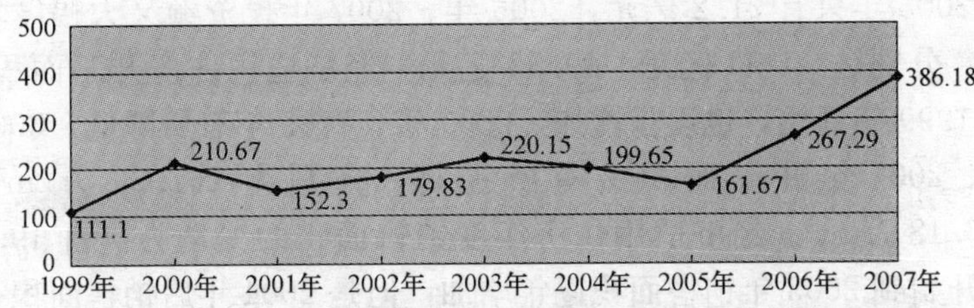

图 5.7　天津市经济适用住房年度开工量（单位：万 m^2）

资料来源：中国统计年鉴，2003～2008。

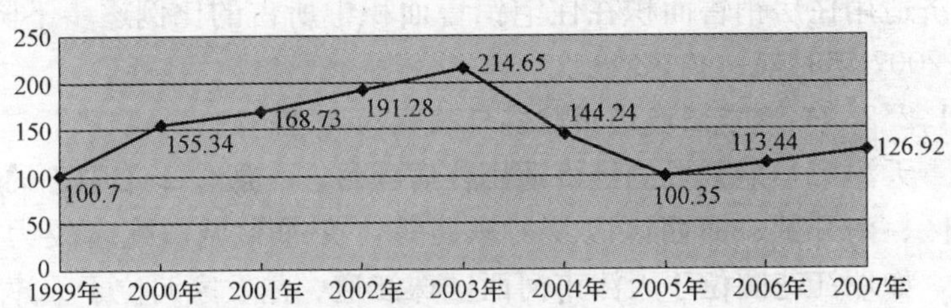

图 5.8　天津市经济适用住房年度销售面积（单位：万 m^2）

资料来源：中国统计年鉴，2003～2008。

天津市经济适用住房年度销售面积及其占住宅销售面积的比例

表 5.3

年度	经济适用住房销售面积（万 m^2）	住宅销售面积（万 m^2）	经济适用住房销售面积占住宅的比例
2002 年	191.28	538.26	35.5%
2003 年	214.65	720.64	29.8%
2004 年	144.24	796.09	18.12%
2005 年	100.35	1264.38	7.94%
2006 年	113.44	1332.49	8.51%
2007 年	126.92	1731.48	7.33%

资料来源：中国统计年鉴，2003～2008。

通过以上图表中的数据可知，天津市经济适用住房年度投资额自从 1999 年开始逐步增加，2004 年、2005 年有所降低，特别是 2005 年只有 21.2 亿元，2006 年、2007 年投资额又大幅度增加，分别是 50.96 亿元、49.52 亿元。经济适用住房开工面积，自 1999 年开始，也逐步增加，2001 年、2005 年有所降低，2006 年、2007 年开工面积又有所提高，分别为 267.29 万 m^2、386.18 万 m^2。经济适用住房年度销售面积的变动为：自 1999 年开始到 2003 年销售面积逐年增加，但是 2004 年后销售面积一直低于 2003 年的销售面积，2007 年的销售面积只有 126.92 万 m^2，而 2003 年的销售面积为 214.65 万 m^2，从 2002 年以来，经济适用住房销售面积在住宅销售面积中所占的比例逐步下降，在 2007 年时仅占 7.33%。

5.1.2.2 天津市经济适用住房开发区位分布

天津市早期开发的经济适用住房项目，一般位于市中心的红桥区、南开区、河西区以及河东区等，交通和城市配套较为方便，如瑞江花园位于天津市河西区珠江道、鼎发家园位于天津市红桥区西青道、隆鹏公寓位于天津市南开区保山道等。随着城市建成区的不断拓展和房地产郊区化的发展，新开发的经济适用住房楼盘逐步远离市区、位置相对偏远，如港城温泉花园、柳溪苑、双街新城、天华里等，分别位于天津市东丽区津北公路与外环线交界处、天津市西青区新华道、天津市北辰区、天津市西青区等。

5.1.3 上海市保障性住房发展现状及开发区位的选择

5.1.3.1 上海市保障性住房发展现状

上海作为我国经济最发达的大都市之一，作为长三角地区的首位城市，伴随着经济的发展、城市化的进程、房地产业的发展、居民收入水平的提高，城镇居民的居住状况、居住环境逐步得到改善，人均居住面积、使用面积不断提高；特别是自 1999 年实行住房制度货币化改革以来，上海市城镇居民居住面积由 9.7m^2 增加到 2006 年的 16m^2，增加了 65%，市区人均使用面积由 1999 年的 15.1m^2 增加到 22m^2，增加了 47%，增加幅度较大，具体变动情况如图 5.9 所示。城镇居民拥有房屋产权的比例也不断提高，2004 年有 72.9％的上海居民拥有房屋产权，2006 年已经达到 74.1％；虽然自 2004 年以来，上海市商品住宅价格不断攀升，价格增幅明显，但是通过商品住宅市场获取住房资源的家庭逐步增多，截至 2006 年，有 32.4％的城镇居民购买了商品房，上海市城镇居民家庭房屋产权构成情况如图 5.10 所示。

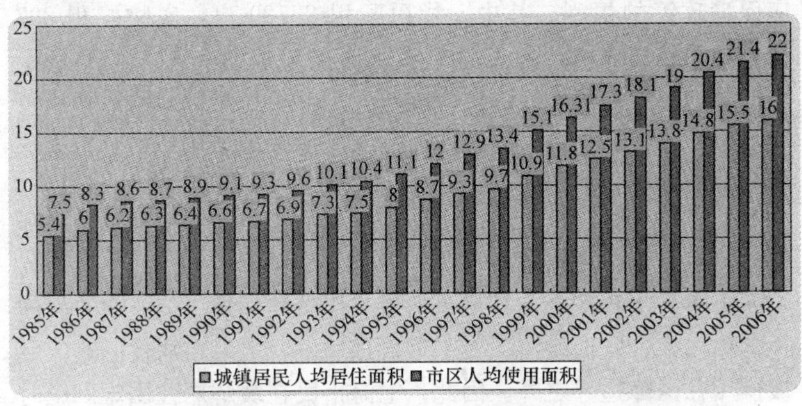

图 5.9　上海市城镇居民人均居住面积、市区人均使用面积（m^2）

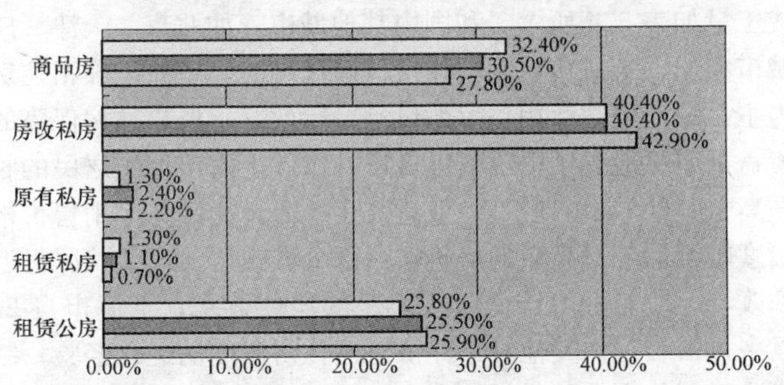

图 5.10　上海市城镇居民家庭房屋产权构成

资料来源：上海统计年鉴 2003—2008。

上海市政府在推进住房制度货币化改革的进程中，为了缓解城镇居民的居住困难问题，逐步建立了住房保障体系，即形成了廉租住房、重大工程配套商品房、住房公积金为主的运作体系，城市双困家庭和动拆迁居民的住房困难问题有所缓解。随着住房保障制度的推行，市政府逐步扩大廉租住房的保障覆盖面，受惠家庭及人群覆盖面不断扩大，截至2007年10月底，累计符合条件的廉租住房申请家庭有33618户，已有26126户享受了廉租住房保障政策的福利。其中，货币配租25729户，实物配租397户，廉租住房保障户数占整个城镇居民户数的0.61%。有别于国内其他主要城市的住房保障模式，上海市住房保障政策在实施时，以廉租住房保障为主，没有开发供应经济适用住房，由于缺乏相应的廉租住房房源，廉租住房保障主要以货币化补贴为主、以实物补贴为辅。虽然上海市廉租住房的保障覆盖面和国内其他城市相比，保障覆盖面较高，但是由于没有经济适用住房保障，上海市重大工程配套商品房虽然属于保障性住房，但是实行封闭化运作模式，定向供应重大工程拆迁居民，上海市居住困难家庭被排斥在保障边界之外。因此，上海市民在缓解居住困难问题时缺乏有效的途径。上海市重大工程配套商品房的计划开发量及实际竣工量如表5.4所示。和国内其他城市，如北京、天津、广州等城市相比，上海市在实行住房保障制度时，主要以廉租住房保障为主，缺乏经济适用住房的供给，因此，上海市住房保障的保障覆盖面明显地低于国内其他城市，虽然上海市城镇居民的收入水平高于其他城市，但是，最近几年上海市商品住宅销售价格上升幅度较快，应对高企的房价，一部分城镇居民居住状况迟迟得不到改善。应对上海市低收入居民的居住诉求，上海市自2009年以来，借鉴国内其他城市经济适用住房制度的运作经验，制定了经济适用住房政策，并结合上海市民的居住状况和对保障性住房的需求，制订了经济适用住房中期发展计划和年度发展计划，并正式启动经济适用住房项目，2009年预计开工建设400万m^2。上海市部分重大工程配套商品房的区位分布、开发建筑面积如表 5.5 所示。

上海市重大工程配套商品房的计划开发量及实际竣工量

表 5.4

年　度	计划开发量	实际竣工量
2002 年 10 月开工	100 万 m^2(重大工程配套商品房)	本年度未竣工
2003 年	300 万 m^2(重大工程配套商品房)	101.9 万 m^2
2004 年	351 万 m^2(重大工程配套商品房)	305 万 m^2
2005 年	300 万 m^2(重大工程配套商品房)	—
2006 年	300 万 m^2(重大工程配套商品房)	549 万 m^2
2009 年	400 万 m^2(经济适用住房)	—

上海市部分重大工程配套商品房的区位分布、开发建筑面积

表 5.5

项目名称	区位	区　位	开发建筑面积(万 m^2)
顾村基地一期	宝山区	外环线北侧、陆翔路以东、宝安公路以南、沪太路以西、外环绿带以北	31
江桥一期	嘉定区	沪宁高速公路南侧、曹华公路以东、沪宁高速公路南辅道以南、皇家花园路以西	35
周浦基地一期	南汇区	外环线南侧、康沈路以东、周祝公路以南、周东路以西、沈祝公路以北	25
羌家基地一期	宝山区	电台路以东、宝安公路以南、苏家浜以西、沙浦河以北	10
鼓楼基地一期	松江区	鼓楼路以北、通波塘以西、佘山度假区以东、上海金居房地产有限公司以南	20
九韵小区一期	闵行区	纪翟路以东、北青公路以南、蟠龙港以北、莘铁路以西	12
江杨小区一期	宝山区	江杨钢材现货市场以南、一二八纪念路以北、江杨南路以西、四塘河以东	4.8
永泰花苑一、二期	浦东新区	上南路以东、金宜河以西、外环线以北、永泰路以南	10.3
杉林新月二期	浦东新区	永泰路以南、外环线以北、杨高南路以西、东明路以东	5

资料来源：钱瑛瑛《房地产经济学》，同济大学出版社，2005 年。

上海市以廉租住房为主的住房保障制度的实施，改善了部分城市双困家庭和特殊家庭的居住条件和住房状况，由于住宅市场供给结构不合理、商品住宅价格的不断攀升、保障性住房的稀缺，导致一部分市民的居住状况迟迟未能得到解决。基于上海市民对保障性住房的需求和对住宅市场的分析，上海市借鉴国内外其他城市的发展经验，根据国务院《关于解决城市低收入家庭住房困难的若干意见》（国发［2007］24 号）和颁布的其他保障性住房的实施条例，在 2008 年制定并颁布了《上海市解决城市低收入家庭住房困难发展规划（2008－2012 年）》，确定了上海市住房保障的目标和保障方式、保障标准、土地供应、政策措施和规划实施机制，明确提出增加经济适用住房的开发与供应。在规划中所确定的规划目标是：

（1）完善廉租住房制度，加快解决低收入家庭住房困难。2008 年，将政策覆盖面由最低收入住房困难家庭扩大到低收入住房困难家庭，到 2012 年，受益家庭累计新增不少于 10 万户。同时，调整和完善公有住房租金减免办法，逐步将承租公有住房的低收入家庭和重点优抚家庭纳入廉租住房保障体系。

（2）健全经济适用住房制度，积极解决中低收入家庭的住房困难和经市政府认定的其他住房困难家庭的住房问题。到 2012 年，累计享受经济适用住房政策的家庭达到 30 万户。

（3）坚持多渠道解决住房困难的机制，通过推进旧区和旧住房综合改造、研究实施“租房贴费”政策，进一步改善城市居民家庭的住房条件。同时，加快完善工作机制，逐步改善来沪务工人员的居住条件。

（4）从 2008 年至 2012 年，累计筹集和建设廉租住房、经济适用住房约 2000 万 m^2（平均每年约 400 万 m^2），占同期全市住宅建设总量的 20%左右。

5.1.3.2 上海市经济适用住房开发区位分布

根据《上海市解决城市低收入家庭住房困难发展规划（2008—2012 年）》，自 2009 年开始，上海市进行经济适用住房的开发与运作，目前已经动工的经济适用住房项目主要位于杨浦江湾、松江泗泾、宝山顾村、南汇周浦和航头、闵行浦江、青浦华新等地。

5.1.4 重庆市经济适用住房发展现状及开发区位的选择

5.1.4.1 重庆市经济适用住房发展现状

重庆市住房保障以经济适用住房为主、以廉租住房保障为辅，通过多渠道筹措住房保障资金，主要以财政拨款、住房公积金增值收益以及土地出让金补助等方式，用于解决保障性住房资金短缺的问题。截至 2007 年 6 月，重庆市已经对 11100 户家庭进行廉租住房保障，包括实物配租 5595 户，货币配租 5505 户，累计投入廉租住房资金 3.42 亿，通过新建廉租住房和在住房二级市场上购买的方式筹措廉租住房房源。重庆市经济适用住房的保障覆盖面是比较高的，迄今为止，入住经济适用住房的家庭已经达到了 10 万户，经济适用住房项目已经超过 250 个，建设总规模已经超过 1020 万 m^2。重庆市在推进住房保障制度建设的过程中，还充分考虑进城农民工的住房保障问题，在国内较早地提出并通过承建农民工公寓的方式，缓解农民工居住困难状况，并制定相应的政策和优惠措施，利用社会资金开发供应以农民工为保障对象的经济适用住房，实行租赁为主的运作模式，对租金进行管制，以保证租金水平和农民工货币支付能力相匹配。但是在运作中，由于没有进行合理的选址和布局，有的农民工公寓存在着开发位置偏远、选址失配的问题。重庆市经济适用住房每年度的投资额、开工面积、销售面积如图 5.11、图 5.12、图 5.13 所示。

通过图中的数据表明，重庆市用于经济适用住房的投资额从 1999 年开始，也是逐步增加的，但在 2004 年、2005 年投资有所降低，2006 年、2007 年又有一定程度的增加，分别达到 26.26 亿元、36.05 亿元。受投资额度的约束，年度开工面积在 2004 年、2005 年也呈现出下降趋势，分别为 93.68 万 m^2、75.47 万

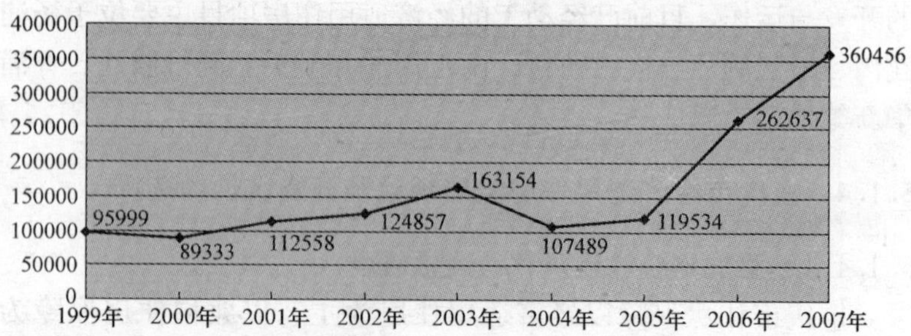

图 5.11 重庆市经济适用住房年度投资额（万元）

资料来源：中国统计年鉴，2000～2008。

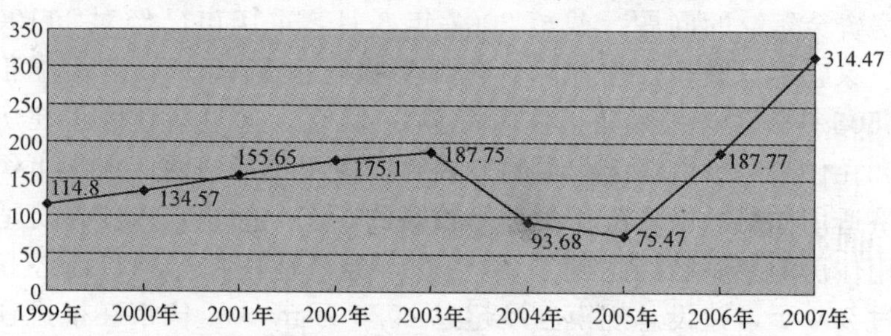

图 5.12 重庆市经济适用住房年度开工面积（万 m^2）

资料来源：中国统计年鉴，2000～2008。

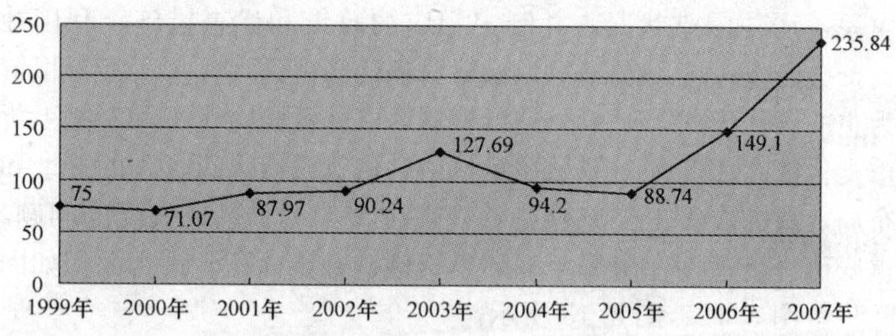

图 5.13 重庆市经济适用住房年度销售面积（万 m^2）

资料来源：中国统计年鉴，2000～2008。

m^2，2006 年、2007 年开工面积有一定程度的增加，分别为 187.77 万 m^2、314.47 万 m^2。经济适用住房年度销售面积的变化也呈现出与此相似的规律，在 2004 年、2005 年有所下降。

5.1.4.2 重庆市经济适用住房开发区位分布

重庆市经济适用住房的开发区位和选址主要分布在沙坪坝区、九龙坡区华岩镇、渝北区、江北区、江津区、巴南区、高新区等。

5.2 “空间失配假设”与公共住房选址

5.2.1 “空间失配假设”的诠释及研究综述

“空间失配假设”（Spatial Mismatch Hypotheses）最早是由哈佛大学学者 John F. Kain（1968）在《居住隔离、黑人就业与居住分散》一文中提出的，并在以后近 30 年中又进行了深入的分析和研究[①②]。“空间失配”又称为空间不匹配，是指居住空间与就业的隔离或者分离。Kain 认为，居住与就业的空间不匹配，或者空间失衡，成为美国低收入群体就业时的主要障碍之一，可能诱致贫困和较高的失业率，会加剧社会排斥的程度。美国高收入阶层居住郊区化引致了就业机会的郊区化，而低收入者和黑人往往占据市中心，从而导致了他们的就业困难。Kain 的主要观点为：①由于住房市场中存在种族歧视，引致居住隔离，居住隔离引致通勤成本的高昂，使黑人更愿意在居住地附近就业。②居住隔离加剧了失业，就业机会的增长更接近白人居住区。③产业郊区化，特别是制造业郊区化造成黑人居住地与就业地的严重分离，也就是“空间失配”加剧了失业。

关于居住地和就业的分离所引致的失业等问题，可以从美国城市化进程中城郊发展失衡的层面进一步进行解释。美国在大都

---

① John F. Kain. Housing Segregation，Negro Employment，and Metropolitan Decentralization. Quarterly Journal of Economics，1968，No. 2。

② John F. Kain. The Spatial Mismatch Hypothesis：Three Decades Later. Housing Policy Debate，1992，No. 2。

市区化的过程中，存在着中心城区和郊区的发展失衡问题，在大都市区化的早期，中心城区居于主导地位，郊区作为城市的外延，对中心城区具有依赖性。随着大都市区的发展，以及交通网络的完善，住区郊区化的推动，郊区基础设施逐步完善，生活环境、居住便捷度超过中心城区，郊区逐步替代中心城区的功能，导致了城郊发展的不平衡。城郊发展不平衡的现象主要体现在以下诸多方面[①]：

（1）人口与就业地点的失衡。对美国城市化过程中城乡人口数据进行分析可知，美国自 1920 年开始，城市人口开始超过农村人口，随着农村人口的不断流入，城市规模不断膨胀，城市开始以外延的方式逐步向外扩张，城市人口的居住模式也发生了变化，居住郊区化成为一种趋势，大量的中高收入的白人逐步搬离市中心或者大都市区，外迁趋势不断得到强化。到 1950 年，美国大都市区的人口，59%居住在中心城区，41%居住在郊区；1970 年居住在郊区的人口首次超过中心城区的人口，美国成为一个以郊区人口为主的国家。随着人口的郊区化，郊区就业机会逐步增加，中心城区内部就业机会反而减少。由于以黑人为主的低收入阶层仍然居住在中心城区和城市的内部，造成他们部分失业或者再就业的困难。根据有关资料的统计，20 世纪 60～90 年代，在美国 35 个大都市区中，每 6 个工作岗位，有 5 个是在郊区，在 1990 年，郊区占整个大都市区就业的 62%。[②]

（2）产业结构失衡。一方面表现为制造业外迁，中心城区制造业出现“空心化”现象，郊区成为制造业的中心；另一方面，在居住郊区化的带动下，零售业也出现大规模外迁，这是资本追逐利润的必然结果。统计资料表明，在 1982 年至 1992 年 10 年

---

① 王旭．美国城市发展模式：从城市化到大都市区化．北京：清华大学出版社，2006。

② Peter Muller，Contemporary Suburb America，Englewood ，Cliffs，NJ：Prentice Hall Inc.，1980.

间，美国80个大都市区郊区零售业所占比例增加了77%。[①]

(3) 中心城区和郊区居民收入状况失衡。一直以来，中心城区居民的收入高于郊区居民，这也是农村人口向城市迁移的主要拉力。但是，随着郊区化的发展，1973年美国郊区居民的收入开始超过中心城区，贫困率也发生逆转，中心城区居民的贫困率高于郊区居民，中心城市的失业率也呈现出相同的变动趋势。

关于美国大都市发展失衡的原因，我国美国史研究专家王旭认为，自20世纪40年代以来，中心城区，特别是东部和中西部城市的中心城区作为美国制造业的主要中枢，其经济的繁荣和发展，吸引了大量的移民和南部的黑人。由于人口的大量集聚，积聚的负面效应不断凸显，主要表现在住房的短缺、居住密度的提高、交通拥挤、环境卫生状况恶化、贫困的增加等。1940年以后，政府又增加了在中心城区的投资，这进一步吸引大量的农村人口和国外移民的迁入，导致住房、交通、卫生状况的继续恶化，中心城区对原有中高收入的白人逐步失去吸引力，相反郊区优美的环境，住宅的低密度和逐步完善的交通、卫生、配套设施对白人家庭产生了巨大的拉力，在拉力的作用下，中高收入的白人家庭逐步由中心城区向郊区搬迁。

基于对美国一个世纪以来，城市化与郊区化发展中出现的就业与居住隔离、大都市核心区产业空洞化以及黑人失业等问题的探讨，John F. Kain 提出了空间失配理论。空间失配理论的提出，引起了理论界和政策制定者的广泛关注。迄今为止，国外空间失配理论的研究可分三个阶段，研究关注点由美国弱势群体的失业问题逐渐转移到新移民和少数民族；研究范围逐步泛化，由最初的居住与就业选择、工作的可及性（Job Accessibility）及社会可接受性等方面，扩展到弱势群体就业障碍机制研究。迄今为止，空间失配理论国外主要的研究学者有：Patacchini and Ze-

---

① 王旭．美国城市发展模式：从城市化到大都市区化．北京：清华大学出版社，2006。

nou（2003）、Stoll（1998）、Sjoquist（2001）等。其中，Zenou对空间失配的机制进行研究，研究结果表明，居住与就业中心分离者，一旦出现失业，将会付出较少的努力寻找工作是他们的理性选择，他们不愿意将居住地点迁移到就业中心附近，这主要是基于短期收益与长期收益的比较。Sjoquist 则认为社会可接受性是空间失配的重要机制，弱势群体不愿意在工作机会增长区域寻找工作是因为被社会所排斥。国外对空间不匹配的研究结论可以总结为以下三个方面：①工作机会的提供空间与低收入阶层居住空间的分离，造成通勤成本的提高，通勤成本的阻滞效应造成就业的不畅；②公共住房的独立、集中开发供应模式，导致低收入阶层在居住空间上的集聚、公共住房的空间区位与就业空间分离；③低收入阶层对公共交通的依赖以及公共交通规划缺乏对低收入阶层的顾及进而产生了阻滞作用。国外空间失配理论及其研究成果的政策响应主要体现在以下四个方面：①公共住房的土地供应及就业机会的提供的空间政策应该更多地顾及低收入居民，即将新增的就业机会更接近于低收入阶层的居住空间。②通过住房贷款优惠政策鼓励低收入阶层搬离市中心，迁徙到郊区或者就业机会较多的区域。③通过税收优惠或者减税措施鼓励厂商搬迁到市中心，接近低收入阶层的集聚区。④重视公共交通的规划和交通网络，降低通勤成本，弱化通勤成本和通勤时间的阻滞效应。

通过广泛的文献检索可知，国内对空间失配理论的研究学者较少，研究内容较为分散。主要有周江评（2004）、刘威和栾贵勤（2005）、李纯斌（2006）、钱瑛瑛（2007）、刘望宝（2008）等。周江评（2004）对美国“空间不匹配”的研究成果进行了梳理，介绍了国外相关的研究方法与模型的演进过程，国外研究空间不匹配的学者及其主要观点、主要结论；结合国内情况，提出了国内学术界的研究重点，并提出我国大中城市在进行“退二进三”、城市动拆迁、城市更新以及房地产郊区化的过程中，应该根据空间失配理论合理进行城市规划和土地利用规划，避免居住与就业的过度分离。刘威和栾贵勤（2005）从区域经济演进的视角探讨了劳动力供需空间不匹配的问题，研究了择业者和企业之间的冲突，从供给、需求和制度三个方面解释了“空间不匹配”现象出现的原因，提出解决“空间不匹配”的制度安排和市场调节机制。李纯斌、吴静（2006）对美国学者在“空间失配假设”方面的研究及对住房政策的影响进行了回顾，提出国内研究重点应侧重于城市就业、城市交通规划、土地利用规划及城市更新四个方面应用“空间失配假设”的必要性；并提出在应用空间失配理论进行研究时应该结合我国流动人口、低收入阶层的居住、通行模式、流动特点进行合理的探讨。钱瑛瑛（2007）利用竞租理论和空间失配理论建立模型，就上海市中低价位商品房的选址进行了研究，通过实证分析认为，上海市重大工程配套商品房和中低价位商品房存在着“空间失配”问题，并通过模型分析，探讨了中低价位商品房和重大工程配套商品房的区位选择。

总括而言，上述研究侧重于城市交通、住房政策、居住与就业的隔离等方面，研究内容较为分散，而针对我国经济适用住房、廉租住房在选址中存在的“空间失配”问题的研究尚显不足，由于我国保障性住房的运作迄今不过 20 年的时间，关于空间选址不当所诱致的就业困境和失业问题还没有严重显现。基于此，有别于国内其他学者的研究重点，本章不把经济适用住房选址失配所引致的就业困境问题作为研究主线，而是试图从另一个层面来进行分析和探讨，主要从福利损失的视角来研究经济适用住房开发区位选择，也就是探讨保障性住房由于选址失配、选址偏远给保障性群体所产生的福利损失。

5.2.2 经营土地与公共住房选址失配

伴随着我国土地使用制度的改革、土地市场的不断完善，土地的出让方式发生了重大变化，由无偿划拨、无限期出让变为有限期、有偿出让，出让方式也由协议出让逐步转变为市场化出让，即采用招标、拍卖、挂牌等方式。我国的土地实行社会主义公有制，即全民所有和劳动群众集体所有制，城市土地属于国家所有，农村土地属于集体所有，土地所有权不允许转让交易，国家通过土地一级市场出让土地，使土地使用权和所有权相分离。根据现行的法律框架和规定，农民集体所有的土地，只有通过土地征用环节，由农用地转化为城镇用地，才能够在土地市场上出让。而县级以上政府作为行使权利的主体，有权代表国家征用农民集体的土地。因此，在我国，土地一级市场属于垄断市场，城市政府作为出让土地使用权的主体，垄断了土地一级市场。分析我国城市土地的供应，可以分为存量供应和增量供应。增量土地供应是指将非城镇用地依法变为城镇用地的供应途径；存量土地供应是指通过提高原有国有土地的使用效率或者盘活原有城镇闲置土地，充分利用土地资源，而改变原有城镇土地利用方式和用途，将原有的划拨土地通过有偿出让的方式进入土地市场进行流转。在我国土地有偿使用制度改革以前，城镇土地主要是通过行政划拨的方式，因此，城市中存在着大量低效或者闲置的土地，造成城镇土地资源的浪费。

随着我国土地市场的不断完善，特别是土地出让和转让逐步采用招标、拍卖和挂牌的市场化运作模式以后，土地的资产价值不断显化。土地作为一切经济活动的载体，随着我国工业化、城市化的进程以及人口的增长，城市土地资源日益稀缺，城市土地的价格也不断提高。土地已经成为城市政府重要的资产。我国自1998年实行住房制度货币化改革以来，商品住宅的需求不断膨胀，这极大地增加了商品住宅的用地需求。在城镇土地需求不断增加的状态下，在现行的法律框架下，城市政府作为土地一级市场的垄断者，土地进入市场为城市政府创造了巨大的获利空间。由于城镇增量土地供应是通过土地征用由农用地转为城镇建设用地的，在土地征用中，用于农用地的补偿标准较低，实行非市场化的运作模式，而土地由农用地转为城镇建设用地，产生了级差收益，土地的所有者——农民集体被排除在收益者之外，城市政府成为主要的收益者。因此，通过土地一级市场出让土地使用权，城市政府获得了巨大的财政收入，事实上，出让土地已经成为城市政府的第二财政。对于城镇存量土地，我国许多城市逐步建立了城镇土地收购储备制度，将存量土地纳入土地储备体系，加强了政府在土地一级市场上的垄断地位。从城市政府的层面进行分析，在实行分税制改革以后，税权相对向中央集中，城市政府存在着事权和税权不对等的矛盾，城市基础设施、社会保障、公共设施的财政支出不断增加，而税收来源却有限，在这样的背景条件下，城市政府被迫在法律允许的框架内把经营土地作为获得财政收入的主要手段之一。

由土地竞租理论可知，如果不考虑土地规划和土地利用的管制，在土地市场中，土地将配置给租金最高者。由单中心城市模型可知，首先是商业、金融等部门因对位置非常敏感，竞租曲线较陡，因而往往占据城市的中心，其次是制造业等部门，而居住家庭对位置的敏感性较弱，往往位于单中心城市的边缘。借助以上理论，对于城市存量土地，因为历史、文化等方面的原因，往往位于城市的核心区或者内城区，商业、金融部门因支付较高的租金而将存量土地转为商业用地。城市政府在建立土地收购储备制度以后，已经成为城市存量土地的主要供给者，在以获取财政收入为导向的经营土地的目标策略下，也往往把核心区和内城区的存量土地高价出让给商业、金融等部门。从城市空间拓展的视角进行分析，随着城市郊区化、产业郊区化的进程，我国大中城市逐步实行了“退二进三”的产业发展策略，制造业、加工业郊区化转移已成为趋势，在产业郊区化转移的发展进程中，我国房地产业呈现出被动郊区化的发展趋势，产业郊区化转移带动人口向郊区化疏散。住宅作为房地产的主要组成部分，在产业郊区化、人口郊区化的拉动下，住宅开发也呈现出郊区化趋势，而城市边缘区域的住宅用地主要是城镇增量土地，也就是城市政府通过土地征用将农民集体所有的土地转化而来的新增城镇建设用地。

我国的公共住房主要包括经济适用住房和廉租住房，廉租住房主要采用货币化配租的方式，实物配租房源主要是在公房出售中没有销售的老公房，或者通过收购的方式购买空置的商品房，新开发的廉租住房比例较少。而经济适用住房作为保障性住房的主体，主要通过新建的模式提供。由于财政支付困难，我国经济适用住房主要采用免费划拨土地的变相财政补贴方式，经济适用住房用地主要是城镇增量土地。前已述及，城市政府存在着税权与责权不对称的矛盾，税收制约着公共财政支出，迫于公共财政支出的压力，城市政府在经营城市过程中，土地成为重要的城市资产，通过出让土地使用权，城市政府获得了非常高的财政收入。统计资料显示，国内许多大中城市土地出让收入已经超出地方政府财政收入，如杭州、厦门、武汉、宁波等城市（2009年）而经济适用住房、廉租住房土地供应的免费划拨与城市政府以经济利益为导向的经营土地的方式是相悖的。保障性住房用地不是通过市场进行配置的，是由城市政府根据城市规划、土地利用规划而进行划拨的。城市政府在公共管理的多目标决策中，既要保证获得土地出让的收入以用于不断扩大的城市基础设施投资和建设，又要保证公共住房政策的实施绩效，提高公共住房的保障覆盖面，扩大住房保障的规模，城市政府进行综合权衡的结果，必然把交通便捷、区位较好的城镇增量土地用于商品住宅、工业用地等，而把位置偏远、交通不便的城镇增量土地作为保障性住房用地。

通过前节对我国四个直辖市北京、天津、上海、重庆等经济适用住房和重大工程配套商品房的开发区位的分析，不难发现，公共住房的选址存在着较为严重的空间失配问题，如北京市经济适用住房项目主要位于四环以外，上海市重大工程配套商品房主要位于宝山、嘉定、闵行等区，这些区位配套设施相对不全，交通极其不便。由于我国经济适用住房政策的实施，迄今不过20年的时间，相对而言，农村劳动力流动和转移相对频繁，而城镇居民劳动力流动和工作岗位的转换相对较少，因此，当前分析经济适用住房政策对城镇居民就业的影响还缺乏实证依据，国内学者还没有从这一视角进行深入的探讨。由于经济适用住房空间失配引致的通勤时间的延长、通勤成本的增加，经济适用住房配套设施的不完善等问题已经引起经济适用住房保障目标群体的强烈反应，经济适用住房二次回迁现象也较为严重。有鉴于此，本章基于经济适用住房空间失配引致的福利损失视角，通过建立相应的模型，探讨由于经济适用住房的选址失配所导致的福利损失，进而提出经济适用住房的选址建议。

5.3 保障性住房“空间失配”引致的福利损失分析

5.3.1 住宅租金的构成

本章利用李嘉图租金模型的相关结论，结合经济适用住房和重大工程配套商品房的选址情况，通过在模型中引入额外交通成本的概念，来分析经济适用住房空间失配和福利损失问题。

在李嘉图租金模型中，理想化城市的假设条件是：

① 就业中心是唯一的，假设居住地到就业中心的距离用直线距离来代替，两者之间的距离为 d，每公里年度交通成本为 k 元/km。

② 家庭结构相同，每个家庭工作人员的数量是固定的。家庭可支配收入用于交通、其他商品（消费额以 x 来表示）和住房消费。

③ 住宅供应量固定不变，而且不同地段的物业特性也是相同的，住宅的年租金为 $R(d)$，它随着位置（交通距离 d）的不同而有所不同。

④ 住宅是土地和房屋共同形成的组合体，其中每一套住宅占用一定的土地面积（用 q 表示），同时也包含了一定数额的房屋建设成本 c，由此可知，住宅密度为 $1/q$。

⑤ 住宅被支付最高租金的家庭租用，按照租金最大化的原则进行土地和房屋资源的配置。

下面就住宅租赁市场竞租的平衡条件进行分析。对于家庭而言，可以选择居住在郊区抑或市中心，这主要取决于用于租房的租金和交通成本的分析。如果居住在市中心，节省的交通成本高于房屋租金的提高，这样家庭收入不变时，居住在市中心将会将较多的收入用于其他物品的消费，家庭更愿意居住在市中心。如果城市中所有的家庭都有向市中心迁移的倾向，会导致市中心住房租赁市场需求增加，在供给保持不变的情况下，会使市中心房屋租金上升，当租金增加额和交通成本相等时，住宅租赁市场达到均衡，这时居住在市中心和郊区用于其他物品上的消费相同，住房市场达到均衡。因此，居住在不同位置的家庭，只要家庭结构相同，他们在其他物品上的消费必须相同，假设消费额为 x^0，根据以上的假设条件，则有：

$$R(d)=y-kd-x^0 \tag{5.1}$$

居住在理想化城市的中心时，不需要交通成本，因此用于住房的租金为：

$$R(d)=y-x^0 \tag{5.2}$$

当居住地远离市中心时，随着距离的增加，交通成本不断上升，而房屋的租金会逐步降低，在城市的边缘，房屋的租金最低。那么，位于城市边缘处，房屋的租金是由哪些租金构成的呢？

假设在理想化城市边缘以外，土地全部用于农业作为农用地，设农用地租金为 r^a，由竞租理论可知，当土地转换用途时，用于建设用地的租金必须高于农用地租金，土地所有者才能把农用土地转换为建设用地。

假设在城市边缘处，离开城市中心的距离为 b，一套住宅的占地面积为 q，建筑物租金为 c，因此，在城市边缘处，住宅租金为：

$$R(b)=r^a q+c \tag{5.3}$$

由式（5.1）、式（5.3）可得：

$$x^0=y-kb-(r^a q+c) \tag{5.4}$$

由上述分析可得，居住在不同区位的家庭只有用于其他物品上的消费相同时，住房租赁市场才达到平衡。根据式（5.4）、式（5.1）可以得到：

$$R(d)=(r^a q+c)+k(b-d) \tag{5.5}$$

上述公式可以表述为，城市内部某一位置房地产（住宅）的租金，等于城市边缘房地产的租金和两地之间交通成本之和。在城市边缘处，房屋租金最低；在市中心处，房屋租金最高。因此，城市内部房地产（住宅）的租金可以划分为三部分：土地租金、建筑物租金和位置租金，具体如图 5.14 所示。

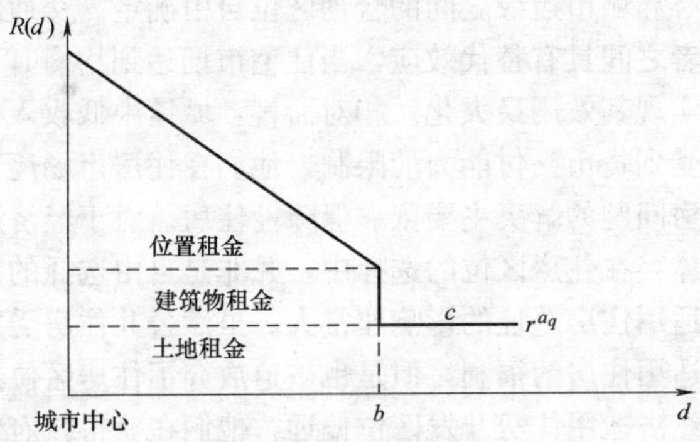

图 5.14　房地产（住宅）租金的构成

土地租金可以从公式（5.5）中扣除建筑物租金，然后除以房地产占地面积 q，即为：

$$r(d)=r^a+k(b-d)/q \tag{5.6}$$

通过上述分析，可以得到的结论是：

① 城市规模越大，城市人口越多，城市半径越大，城市内部房屋租金越高；

② 两个规模相当的城市，单位交通成本越高，城市内部房屋租金越高；

③ 城市土地的机会成本，即农用地租金越高，城市内部房屋租金越高。

假设在城市预期不增长的情况下，由上述公式，通过折现的方法，可得住宅价格为：

$$P_t=[(r^aq+c)+k(b-d)]/i(d<b,\text{其中 } i \text{ 为折现率}) \quad (5.7)$$

在城市边缘处则有：

$$P_t=[(r^aq+c)]/i(d=b) \quad (5.8)$$

5.3.2 经济适用住房“空间失配”与福利损失模型的构建

在商品住宅市场，具有货币支付能力的高收入群体对于住宅区位的选择，可以根据其住宅租金支付偏好和交通成本支付偏好在城市中心和城市边缘之间的合理区位自由确定。交通成本与住宅租金两者之间具有替代效应，当住宅市场达到均衡时，不同偏好的家庭实现其效用最大化。相对而言，城镇中低收入住房困难的群体，受到货币支付能力的限制，他们在住房市场逐步被边缘化了，住房问题的解决主要依靠保障性住房。对于经济适用住房的购买群体，在住房区位的选择中，并非是自由选择的结果，受政府经济适用住房选址的影响非常大。虽然公共住房受惠群体获得了经济适用住房的福利，但是也被迫放弃了住房区位选择的权利。如果经济适用住房开发区位偏远，他们在获得政府变相财政补贴的同时，也必须支付较高的通勤成本和通勤时间。根据上述模型的分析结果可知，城市边缘以内的区位，由于租金与交通成本之间存在替代效应，交通成本的增加正好被住宅租金的降低所代替，因此，如果经济适用住房位于城市边缘以内的区位，不存在福利损失问题；但是，如果经济适用住房位于城市边缘以外的区位，交通成本增加明显，而住宅租金呈刚性状态（由建筑物租金和农用地租金两部分组成），两者不存在替代效应，额外的交通成本会导致经济适用住房购买者获得的住房福利降低。

下面试图从额外交通成本和变相财政补贴两个指标来进行简单的分析。假设经济适用住房开发位置离城市边缘距离为 z（位于城市边缘以外），经济适用住房耐久年限为 50 年（普通商品住宅的使用年限），政府在经济适用住房项目上每建筑面积的变相财政补贴为 ΔC 元（或者认为经济适用住房和同区位商品房的价差），经济适用住房平均户型建筑面积为 A，超过 b 处，每公里增加的年平均交通成本为 k_1，经济适用住房的购买者在建筑物的寿命周期内，获得政府给予的福利额度为（考虑通勤成本的负效应）：

$$Y=A\Delta c-k_1 z\left[\frac{1}{(1+i)^{0.5}}+\frac{1}{(1+i)^{1.5}}+\frac{1}{(1+i)^{2.5}}+\frac{1}{(1+i)^{3.5}}+\cdots\cdots+\frac{1}{(1+i)^{49.5}}\right]$$

（未考虑建设周期，交通成本在年内均匀支出） (5.9)

式中，i 代表还原利率。

令 $k_2=\frac{1}{(1+i)^{0.5}}+\frac{1}{(1+i)^{1.5}}+\frac{1}{(1+i)^{2.5}}+\frac{1}{(1+i)^{3.5}}+\cdots\cdots+\frac{1}{(1+i)^{49.5}}$

则上式变为：$Y=A\Delta c-k_1 k_2 z$ (5.10)

如果用 B 表示经济适用住房福利损失额度，则

$$B=k_1 k_2 z \quad (5.11)$$

上式中，k_1k_2z 称为由于经济适用住房空间失配所引致的住房福利损失，k_1k_2 称为经济适用住房福利损失系数，由于空间失配引致的福利损失如图 5.15 所示。从式（5.11）可知，损失额度的高低与 z 呈正相关，与单位交通成本 k_1 也有关。在此，假设当经济适用住房开发位置位于 Z_{max} 时，经济适用住房的购买者从经济适用住房中获得的变相财政补贴全部用于通勤成本的增加，其中 $Z_{max}=A\Delta c/(k_1k_2)$。当 $z<Z_{max}$ 时，经济适用住房的购买者获得了城市政府的变相财政补贴。从购买时点来分析，如果不考虑经济适用住房购买者在入住以后所增加的交通成本，经济适用住房的受惠者确实获得了政府的变相财政补贴，补贴额度的高低与经济适用住房的户型面积以及单位建筑面积上政府的变相财政补贴有关。但是，对于选址偏远、交通不便、配套设施不全的经济适用住房小区，如果把额外通勤成本纳入分析框架之内，在通勤成本的反向递减作用下，从建筑物全寿命周期进行分析，

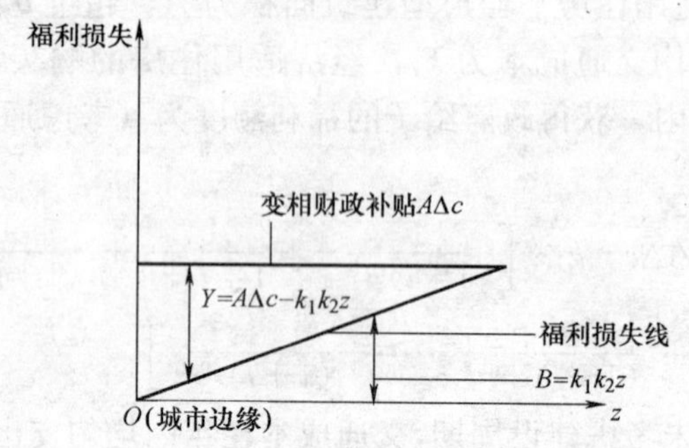

图 5.15　经济适用住房空间失配引致的福利损失

经济适用住房的购买者获得的福利随着距离 z 的增加而减少。

5.4　公共住房选址建议及嵌入式开发模式

我国住房保障政策的实施，在一定程度上解决了城镇中低收入居民居住困难问题，但是政策的实施与保障目标之间存在着一定的距离，经济适用住房作为以售为主的保障性商品房，在运作中引起了社会的广泛争议，如保障目标群体错位、准入审核机制设计不缜密、选址偏远、开发商寻租等。本章侧重于经济适用住房的选址问题进行研究，通过引入空间失配理论，分析了经济适用住房由于空间失配所导致的福利损失。通过分析表明，选址的合理与否，会影响到经济适用住房购买者实际获得变相财政补贴的高低，选址不当，会导致福利损失。因此，城市政府在经营土地的过程中，应该综合平衡考虑用地需求，合理地进行经济适用住房用地和商业用地的规划，在兼顾经济利益的前提下，合理选择经济适用住房的开发区位。美国公共住房的集中开发和高收入阶层居住郊区化、产业郊区化、投资郊区化的实践表明，非均衡的发展模式会导致居住与就业的分离以及低收入群体失业率的增加。经济适用住房开发区位的失配，从近期分析，会直接导致购买者通勤成本的增加，福利降低。从长期分析，会导致目标群体就业的困难甚至就业率的降低。从社会排斥的角度而言，会加剧社会对经济适用住房居住群体的排斥，这表现在，一方面，增加了居住群体与其他群体的隔阂，导致了劳动力市场上的排斥；另一方面，减少了经济适用住房购买群体对城市公共基础设施和公共服务设施的享用几率，经济适用住房目标群体向城市偏远区位的被动迁移，增加了他们享有公共设施的成本，减少了他们的享有机会。

基于以上的研究分析，为避免经济适用住房空间失配引致的劳动力市场排斥和住房福利损失，建议经济适用住房制度宜采用以下运作形式，一是采用混合运作模式，即经济适用住房和普通商品房联合开发——即混合开发模式，也称为嵌入模式，这种模式在国外公共住房的运作中已经进行了尝试，在普通住宅项目开发用地中，适当预留一部分地块作为经济适用住房用地，用于经济适用住房项目的开发。西方国家在公共住房的运作中，有的建筑师曾经将公共住房和普通住房在同一单元内部进行嵌入，根据不同的收入群体分别设计不同的户型组成单元，但是这样的运作模式在物业的运营中存在着一定的弊端，即收入差别较大的群体在同一单元内相邻而居，阶层差异产生邻里关系的淡化甚至对峙，同时，由于负外部性的影响，高收入阶层不愿意购买这样的公寓，导致嵌入式公寓空置率的上升。有鉴于此，采用嵌入模式进行运作时，应避免这种直接嵌入，而是采用分区块的运作模式，在普通住宅用地中，单独预留一部分地块作为经济适用住房用地，这样，经济适用住房项目和普通住宅项目相邻，这样的嵌入模式既避免居住隔离，又避免不同阶层直接相邻而产生的对峙。二是采用独立、集中供应模式。采用这种模式应该合理选择经济适用住房的开发区位。前已述及，伴随着我国城市化、工业化的进程，人口在城市的不断积聚，城市建成区土地资源日益稀缺，土地的价值不断显化，城市存量土地作为经济适用住房用地的可能性较小。在大中城市，随着产业郊区化，城市空间不断向外拓展，房地产也呈现出郊区化趋势，商品住宅用地也以增量土地供应为主。在此背景条件下，城市政府在确定经济适用住房用地时，应该考虑保障目标群体的居住通勤成本和居住成本，适当选择交通可及性好、配套设施和公共设施较全面的城市边缘区域，或者轨道交通沿线的土地作为经济适用住房用地。采用集中新建供应模式时，还应该控制经济适用住房用地的规模，避免形成超大型的经济适用住房小区，如北京市回龙观、天通苑小区，大规模经济适用住房小区容易引致一系列社会问题，如大量的低收入居民过度集聚容易导致犯罪率的上升、卫生状况的恶化等。三是采用收购模式。集中开发、供应模式存在着目标群体单一、居住群体趋同性的特征，易于形成同质性住区。同质性住区往往导致居住隔离、阶层分化、缺乏多样性。为了避免以上弊端，在此提出收购模式。收购模式是指通过在住房存量市场上收购原有的未出售的公房、回购出售的公房、购买空置的商品房作为公共住房，然后通过出租或者出售的方式分配给待保障的目标群体的一种形式。收购或者回购模式，既有利于消化商品住宅市场上空置的房屋资源，又可避免低收入群体的集中积聚，还可消除由于政府主导的新建公共住房对商品住宅市场产生的挤出效应。存量住房往往位于城市内区和交通便捷的区域，有利于降低居住者的居住成本和通勤成本，不会产生福利损失，因而，这种模式应该成为我国公共住房供应的主要方式。当然，采用回购模式也存在着一定的弊端，主要表现在：一方面公共住房管理机构需要投入较高的实施成本和运营成本，需要较高的信息搜寻成本，城市政府不能采用变相的财政补贴方式，需要通过财政转移支付来保证公共住房制度的实施，城市政府在税权与责任不等的现实条件下，存在着财政支付困难；另一方面，回购的房源，有的在住房面积等方面与政府制定的保障性住房指标存在着差异，有的不符合保障性住房的要求，保障性住房管理机构需要对回购的房源进行改造和更新。

6 公共住房产权、内循环机制及制度创新

对公共住房产权、内循环机制以及动态演化研究的国内学者较少，其主要原因在于我国公共住房制度的实施迄今不过20年的时间，经济适用住房产权的变更、让渡也是最近在住宅产权交易市场上出现的。经济适用住房属于保障性住房，具有商品性、福利性的双重特性。在产权变更、让渡的过程中，对于房屋的增值收益如何在经济适用住房购买者、政府之间进行合理分配，土地出让金如何补交，经济适用住房产权受让人有何准入限制，这些问题涉及经济适用住房稀缺资源如何再分配，而上述问题的明晰，又涉及经济适用住房产权的界定、内循环机制的确立以及公共住房制度的动态演化。基于以上考虑，本章就公共住房产权、内循环机制等问题进行探讨。

迄今为止，我国就经济适用住房的产权转移、土地出让金的补交在法律法规层面没有进行详细的界定，各城市仅仅通过颁布一些临时性的文件来付诸实施，缺乏相应的法律效力，而在理论方面也缺乏深入的研究。如果经济适用住房二次上市实行内循环机制，可以有效地规避保障性住房的福利外溢，使稀缺的经济适用住房资源再分配给保障目标群体，可以缩小经济适用住房供需缺口，降低政府在保障性住房上的财政投入，因而，对上述问题进行研究具有非常重要的理论价值和经济意义。

6.1 房地产产权的概念及产权的取得

从动产与不动产的属性进行界定，公共住房与一般商品住宅相同，属于不动产，属于重要的财产，作为财产，具有多种权利。由于房地产是土地和房屋构成的复合财产，因此，房地产的

产权涉及土地产权和房屋产权。在此，首先分析有关新制度经济学的产权理论及产权内涵、法学中的产权理论及产权的概念、房地产产权的内涵以及国内对房地产产权的探讨，然后结合相关的研究成果进一步探讨我国公共住房，特别是经济适用住房的产权问题。

6.1.1 新制度经济学的产权理论和产权的概念

6.1.1.1 新制度经济学的产权理论

西方现代产权理论起源于20世纪20年代，一些经济学家针对传统经济学认识上的缺陷，对传统经济学提出了质疑，开始注意在私有制下产权对资源配置的影响，并否定微观经济学理论中市场交易不存在摩擦，价格与信息的获得不需要成本，产权、产权制度是市场有效配置的外生变量，不影响市场配置效率的假设，通过引入交易成本的概念，来阐明利用价格机制是需要付出代价的。通过以产权为研究对象，来研究产权对资源配置的影响。涉及产权研究的早期经济学家主要有法兰克·奈特（Frank H. Knight）、约翰·康芒斯（John R. Commons）和罗纳德·科斯（Ronald H. Coase），其中罗纳德·科斯系统地研究了产权与资源配置的关系，为新制度经济学、现代产权理论的研究奠定了基础。

法兰克·奈特（Frank H. Knight）最早提出了与产权密切相关的风险问题。他认为传统经济学关于人是理性的假设并非完全正确，人往往是非理性的。人类的天性中具有一种道德上的不负责任的随意性，正是因为这种随意性，导致经济机制必然包含非理性行为，从而使现代经济活动存在冒险与机会主义行为。他认为，就企业经营而言，企业家是富有冒险精神的，为了规范企业家的经营行为，必须通过制度对其行为进行规制，使企业家对自己的冒险行为承担相应的风险。通过对《风险、不确定和利润》的解读可知，法兰克·奈特主要从降低风险的视角来审视明确企业产权的重要性，也就是通过将风险与产权进行联系，将产权问题纳入经济分析的范畴。①约翰·康芒斯认为，经济组织的主要问题就是产权的转让问题，在产权让渡中必然存在着冲突、依存和秩序，为了协调冲突，可以通过契约的方式，也可以通过法律途径界定产权，明确产权界区，相比而言，依靠法律比借助于契约更容易执行。他在《制度经济学》一书中，通过对交易与产权的分析，提出产权明晰的重要性。罗纳德·科斯认为，微观经济学存在着以下缺陷：企业存在的原因是什么？企业和市场之间究竟存在着什么依存关系？为什么有的交易必须借助于价格机制，有的不需要价格机制，而在企业内部进行？对于上述问题微观经济学没有给予相应的研究，而是在假设企业存在的情况下，探讨企业组织的行为。基于对上述问题的探讨，罗纳德·科斯通过引入交易成本的概念来分析通过价格机制进行交易是需要成本的，也就是运用价格机制，会伴随着一定的损失，损失额度就是交易成本。罗纳德·科斯认为，企业的显著特征就是替代价格机制，建立企业有利可图的主要原因就是利用价格机制是有成本的，通过价格机制“组织”生产活动最明显的成本就是搜寻生产资料相关价格的成本，而组成组织，并通过企业家支配资源，可以节省利用价格机制的成本。罗纳德·科斯进而引出了企业制度的经济作用：企业存在的必要性，在于企业制度通过规定企业的产权界区，使得企业家在其所支配的产权界区内，生产要素与企业家的关系不需要一系列的契约来完成。至于企业规模的边界，罗纳德·科斯提出企业规模边界应设定在其运行范围扩展到在企业内部组织交易的成本超过通过市场或者在其他企业中进行同类交易的成本的那一点上，企业的界限取决于企业与市场边缘处成本的比较。②罗纳德·科斯在关于企业的性质、起源、意义和影响等论文中探究了市场交易作为一种协调机制的界限等诸多问题。

---

① 吴庆玲. 房地产产权产籍管理. 北京：首都经济贸易大学出版社，2005：21-26。

② 奥利弗·E·威廉姆森，西德尼·G·温特. 企业的性质：起源、演变与发展. 北京：商务印书馆，2007：48-52。

自从罗纳德·科斯在《社会成本问题》一文中，提出通过明晰产权来解决外部性问题的观点以来，20 世纪 60 年代以后，许多经济学家基于产权问题进行了深入的研究，产权理论不断得到完善和发展。从事新制度经济学研究的主要经济学家有：德姆塞茨（H. Demesetz）、威廉姆森（O. Willamson）、阿尔钦（A. Alchain）、诺斯（D. North）等。

斯蒂格勒通过对社会成本问题进行分析，总结提出了“只要交易成本为零，财产的法定权利配置不影响经济的运行效率。”也就是说，在产权界定清晰的情况下，交易成本为零，产权的初始配置状况对于市场资源配置的效率没有影响。与上述论点相对应，如果交易成本不为零，那么产权的初始配置会影响资源配置的效率。产权制度的设计应该有利于增加社会总福利水平的权利分配。因此，在交易成本不为零的情况下，产权明晰的重要性便呈现出来，通过明晰产权、界定权利就成为制度经济学研究的重要内容。

以布坎南为代表的公共选择学派认为，只要交易是自愿的，那么，初始的合法权利的配置与资源配置有效性无关，即使权利初始配置不合理或不公正，只要界区清楚，且产权可自由转让，资源配置的有效性便可保证。也就是说，产权明晰和交易主体的意志自由以及与此建立的法律秩序是实现资源优化配置的必要条件。威廉姆森认为，市场运行及资源配置有效与否，关键取决于两个因素，一是交易的自由度大小，二是交易成本的高低。交易成本有广义和狭义之分。狭义交易成本是为履行契约所付出的时间和努力。在某种条件下，这种交易成本可以非常高，以致阻碍市场交易的实现。广义交易成本是为谈判、履行合同和获得信息所需要运用的全部资源。

上述分析，基于这样的假设，就是企业产权的界定是清晰的，界区清楚。但是，由于交易是有成本的，只要交易成本大于零，产权就不能被完整地界定（巴泽尔，Y. Barzel）。由于资产的属性，未来的所有者和现在的所有者不完全知道，资产的转让必须承担相应的成本，这些成本来自交易双方确定这些资产有价值的属性是什么和获得这些属性的尝试，而这些属性界定是较困难的，因而全部界定的成本较高。巴泽尔认为，产权分析的核心是研究那些用于界定和转让产权的合同，一切权利分析的基本单位是个人，或者说诸如市场、企业和政府之类的组织都可以理解为个人之间的权利关系的整合，而这些财产权利关系又是通过合同来界定和维系的。[①]

阿尔钦对私有产权、公司产权和公有产权进行了研究。阿尔钦认为将某种财产权利分配给特定的人并可以与其他类似的权利进行交换，就会形成私有产权。如果产权界定清楚，特定的人可以拥有完全产权并可以排除他人对该物的使用，但是在现实中，私有产权不一定能够界定清楚，界定清楚了的私有产权并不一定得到有效保护。对于公司产权，阿尔钦认为，现代公司所有权与经营权的分离实际上是财产权利的分割，即企业特有资源的决策权和剩余索取权的分离，决策权也就是管理权，而剩余索取权就是所有权，两者共同组成公司产权。公司的所有者让渡管理决策权就是为了获得专业化分工带来的益处，实现产出的最大化。对于公有产权，他的观点是：公有产权会产生两种情形，一是资源的过度使用，二是资源的使用不足。如果自由进入会产生进入成本和收益的不对称，进入成本由所有的进入者共同承担，收益由进入者获得，将会导致第一种情形出现；而资源如果属于小范围的公有产权，由少数人有效地控制其他人进入，这可能导致第二种情形出现。

德姆塞茨强调，产权包括一个人或者其他人收益或者受损的权利。[②]一种权利的变动会包含着另一种权利的变化甚至对其他产权产生影响。产权的重要性体现在两个方面：一方面，它能够

---

① Y. 巴泽尔. 产权的经济分析. 费方域，段毅才译. 上海：上海三联书店，上海人民出版社，1997。

② 德姆塞茨. 财产权利与制度变迁——产权学派与新制度学派译文集. 上海：上海人民出版社，1994：97。

帮助交易双方形成一个稳定合理的预期，如果一项产权可以清晰地界定，这项产权的拥有者可以通过交易或者经营产生合理的收益。产权所有者就会有足够的动力进行产权维护，以保证产权带来稳定的跨期最大化收入。另一方面，产权可以有效地引导人们实现将外部性全部或者部分内在化。德姆塞茨也认为产权是不可以完全清楚地界定，与巴泽尔的表述有所不同，德姆塞茨把不能清晰界定的权利称为“所有制”残缺。

此外，还有许多经济学家对交易成本和产权问题进行了研究，如青木昌言、舍温·罗森、张五常等。如舍温·罗森在《交易成本和内部劳动力市场》一文中，基于交易成本的视角，探讨了劳动力市场分散化的限制、分散化与代理、内部劳动力市场等问题，在论证企业内部实行准市场分散化的代价时，强调对绩效监督在理解组织结构中的作用分析，并认为组织内部人员的相互作用极其复杂，无法通过价格机制来完全分散化。在此，他把在企业内部不同职位间人员的方向看成是一个“内部劳动力市场”，并分析了内部劳动力市场中监督、检测及绩效评估的重要性。舍温·罗森的结论是：要把一个复杂、相互作用的具有不可分割性和联合生产的组织分散化，所必需的竞争价格机制是非常复杂的，需要非常多的知识和先知，而有控制的“计划”机制有可能在企业内部节省交易成本。

6.1.2 产权的概念

产权又称为财产权利（Property Right），从狭义上来理解，产权就是所有权。但从广义上来理解，所有权只是产权的一部分，产权不仅涵盖所有权，还包括由所有权衍生出来的其他财产权利，包括使用权、收益权、处置权等。迄今为止，许多经济学家就产权的概念进行了相应的解释，但是还没有形成一个准确、统一的的定义。德姆塞茨认为，产权是一种社会工具，其重要性在于事实上它们能够帮助一个人形成他与其他人进行交易的合理预期，产权包括一个人或者其他人受益或者受损的权利。阿尔钦认为，产权是一个社会所强制实施的选择一种经济品的使用权利。巴泽尔认为，个人对资产的产权由消费这些资产、从这些资产中取得收入和让渡这些资产的权利或者权力构成，运用资产取得收入和让渡资产需要通过交换，交换是权利的相互转让。人们对不同财产的各种产权包括财产的使用权、收益权和转让权。[①]张五常认为，产权是指私有的使用权、收入的独享权以及自由的转让权。阿贝尔对产权的定义可归纳为以下几个方面：①所有权，即排斥他人对某物的占有权；②使用权，即区别于管理和收益权的所有物的享受和使用权；③管理权，也就是决定怎样使用和由谁来使用所有物的权利；④事后结果的责任权，也就是分享剩余收益或者承担责任的权利；⑤处置权，包括转让、改造等权利；⑥保障所有物安全的权利。[②]诺斯认为，产权的本质是一种排他性的权利，市场上的交易仅仅是两束权利的交易，这反映了产权的排他性和让渡性。[③]凡勃伦把所有权定义为基于惯例要求（Conventional Claim）而且公认的对某一物品自由处置的权利。所有权是针对个人所有者而言的；联合所有权仅为一种准所有权，只是一种派生的概念。[④]

通过经济学家对产权的定义和分析可知，产权具有以下特征：①产权是一组权利束。不仅包括所有权，还包括使用权、处置权和收益权等。②产权具有排他性和让渡性。产权涉及的权利可以通过契约的形式在不同的个体或者群体之间转移，通过市场交易或者赠与等形式完成产权的让渡。③产权不仅反映了人与物之间的关系，而且也反映了人与人之间的关系。④产权具有可分性。因为产权是一组权利束，在以所有权为核心的前提下，可以

---

① Y. 巴泽尔. 产权的经济分析. 费方域，段毅才译. 上海：上海三联书店，上海人民出版社，1997：2-4。

② 杨德才. 新制度经济学. 南京：南京大学出版社，2007：61。

③ 道格拉斯·诺斯. 经济史中的结构与变迁. 上海：上海人民出版社，1994：21。

④ Thorstein Veblen. The Beginning of Ownership. The American Journal of Sociology，1898（4）。

通过权利分割，使所有权和使用权、收益权、管理权等相分离。

通过上述定义可知，经济学中的产权并没有过分强调所有权，因为所有权是指一种静态的权利，经济学中的产权主要强调一种动态的关系，主要从资源配置的角度，探讨产权的不同配置对经济主体和社会福利水平的影响。

6.1.3 西方法学中的产权理论和产权的内涵

在法学中，通常认为产权是财产权或者财产权利的总称。由于大陆法系和英美法系中的产权理论和产权的含义有所不同，在此就英美法系和大陆法系中关于产权的定义分别展开讨论。

6.1.3.1 大陆法系中的产权理论和产权内涵

大陆法系是以罗马法为基础，依照《法国民法典》和《德国民法典》而逐步建立起来的。罗马法中的产权概念，是以个人本位为立法思想，强调所有权，承认个人所有权的绝对性、排他性和永续性。在罗马法中，强调物的“所有”而不是物的利用，用物权概念表示各项财产权，罗马法把规范财产关系的法律均称为物权法，把物权、债权、继承权融于物权法之中。罗马法产权制度具有以下特点：①以所有权为核心，认为所有权是对物支配权的最高体现，所有权人根据自己的意愿对自有物具有占有、使用、收益和处分的权利。②遵循一物一权原则。一物一权原则，也称为一物一权主义，或者物权客体特定主义，是指一物之上只能存在一个所有权，不能设立两个相互矛盾的物权。③承认所有权量的分隔而不承认质的分割。在罗马法中，对所有权的分割采纳的是量的分割方式，主要表现形式是共有，罗马法中的共有人不是对全部共有物享有所有权，而只是享有部分所有权，各共有人在行使权利时，各共有人均享有所有权的一部分，其权利内容完全相同，所以共有可以称为所有权量的分割，分割以后的所有权和分割以前的所有权在性质上完全相同。④所有权的弹性力或者归一力。在罗马法中，当所有权的某项权能与所有权分离以后，形成他物权，所有权在一定时间内受到限制，当他项权利终止后，所有权又恢复到原先的状态。⑤严格区分所有权和占有的差别。罗马法认为所有权是对物法律上的支配力，而占有不一定具有法律效力，占有本身并不是权利。[①]

大陆法系在财产权利的构成体系上和英美法系有所不同，大陆法系财产权的类型如图 6.1 所示。根据大陆法系的阐释，凡是以财产利益为对象而产生的权利即为财产权，主要包括物权、债权、准物权、知识产权等。而物权又包括自物权和他物权，自物权又称为所有权，他物权是指在他人所有物上设定的权利，是权利人根据法律规定或者合同约定对他人所有之物享有其所有权的一部分权能，是派生于所有权的物权类型，属于定限物权。他物权分为用益物权和担保物权，用益物权是以实现标的物的使用和收益为目的而设定的定限物权，一般包括地上权、地役权、永佃权等；担保物权是指为了保证债权的实现而设立的定限物权，主要包括抵押权、质权、留置权等。债权是一种对人权，当一项债权关系产生时，不论是发生的依据是什么，它的债务人就已经确立了，债权的权利主体和债务主体都是特定的，债权是发生在债权人和债务人之间的关系，债权人的请求只是对特定的债务人产生效力。在大陆法系中，自物权是最充分、最完全的产权，是一切财产权利的基础和核心。所有权是一种对世权，即权利人确定而义务人不确定的权利，权利人所拥有的权利可以对抗一切不特定的义务人。如果所有权的“权能”发生分割和转让，就形成他物权，如果所有权的权属发生转移，就形成债权，因此，所有权是大陆法系财产体系的核心。

在大陆法系国家里，物权法并不是独立的法律部门，而是民法的一个重要组成部分。物权法有广义和狭义之分，广义的物权法把关于人对于财产支配关系的全部法律规范都纳入物权法的范畴；狭义的物权法专指民法典中关于物权的规定。现代大陆法系

---

① 尹德洪. 产权理论及其法律制度的经济学分析. 北京：对外经济贸易大学出版社，2008：57-65。

国家物权法所遵循的基本原则为：①物权法定原则。物权法定原则是指物权必须由法律规定，当事人不能随意创设。物权的内容、物权的效力、物权的公示方法等也必须根据法律而定。②一物一权原则。③公示公信原则。物权的公示是指物权在发生变动时，必须通过一定的方法或者手段将变动的事实向社会公开，以保证第三人能够知道物权变动的事实，以防止第三人受到损害并保护交易安全，否则不产生法律上的效力或者对抗第三人。物权的公信是指当事人一旦变更物权，并根据法律的规定进行了公示，即使依公示的方法表现出来的物权不存在或者存在瑕疵，但对于信赖该物权的存在并已经从事物权交易的人，法律上仍然承认其具有与真实的物权存在相同的法律效果，以保护交易安全。[①]

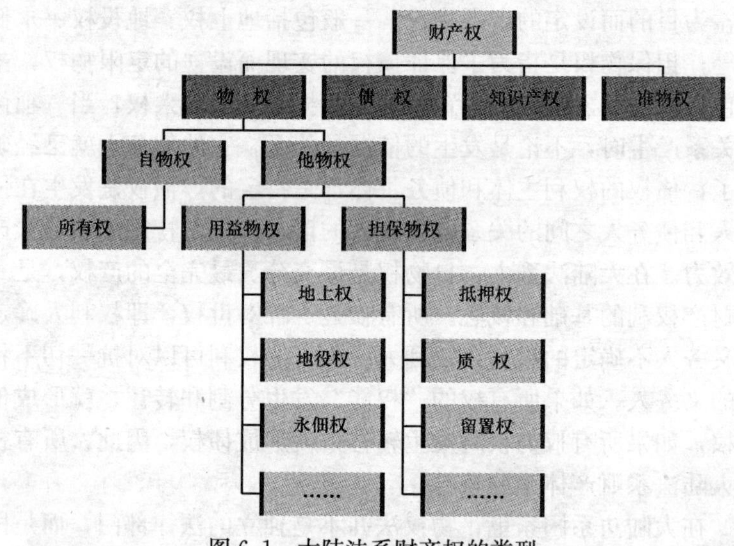

图 6.1　大陆法系财产权的类型

6.1.3.2　英美法系中的产权理论与产权内涵

英美法系与大陆法系在产权问题的理论研究上，有一定的差异。在理论上，大陆法系将财产权划分为“对世权”和“对人

① 谢在全．民法物权论．北京：中国政法大学出版社，1999。

权”两种情形，“对世权"是指权利人是确定的，而义务人是不确定的权利，权利人的权利可以对抗一切不特定的义务人，物权是典型的“对世权”。“对人权”又称为债权，是指当一项债的关系产生时，不论其发生的依据如何，债务人已经确定，债权人的请求权只是对特定的债务人发生效力。[①]在大陆法系中，形成了稳定的物权和债权分类，并就物权和债权分别立法，形成了相应的物权法律制度和债权法律制度。在英美法系中，对物权和债权并没有给予充分的重视，而是认为“产权不是指人与物之间的关系，是指由于物的存在以及它们的使用所引起的人们之间的一种相互关系。”因此，在英美法系中，不存在物权法与债权法的划分，相应地形成财产法和契约法两大法律部门，其中物权法律制度包含在财产法中，债权法律制度包含在合同法和侵权法中。在英美法系中，财产权是指存在于任何客体之中或者之上的完全的权利，包括占有权、使用权、出借权、转让权、消费权和其他与财产有关的权利。也就是说，凡是涉及上述某一项权利内容，都可以称为“财产权”，财产权可以直接表达上述权利内容。

与大陆法系“一物一权”原则不同，在英美法系中，还将所有权分为法定产权和衡平产权，这一区分主要用于信托财产中。在信托制度中，受托人和受益人均以不同的方式拥有信托财产。受托人因为管理信托财产而对该财产享有的权利称为法定产权，而受益人从信托财产中享受收益的权利则称为衡平产权。这与“一物一权”规则中，在同一物上不允许同时存在两个以上不相容的权利规则相矛盾。这源于日耳曼法的产权制度，在日耳曼法中，所有权可以进行质的分割，即将所有权分割为管理、处分、使用和收益各项权能，不同的权能可以被不同的人所有，分割的所有权和未分割的所有权在性质上是完全不同的，在所有权分割以后，各部分都成为独立的权利，而各部分的权利内容和价值并不完全相同。

---

① 王利明．物权法论．北京：中国政法大学出版社，1998。

6.1.3.3 我国法学中的产权概念

在我国，通过借鉴国外法学关于产权的内涵，对产权逐步形成了以下几种观点：①产权就是指所有权。该观点认为，“所谓产权，在法律上一般认为是所有权”。②产权就是指物权。该观点认为，“产权就是法律赋予人们对财产依法直接管理支配并享受其收益、排斥他人干涉的权利”，产权不包括债权、继承权等，这种观点认为债权和继承权不包含在产权内。③产权就是指所有权和经营权。这种观点主要从企业产权的视角进行分析，认为“企业产权既包括企业资产的所有权，又包括企业资产的经营权”。以上三种观点均有一定的偏颇性，随着民法理论的发展，产权的内涵将会逐步得到界定。在此，结合国内众多学者的定义，我们认为：从物权法的视角，财产权是财产在法律上的体现，它不仅包括物权，还包括债权、知识产权、继承权等私法上的权利，还包括具有财产性质的公物使用权，如国有土地或者集体土地使用权等。从英美法系财产法的视角进行分析，产权是指所有权以及由所有权所衍生出的其他权利，包括占有、使用、收益、处分等权利，产权是关于财产权利的集合体。本书在研究房地产、公共住房产权时，将会结合我国《物权法》的有关内容以及英美法系财产法的内容进行探讨。

6.1.4 房地产产权的概念

财产包括有形的财产，如土地、房屋、汽车等，也包括无形的财产，如商标、著作、专利等。有形的财产进一步细分又分为动产和不动产，而房地产属于不动产。借助于以上对财产权的分析和定义，在此基于法学的视角，对房地产产权进行界定：房地产产权是以房地产为对象，以所有权为核心，以及与其相联系的和相对独立的各项权利的总和；是指依据法律规定存在于土地及附着于土地上的建筑物中的一系列排他性权利的权利束，它包括房地产所有权、使用权和其他权利。由于房地产是土地和建筑物构成的复合体，在我国的法律制度框架下，房地产产权包括房屋所有权、土地所有权、房屋使用权、土地使用权以及房地产抵押权等自物权和他物权等。我国房地产产权类型如图 6.2 所示。

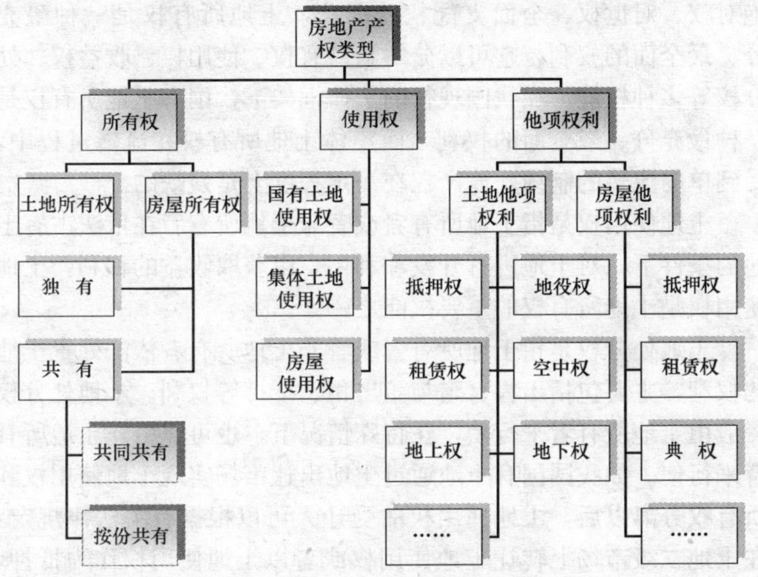

图 6.2 我国房地产产权类型

6.1.4.1 土地所有权和其他权利的主要权能

在产权经济学中，权利由权能和利益两部分组成。在现代社会中，权能具有分割性，同样利益也具有分割性。由我国民法学中的“四项权能”理论可知，所有权可以分解为占有权、使用权、收益权和处分权。因此，土地所有权是指土地所有者对自己所有的土地享有完全占有、使用、收益和处分并依法排除他人干涉的权利。土地所有权是土地产权制度在法律上的体现。

根据我国《土地管理法》的规定，我国实行土地全民所有和劳动群众集体所有制，也就是国家所有土地和集体所有土地，对国家所有的土地实行土地所有权和使用权相分离的原则，通过协议出让和市场化运作方式等实现土地使用权和所有权的分离；对于集体所有的土地，国家具有最终的处分权，集体所有土地所有权在让渡时存在单向性，也就是集体所有的土地通过土地征用转为国家所有，而国有土地所有权不能逆向让渡。所有权对于所有者来说，是一种任意处置其所有物的权利，因此，所有权又称为绝对权、对世权、全面支配权。因此，土地所有权是一种最充分、最全面的权利，它可以分解为占有权、使用权、收益权、处分权等多种权能。在我国现行的法律框架下，国有土地所有权是一种最充分、最全面的权利，而集体土地所有权在流转过程中，受到单向流转的制约，该产权在一定程度上是残缺的。

土地使用权是指土地所有者或者非土地所有者在依法占有土地的条件下，对土地进行开发和利用，以获取收益的权利，土地使用权是土地所有权的重要权能之一。

土地处分权是指土地所有者或者非土地所有者依法处置土地的权利，主要包括出售、赠与、出租、抵押等权利。土地处分权一般由土地所有者来行使，在特殊情况下，也可以由非土地所有者来行使。如我国国有土地通过土地出让市场实现土地使用权和所有权分离以后，土地使用权的受让人可以根据有关法律规定，在土地二级市场上转让土地使用权或者以土地使用权作为抵押，获得金融部门的信贷。

土地抵押权是指债务人或者第三人以其土地使用权及地上建筑物、构筑物、附着物作为履行债务的担保，当债务人不履行债务时，债权人有权从抵押财产的价值中优先得到清偿的权利。根据我国土地法的规定，土地抵押权，主要是指国有土地使用权的抵押，随着集体土地使用制度的改革，承包农村集体土地的单位或者个人，可以以承包土地经营权进行抵押。

土地租赁权是指土地所有者或者非土地所有者根据法律的规定，将土地使用权以及依附于土地上的建筑物、构筑物或者其他附着物出租给承租人，并向承租人收取租金的权利。

土地典权是指获得土地使用权的自然人或者法人，以其土地使用权和土地上的建筑物、构筑物以及附着物等作为抵押进行融资的权利。产权人又称为出典人，支付典价的称为承典人，承典人在典期内具有使用土地以及地上建筑物、构筑物的权利，也具有转租或者转典的权利，在典期内，出典人不收取租金，承典人不收取利息，在典期结束时，出典人退回典价，赎回土地及其以上的建筑物和附着物，典期超过 10 年或者在契约中没有注明年限而超过 30 年时，原则上视为绝赎。

土地留置权是指债权人对债务人的土地及其以上的建筑物、构筑物和附着物等，如果债务人不按照契约的约定支付一定的款项，超过约定期限后，债权人具有留置债务人的以上财产，或者通过法律手段变卖债务人的财产，获得的价款优先得到清偿的担保物权。

除了以上所述的土地所有权、土地使用权和其他权利以外，土地他项权利还包括地役权、地上权、继承权、开发权等，在此不一一详述。

6.1.4.2 房屋所有权和其他权利的主要权能

房屋所有权是指以房屋作为客体，房屋所有者根据法律的规定，对自己所有的房屋具有占有、收益、使用、处分并排除一切他人干涉的权利。与土地所有权相同，房屋所有权也是一种最充分的权利，是一种绝对权。根据《物权法》的“一物一权”原理，即在同一个客体物上只能设定一个所有权，也就是不能同时设定两个或者两个以上相互矛盾的物权，同一幢房屋或者建筑物内的具有独立功能的单元只能设定一个所有权。“一物一权”原理并不限定对于同一幢房屋或者建筑物内的具有独立功能的单元只能由一个人所有，可以由两个自然人或者机构共同拥有，也就是共有，具体可以分为按份共有和共同共有。由于房屋必须以土地作为载体，房屋与土地是不能分离的，因此，在我国的法律框架下，房屋所有权主要是指土地使用权和建筑物所有权。

房屋使用权是指房屋所有权人或者非所有者依法对房屋使用的权利。例如，房屋的产权人通过租赁的方式，将房屋使用权让渡给承租人，承租人在使用过程中需要向产权人支付租金。

房屋的处分权是指房屋所有者或者非所有者依法处置房屋的权利，包括转让、租赁、抵押以及赠与等。

房屋的收益权是指房屋所有者或者非所有者依法利用房屋进行经营或者出租获取收益的权利。与土地他项权利相类似，房屋他项权利还包括房屋的抵押权、典权、留置权和赠与权等。

6.1.5 房地产所有权的取得方式

房地产产权的取得方式可以分为原始取得和继受取得。原始取得主要包括新建、通过法律途径没收或者收归国有。继受取得是指所有权人通过法律途径或者契约从原有产权人购买或者继承方式获得房屋所有权，房屋所有权的主体发生变更。房地产所有权取得方式如图 6.3 所示。

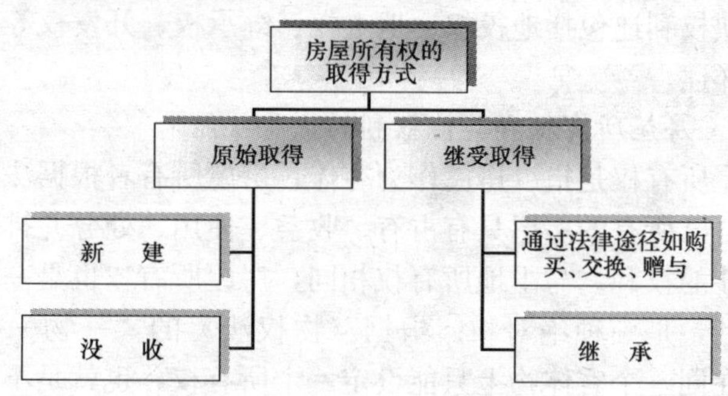

图 6.3　房地产所有权取得方式

6.2　我国公共住房产权

由上面的论述可知，所有权是产权的核心，其他权利均是在所有权的基础上衍生而来的。狭义的产权就是指所有权，因此，在研究我国公共住房产权时，主要以公共住房的所有权为核心进行探讨。公共住房是住房中的一类，为了对我国公共住房产权进行研究，首先分析我国房屋产权的主要类型。

伴随着我国住房制度的改革，住房市场的逐步建立和完善，我国绝大多数城镇居民通过公房出售制度和住宅市场等多种途径拥有了住宅的产权，迄今为止，我国城镇居民住房自有化率已经达到了比较高的水平，截至2007年，我国住房自有化率已经高于85%，远远高于欧美发达市场经济国家，在世界上仅仅低于印度。我国住房自有化率非常高的主要原因，可以归结为以下几个方面：①制度的推进和政府的主导。伴随着住房制度的一系列改革，我国政府逐步实行了提租补贴、公房出售、住房制度货币化改革。在公房出售过程中，给予原有房屋居住者相应的购房变相补贴，如工龄折扣、职务折扣、售价实行成本价等，在一系列政策优惠的引导下，我国城镇居民绝大多数购买了原先分配的住宅。②住房市场的不完善和不健全。对我国住房市场的租买结构、一级市场、二级市场、租赁市场的状况进行分析可知，在住宅供应体系中，高档别墅类住宅、普通住宅、老公房、经济适用住房、限价商品房均实行以售为主的运作模式，住房租赁市场发展滞后，租赁房源不足，中介服务不健全，造成无房家庭不能便捷地在住房租赁市场搜寻到合适的房源。③受传统文化的影响。自古以来，我国人民受到固有的观念和传统文化的影响，不仅视住房为安居之所，而且把住房作为身份、地位、财富的象征，拥有住房的产权，往往象征着具有较高的社会地位和较好的家庭经济状况。④工作流动性较差。与西方国家相比，我国城镇居民在其工作周期内，工作变动的几率相对较低。国外相关文献的研究结果表明，工作稳定性和住房自有化率呈现正相关的关系，易于变动的家庭往往倾向于租赁住房，稳定性的家庭往往倾向于买房，虽然自20世纪80年代以来，伴随着工业化、城市化的进程，我国居民工作变迁的可能性增大，但是劳动力的流动，主要以农村剩余劳动力的流动为主流，这从我国农民工的数量变动数据可以得到佐证，相对而言，城镇居民工作变动的几率要低得多。

虽然我国城镇居民住房自有化率比较高，但是由于获取住房的途径不同，我国城镇居民所拥有的住宅，主要是通过购买公房、购买商品住宅、购买经济适用住房等方式获得产权。在我国，住宅产权的内涵有明显的差异，有的属于完全产权房，有的属于部分产权房，部分产权房又有不同的产权内涵。

(1) 通过公房出售方式获得住房产权：根据 1994 年国务院《关于深化城镇住房制度改革的决定》，在出售住房时有两种价格：①以标准价购买的房屋属于部分产权房，所说的标准价包括住房造价、征地和拆迁补偿费用。部分产权房的所有人具有使用、占有的权利，但是并不具有完全的处分权，只有部分收益权和处分权，可以继承。国家规定部分产权房购买 5 年后可以上市流通，但是在流通时，原单位具有优先购买权，售房收入扣除有关费用后按单位、政府和个人的产权比例进行分配。从法律层面上进行分析，部分产权房实际上是按份共有。标准价每年由各地方政府颁布，逐渐向成本价趋同。1998 年以后，标准价逐渐从市场上消失，由于在全国范围内公房出售基本结束，从此以后，不再有新的部分产权房出现。②以成本价购买的房屋，产权归个人所有，属于狭义完全产权，住满 5 年后可以上市流通，转让收益在补交土地使用权出让金后，归个人所有。成本价包括住宅施工前的征地和拆迁费用、勘察设计费、建安成本、住宅小区基础设施费、管理费、贷款利息和税金等几部分组成。在我国通过公房出售获得住房产权主要是通过第一种方式获得的，由于在流通时存在着流通障碍和收益分成难以界定的弊端，我国许多城市已售老公房存在着再上市交易的制度瓶颈，这一部分房屋不能得到充分的利用，房屋购买者通过商品住宅市场购买品质较好的商品房以后，由于存在再上市的制度障碍，已售公房不能在住宅市场自动过滤，住房消费链断裂，造成存量房屋的资源浪费，业主往往被迫通过租赁的方式将原先购买的部分产权房出租。迄今为止，国内只有少数城市，如上海市允许已售公房二次上市进行流通，这在一定程度上刺激了住房二级市场的繁荣。相对而言，国内其他城市，存量公房再上市存在着制度瓶颈，这也是制约我国城市住宅二级市场活跃、繁荣的影响因素之一。

(2) 通过商品住宅市场获得住房产权：伴随着我国住房制度的货币化改革，商品住宅在住房供应体系中所占的比例逐步提高，特别是随着我国经济的持续稳定增长，居民收入的逐步提高，城镇居民的住房货币支付能力逐步增强，在住房公积金和银行信贷的支持下，城镇居民通过商品住宅市场购买住房，相应地拥有了住宅的产权。通过市场化的方式获得的住房产权，属于完全产权房，产权所有人拥有一定期限的土地使用权和房屋的所有权，具有使用、占有、收益、处分并排除他人干涉的权利，拥有商品住宅的产权，属于完全产权，业主可以使用、租赁、抵押、出让其所拥有的住宅。

（3）通过购买经济适用住房获得住房产权：我国公共住房主要包括经济适用住房和廉租住房，廉租住房实行租赁的运作模式或者通过货币化补贴的运作模式，实物补贴的廉租住房产权为城市政府或者廉租住房投资主体。对于经济适用住房而言，城市政府实行变相财政补贴的方式，土地免费划拨，对开发商实行税费减半征收，对购买目标群体减免一定的税费，我国的经济适用住房采用以售为主的运作模式，经济适用住房的价格不包含土地出让金，国家给予供给方、需求方一定的税费减免，控制开发商的利润水平，控制经济适用住房的价格，以与保障目标群体货币支付能力相匹配，因此，经济适用住房价格实行的是政府指导价，低于同区位相同品质的普通住宅的市场价格。经济适用住房的购买群体，在获得经济适用住房的产权时，得到了城市政府提供的变相住房福利，所以，经济适用住房购买者拥有经济适用住房的产权属于非完全产权，具有使用、占有、租赁、抵押等权利，但是不具有完全的收益权、处分权，在二次上市交易时也存在一定的制度约束，出让经济适用住房的收益，应该向当地城市政府补交土地出让金和部分土地增值收益。

对当前我国住房产权状况进行分析可知，多种产权形式并存，有的属于完全产权，有的属于不完全产权，不完全产权的内涵又存在着差异，存在着产权复杂、产权多样、产权不清晰问题，这与我国在不同的时期所实行的住房制度有着密切的关系。随着我国住房制度的货币化改革和住房市场的发展以及住房法律法规的逐步完善，我国住房产权复杂化的状态将逐步得到调整，由产权不清晰向产权清晰、完全产权转变。当然，公共住房作为一种保障性住房，在住房交易成本较高、住房市场存在摩擦的情况下，其产权配置会影响到保障目标群体的福利水平，基于公平与效率的视角，本节将对经济适用住房产权问题进行较为深入的探讨。

6.2.1 经济适用住房产权研究

通过对新制度经济学的产权理论进行分析可知，在交易成本为零的理想状态下，只要产权界定清楚，不论最初的产权是如何界定的，市场运行的结果都是相同的，都能达到帕累托最优。但是，在现实世界中，交易成本不可能为零，在存在交易成本的情况下，产权的初始配置状态会影响到资源的配置效率。因此，产权的初始界定问题就显得非常重要，产权的初始界定应该在兼顾公平的基础上，最大限度地降低交易成本。然而，巴泽尔认为，在交易成本不为零的状态下，产权就不能完全界定，决定所有权最优配置的总原则是：对资产平均收入影响倾向更大的一方，得到的剩余份额也应该更大。以上观点主要是从资源配置的效率来进行分析的。然而，我们的观点是，**产权的界定、产权明晰化只是社会制度体系中的一部分，对于私有产品而言，应该着重从资源配置的效率视角进行产权的研究；对于保障性产品，如公共住房等，除了考虑经济效率以外，更多地还应该从社会公平、社会伦理等价值体系的视角来研究产权问题。**

经济适用住房作为重要的社会保障性住房，具有保障性、商品性二元属性，政府开发、供应经济适用住房的最终目的是保障住房消费的公平，改善城镇中低收入居民的居住条件，实现“居者有其屋”。经济适用住房政策的实行应该在保障公平的基础上，提高经济适用住房资源的配置效率。因此，有别于一般的商品住宅，对于经济适用住房而言，经济适用住房产权不应实行完全产权，而应该实行共有产权，即由经济适用住房购买者和当地城市政府共同拥有经济适用住房产权。虽然在罗马法中，视共有为“纷争之源”，尽量避免共有的发生并尽量使其消失，为了避免纷争，在罗马法上主张实行按份共有。①对于经济适用住房而言，采用以售为主的运作模式时，虽然产权明晰化极具重要，但是，为了使城市政府的公共住房保障惠及更多的保障目标群体，提高住房保障的运作效率，应该实行按份共有的产权模式，通过详细界定城市政府和保障目标群体的权利和责任，合理利用经济适用住房资源，避免经济适用住房福利外溢。然而，就目前我国经济适用住房制度的运作实践表明，我国许多实行经济适用住房制度的城市，忽视经济适用住房产权问题的研究和明确的产权界定，国内主要城市关于经济适用住房产权的界定及相关要求如表 6.1 所示。

国内主要城市关于经济适用住房产权界定及相关要求②　　表 6.1

城　市	产权界定	再上市交易的时间	相关要求
贵阳、深圳、广州、合肥、北京、重庆、长沙、宁波、济南、南昌	有限产权	5 年	重庆市规定农民工和外地来渝常驻人员符合准入条件的可以申请购买经济适用住房。 济南规定保留承包地和宅基地者不能申请
杭州、福州、西安、乌鲁木齐、日照、昆明、大连、郑州、哈尔滨、武汉、天津、南京	完全产权	5 年	
厦门	有限产权	有限产权不得上市交易	
太原、长春、银川	完全产权	无时限	
石家庄	完全产权	2 年	
呼和浩特	完全产权	4 年	
南宁、成都	完全产权	3 年	南宁市规定外来务工人员可以购买经济适用住房，不为经济适用住房办理营业执照
青岛	完全产权	10 年	

① 金俭等. 中国不动产物权法. 北京：法律出版社，2008：88。

② 根据李培《中国经济适用住房政策制定的演变与区际差异》一文整理而成，《城市与区域规划研究》，2009 年 3 月：80-84。

6.2.1.1 经济适用住房福利外溢的概念及测定方法

政府供应公共住房的最终目的是实现“居者有其屋”。具有较高货币支付能力的家庭，完全可以通过商品住宅市场购买住房，而中低收入阶层，特别是低收入阶层，则需要通过公共住房解决住房问题。因此，公共住房政策的保障目标群体主要是低收入家庭。由于公共住房在运作中，存在着监督实施成本较高、信息偏在、权利寻租、准入审核机制的不健全、立法的滞后等诸多问题，导致许多不该获得保障性住房的家庭获得了经济适用住房或者是廉租住房的福利，诱致保障性住房的福利外溢，为了测定保障性住房的运作效率，在此提出经济适用住房福利外溢的概念，并分析测定方法。

所谓经济适用住房福利外溢是指政府为经济适用住房制度的运作提供的财政转移支付或者变相财政补贴中，被非保障家庭占有的部分，可以用福利外溢系数来测定。

假设福利外溢系数用 V 来表示，则：

$$\mathrm{V}=\frac{A}{I} \tag{6.1}$$

式中 A——非保障家庭获得的福利总额；

I——政府在经济适用住房中的总投入。

经济适用住房福利的外溢，可以分为初次外溢和二次外溢。所谓初次外溢，是指新开发的经济适用住房在第一次交易中，被非保障家庭获得的福利。二次外溢，是指由于经济适用住房产权制度和法律制度的不健全，原先被保障的家庭，由于经济条件的动态变化，可以通过商品住宅市场获得完全产权住宅，存量经济适用住房在二次产权让渡时，溢价部分完全或者大部分被保障家庭占有。造成经济适用住房二次福利外溢的主要原因在于产权界定不合理和制度设计的不完善。

6.2.1.2 经济适用住房产权

为了提高经济适用住房的运作效率，避免经济适用住房福利的初次外溢和二次外溢，政府管理部门应该着重从两个方面来加强管理和细化制度的安排。避免初次外溢，应该着重进行准入标准的设计和审核的实施；避免二次福利外溢，应该着重对经济适用住房的产权问题进行研究，并对存量经济适用住房的承受人实施严格的准入资格审核。下面着重讨论经济适用住房产权问题。

经济适用住房作为保障性住房，避免产权二次让渡时产生福利外溢，应该实行共有产权制度。根据近代大陆法系民法的规定，共有产权可以分为共同共有和按份共有。相应的，我国《物权法》也将不动产的共有划分为按份共有和共同共有。我国《物权法》94条规定："按份共有人对共有的不动产或者动产按照其份额享有所有权。"第101条规定："按份共有人可以转让其享有的共有的不动产或者动产份额。其他共有人在同等条件下享有优先购买的权利。"我国《物权法》对共同共有也做了明确的规定，"共有人平等地、不分份额地享有共有物的共有"。由于共同共有共有人之间通常以血缘、婚姻关系为纽带，其内部关系表现为共同共有人对共有物不分份额地享有所有权，因此各共有人的权利基于共有物的全部。在管理费用的负担方面，各共有人必须平均分担。而按份共有，共有人对共有物的权利和义务是以各自的份额为基础的，共有人内部关于共有物的使用、收益、管理及处分等，均以份额作为享有权利和承担义务的依据。虽然，针对份额的性质，法学家存在不同的诠释和相应的观点，但是从法的价值取向而言，将共有视为多个独立的所有权按比例的结合，这样更有利于资源的合理利用。按份共有的内部关系主要包括共有物的使用与收益、共有物的管理、管理费用的分担、份额的处分和共有物的处分等，如图6.4所示。①

共有物的使用与收益，是指共有人如何使用动产、不动产，以及共有物产生收益流时，收益流如何在共有人之间进行分配。根据我国《物权法》的规定，按份共有人可以基于其所拥有的份额在对其他共有人无害的限度内，对共有物的全部行使用益权。

---

① 金俭等. 中国不动产物权法. 北京：法律出版社，2008：88-95。

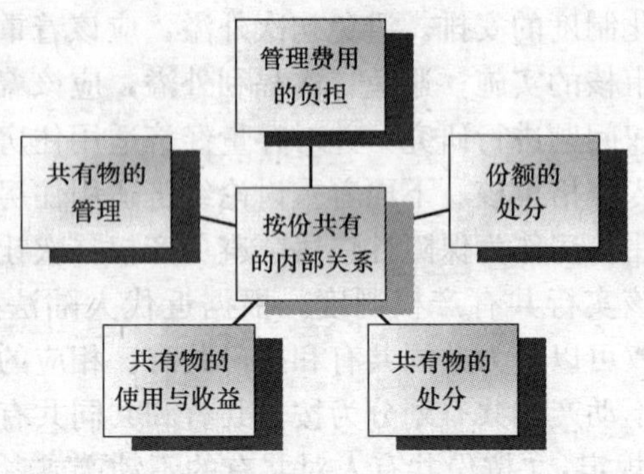

图 6.4　按份共有的内部关系

共有物的管理，是指共有人就共有的不动产或者动产如何进行管理，管理的权利和义务是如何界定的。根据我国《物权法》第 96 条的规定，“共有人按照约定，管理共有的不动产或者动产；没有约定或者约定不明确的，各共有人都有管理的权利和义务”。

管理费用的负担，是指因管理不动产和动产而需要的管理成本是按照什么比例在共有人之间进行分担？根据我国《物权法》第 98 条的规定，“对共有物的管理费用以及其他负担，有约定的，按照约定；没有约定或者约定不明确的，按份共有人按照其份额负担”。

份额的处分，是指财产共有人如何处分其占有部分份额的财产。根据我国《物权法》的规定，按份共有人可以转让其享有的共有的动产和不动产或者份额，其他共有人在同等条件下享有优先购买的权利。

共有物的处分是指对共有物进行租赁、买卖或者重大修缮时，共有人所具有的权利。根据我国《物权法》的规定，对共有物进行处分，必须取得 2/3 以上共有人的同意。

根据我国《物权法》关于按份共有的相关规定，针对经济适用住房的福利性和保障性的特点，下面对经济适用住房的产权及其衍生的其他权利进行详细的界定和分析。经济适用住房产权应该实行按份共有的形式，这主要是由经济适用房的福利性所决定的。由于经济适用住房的特殊性，实行按份共有时，共有人的权利和义务与《物权法》的规定又有所不同。在此，从共有主体、按份共有的共有人权利和义务等方面进行讨论。

关于经济适用住房的共有主体，可以分两种情况进行讨论：①采用以售为主的运作模式时，已售经济适用住房产权不再涉及经济适用住房开发商，产权主体主要是经济适用住房承受者和城市政府。②采用租赁模式时，由于城市政府在经济适用住房项目运作中给予一定的财政补贴、土地供应优惠政策、税收减免政策，因此，经济适用住房产权主体是经济适用住房的投资主体和城市政府。由于当前我国经济适用住房实行以售为主的运作模式，以下主要以第一种情况展开讨论。

经济适用住房的承受者和城市政府关于经济适用住房的权利主要涉及经济适用住房的所有、使用、处置、收益等方面的权利，承担的义务主要包括房屋在使用期间的费用、债务的分担等。

① 使用权：经济适用住房的使用权归经济适用住房的购买者，城市政府不具有经济适用住房的占用及使用权，这是由公共住房的保障性和福利性所决定的。

② 租赁权：城市政府拥有经济适用住房的租赁权，而购买者不具有该项权利。当经济适用住房购买者经济条件发生变化，不再需要政府提供住房保障时，应该及时退出住房保障体系，将经济适用住房让渡给其他待保障的家庭。《物权法》第 101 条规定："按份共有人可以转让其享有的共有的不动产或者动产份额。其他共有人在同等条件下享有优先购买的权利。"基于此，经济适用住房二次让渡时，城市政府具有优先购买权，购买价格为协议价格，不执行市场价格。回购的经济适用住房城市政府具有完全产权，相应地租赁权归城市政府，为了充分利用经济适用住房资源，不允许经济适用住房购买者以营利为手段，将经济适用住房进行出租获利。

③ 费用的负担：经济适用住房在使用期间，所发生的维修

费、物业管理费等居住成本，完全由经济适用住房的购买者来承担，城市政府不承担居住期间的费用。

④ 处置权：经济适用住房的处置权是指经济适用住房的转让，共有人——城市政府和购买者共同拥有经济适用住房的转让权。转让约定为：经济适用住房的购买者具有经济适用住房的转让权，但是在转让时受到一定条件的限制，可以称为有限转让权，或者不完全转让权。首先，城市政府作为共有人，在同等条件下，具有优先购买权；其次，城市政府对转让价格实行控制，经济适用住房的再受让人必须通过准入审核，符合条件的家庭，方能购买经济适用住房，也就是原有经济适用住房的购买者，在让渡经济适用住房产权时，在转让价格、转让方式、转让对象等方面存在一定的限制，经济适用住房的转让实行内循环机制、封闭化运作，以防止经济适用住房福利外溢。

⑤ 土地出让金的补交：经济适用住房用地属于划拨用地，在经济适用住房价格中，不包含土地出让金，因此，经济适用住房流转时，让渡人应该从出让收益中向城市政府补交土地出让金。土地出让金的补交额度，可以采用地产估价中的收益法、市场比较法、成本法、假设开发法、基准地价修正法等估价方法，假设评估的单价用 P 表示，一套住宅单元占地面积为 S_1，则在取得土地时点，土地按照市场化方式转让时，市场价格为：

$$W = P \times S_1 \tag{6.2}$$

⑥ 经济适用住房增值收益在共有人之间的分配：经济适用住房的增值，主要是指土地的增值。由于土地资源的稀缺，城市基础设施的不断完善、人口的集聚，土地的价格随着时间的推移，会逐步提高；而地上的建筑物，由于存在功能折旧、物质折旧和经济折旧，建筑物的价格是不断降低的。因此，房地产市场价格的提高，主要是由于土地的增值。前已述及，经济适用住房应该实行按份共有，那么，经济适用住房增值收益如何在经济适用住房承受者和城市政府之间合理进行分配，需要在契约中明晰化，或者在公共住房暂行条例中明确规定。在此，提出增值收益

的分配计算法。

假设在销售经济适用住房的时点，经济适用住房的销售单价为 P_1，某一户型单元面积为 S，而同区位相同品质普通商品房的销售单价为 P_2，则经济适用住房的购买者获得的变相财政补贴（或者是政府在经济适用住房的变相财政补贴）为：$(P_2-P_1)\times S$。

因此，经济适用住房共有人所拥有的份额分别是：

经济适用住房承受人：$$\gamma_1=\frac{P_1}{P_2} \tag{6.3}$$

城市政府：$$\gamma_2=1-\frac{P_1}{P_2} \tag{6.4}$$

假设经济适用住房二次让渡时，实行管制价格，按照一般规律，由于经济适用住房二次让渡与第一次交易间隔时间较长，住宅市场又处于周期性的波动之中，管制价格也往往高于初次销售价格（指没有消除通货膨胀的影响），假设二次让渡管制价格为 P_3，则经济适用住房增值收益为：

$$V=(P_3-P_1)\times S \tag{6.5}$$

增值收益的分配为：

经济适用住房购买者：$$V_1=(P_3-P_1)\times S\times\frac{P_1}{P_2} \tag{6.6}$$

城市政府：$$V_2=(P_3-P_1)\times S\times\left(1-\frac{P_1}{P_2}\right) \tag{6.7}$$

⑦ 经济适用住房按份共有的债务承担：由于经济适用住房的保障目标群体为中低收入居民，虽然经济适用住房销售价格明显低于同区位相同品质普通商品房的价格，但是由于保障群体受到收入的限制，在购买经济适用住房时，也需要住房公积金或者商业金融机构的信贷支持，因而存在抵押贷款而形成的债务，由经济适用住房的购买者全部承担，城市政府不具有偿还本息的义务和责任。

6.2.2 廉租住房产权研究

前已述及，我国廉租住房实行实物补贴和货币补贴两种运作模式。实物补贴是指，城市政府通过整合原有的未出售的老公房、回购老公房、在市场上购买空置的商品住宅、新开发等措施，筹集廉租住房房源，通过租赁的形式，提供给待保障的家庭，对廉租住房收取低于市场的租金。货币补贴是指，城市政府通过财政转移支付、土地出让金按比例提成、住房公积金增值收益等资金，直接向待保障的家庭发放现金补贴或者发放住房券，由保障家庭直接在住宅市场租赁住房。实行实物补贴时，廉租住房实行租赁方式，因此，廉租住房产权比较容易确定，以老公房、回购老公房、在市场上购买空置的商品住宅作为廉租住房房源，产权应该属于城市政府或者是城市政府下设的国有资产管理机构。

6.3 存量经济适用住房产权让渡的内循环机制

对我国商品住宅市场和公共住房的供应机制进行分析，基于短期利益最大化的追求，为了在尽可能短的时间内收回其投资，在商品住宅市场和保障性住房领域作为新增住宅供应主体的开发商，主要采用以售为主的方式，新开发的住宅租赁份额较低，这严重制约了住宅租赁市场的发展，造成租赁房源短缺。对于公共住房的重要房源，经济适用住房采用以售为主的运作模式，虽然随着经济适用住房制度的不断完善和健全，新增经济适用住房在初次产权转移时，城市政府管理部门实行严格的准入审核和控制，以保证受惠家庭为城市中低收入居住困难家庭；但是存量经济适用住房产权二次让渡时，由于没有管理机构的监督、控制，存量经济适用住房产权让渡和普通住宅没有实行分离化的运作，存量经济适用住房产权承受人没有准入资格的限制，造成经济适用住房福利外溢到非保障家庭。为了提高经济适用住房的运作效率，保障住房消费的公平，在此，提出对经济适用住房产权二次让渡实行内循环机制。

所谓经济适用住房产权让渡的内循环是指存量经济适用住房在上市交易时，也就是存量经济适用住房的产权再让渡，和一般的商品住宅实行分离化的运作，一方面，政府对转让价格实行价格控制，实行非市场价格，这是由经济适用住房的福利性所确定的；另一方面，对受让人进行严格的准入资格审核，主要是收入状况和居住现状的审核，只有符合准入标准或者申请经济适用住房而且处于轮候状态的城镇家庭才能够购买存量经济适用住房。或者采用政府优先回购的方式，首先由政府将存量经济适用住房回购，然后再出售给待保障家庭。也就是存量经济适用住房的流转采用非市场化的方式，实行非市场价格，承让人必须是符合准入条件的中低收入家庭。

存量经济适用住房产权让渡的具体运作流程如图 6.5 所示。

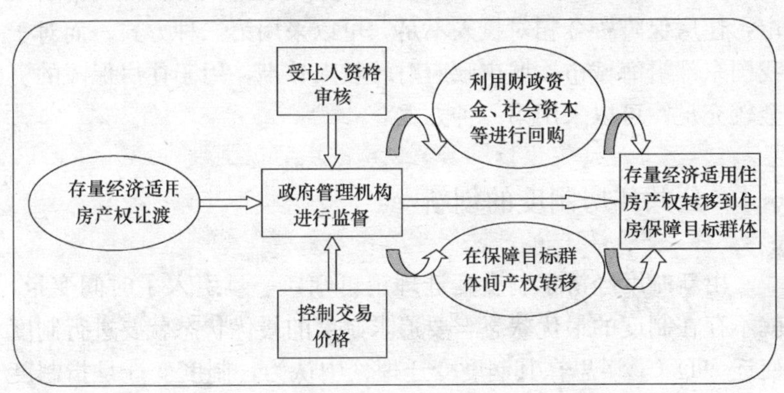

图 6.5　存量经济适用住房产权让渡流程

通过以上分析，总结如下：存量经济适用住房产权让渡的内循环机制，主要是为了避免经济适用住房福利的二次外溢，充分利用稀缺的住房资源，降低城市政府住房保障的投入成本，提高住房保障的运作效率，具体而言，可以采用以下两种运作方式：

① 根据我国《物权法》的规定，当地城市政府公共住房管理机构作为经济适用住房按份共有人具有优先购买权，利用财政资金、住房公积金增值收益、社会捐赠资金、土地出让金按比例提取用于公共住房的保障资金等，以低于交易时点的市场价格，首先回购存量经济适用住房，然后重新出售给轮候或者待保障家

庭。采用这种方式时，需要公共住房管理机构具有一定的回购专项资金，以用于产权流转时对资金的需求。

② 当地城市政府公共住房管理机构作为存量住房交易中间代理人的角色，向产权让渡家庭和轮候家庭提供房源出售信息，并对产权受让人进行严格的资格审核，对销售价格实行控制，也就是在管理机构的监督下，完成存量经济适用住房的产权让渡。采用这一种方式，公共住房管理机构不需要动用流转资金，但是存量经济适用住房产权让渡一般需要较长的时间，公共住房管理机构需要搜寻符合要求和准入条件的待保障家庭。

以上两种方式各有其特点，对于财政收入相对较低的落后城市，住房保障资金相对投入不足，可以采用第二种方式；而对于我国东部沿海城市，城市政府财政收入较高，用于住房保障的资金较充足，可以采用第一种方式。

6.4 公共住房制度的创新

由新制度经济学制度变迁理论可知，一旦引入了时间变量，就不存在制度的最优状态，要追求制度的最优状态就要进行制度变迁。[①]D. C. 诺思在其制度变迁理论中认为，制度变迁是指制度创立、变更及随着时间变化而打破的方式。制度变迁有两重含义：一是制度创新问题，即新的制度安排是如何产生的问题；二是如何从旧制度安排过渡到新制度安排，以及新旧制度如何转轨的问题。[②]在制度变迁模型中诺思提出，制度均衡只是暂时的，它会不断地向非均衡转化，并通过新制度安排对原有制度安排的替代而达到新的均衡，这一过程将不断反复地无限循环下去。制度变迁的方式如果按照制度变迁的主体进行划分，可以分为诱致

① 杨德才. 新制度经济学. 南京：南京大学出版社，2007：270-271。

② 道格拉斯·诺斯. 经济史中的结构与变迁. 上海：上海人民出版社，1994：296-298。

性制度变迁和强制性制度变迁。诱致性制度变迁改革的主体来自基层，改革的程序自下而上，在改革成本的分摊上向后推移，在改革的顺序上先易后难，改革的路径是渐进的。强制性制度变迁是由政府命令和法律的引入而实现的，强制性制度变迁的主体是国家或者城市政府，国家在制度供给上不仅具有规模经济的优势，而且在制度的实施和组织成本方面也具有优势。强制性制度变迁的特点是，政府为制度变迁的主体，改革的程序是自上而下的，具有激进的性质，强制性制度变迁能够从核心制度进行变革。虽然强制性制度变迁的主体是政府，但在具体运用中，又有不同类型，而且各种类型具有不同的功能和不同的运用环境。根据制度变迁的主体进行划分，可以分为以中央政府为主体的制度变迁和以地方政府为主体的制度变迁；根据制度变迁的速度进行划分，可以分为渐进式制度变迁和激进式制度变迁；根据制度变迁的规模进行划分，可以分为整体制度变迁和局部制度变迁。①

不论是强制性制度变迁还是诱致性制度变迁，制度变迁的目的都是为了使制度具有多样性的选择空间、有活力的规则安排，通过变迁达到提高社会运行效率以及人们福利收益的目的。

基于新制度经济学制度变迁理论，我国所实行的住房保障制度，作为一种特殊的制度，随着时间的推移和经济条件的变化，公共住房制度变迁也应该成为一种常态，即公共住房制度均衡是暂时的，而非均衡是一种常态。由上面论述可知，制度变迁分为诱致性制度变迁和强制性制度变迁。公共住房制度作为一种社会保障制度，制度供给主体为城市政府，公共住房资源的配置主要由政府控制，保障目标群体是制度的接收者，因此，就公共住房制度而言，进行制度创新，城市政府应该成为公共住房制度创新的主体，也就是实行自上而下的创新。

源于以上的论述，我国公共住房制度创新的模式是什么？何种创新模式是可行的？下面着重对融资机制的创新、保障边界的

---

① 杨德才．新制度经济学．南京：南京大学出版社，2007：283-284。

拓展、动态演化机制创新进行讨论。

6.4.1 变相财政补贴模式的转变

我国住房保障制度的运行一直受到资金瓶颈的制约，保障资金投入不足导致廉租住房、经济适用住房保障覆盖面过于狭窄，我国公共住房保障覆盖面不仅与普惠模式的新加坡存在着巨大的距离，甚至和实行特惠保障模式的美国相比也存在着一定的差距。前已述及，我国经济适用住房制度一直实行变相财政补贴方式，也就是通过剥夺农民集体土地的收益来变相补贴城镇居住困难家庭。经济适用住房制度的运行存在着不公平和天然的缺陷，因此，必须改变当前的制度运行模式。首先应该改变当前的变相财政补贴模式，并进行融资机制的创新。

从制度公平的视角而言，由于在公共住房政策实行之初，受到中央政府和地方政府税收的制约，在公共住房投资方面存在着财政支付的困难，经济适用住房和新开发的廉租住房均实行土地划拨、部分税费减免、控制开发商利润的变相财政补贴模式，采用这种模式，国家在征用农民集体所有土地时，给予征地农民的补贴相当低，因此，当前公共住房的土地供应政策存在着对农民利益的剥夺。在我国现行的《土地管理法》的框架内，我国实行土地的社会主义公有制，即分为全民所有制和劳动群众集体所有制，就是城市市区的土地属于国家所有，农村和城市郊区的土地一般属于农民集体所有，也就是除法律规定属于国家所有以外，其余属于农民集体所有。根据我国《宪法》第十条的规定，国家为了公共利益的需要，可以依照法律规定对土地实行征收或者征用并给予补偿。根据《土地管理法》对土地征用的叙述，土地征用具有以下特点：①具有一定的强制性，征地是国家的特有行为，被征地单位必须服从国家的需要。②用地单位向被征地单位提供一定的补偿。③被征用后的土地所有权发生转移，即集体所有的土地变为国家所有的土地。根据《土地管理法》的规定可知，在我国现行的法律框架下，国有土地所有权是一种最充分、最全面的权利，而集体土地所有权在流转过程中，受到单向流转的制约，该产权在一定程度上是残缺的。由于集体土地所有权的残缺，造成我国在土地征用环节对集体土地补偿的低标准。纵观欧美和亚洲等实行现代住房保障制度的国家，虽然许多国家在公共住房征地中给予一定的优惠，如新加坡在20世纪60年代颁布的《土地征用法》中赋予住房发展局（Housing Developemt Board）以60%～70%的市场价格强行征地的权利，但是实行划拨供地的方式也只有在我国被采用，这是在我国现行的法律制度框架下，对集体土地所有权的歧视。随着我国经济的持续稳定增长，中央政府、地方政府的财政收入大幅度提高，财政收入的增幅超过GDP的增幅，我国财政收入及其增长率如表6.2所示。在我国财政收入逐年大幅度增加的现实背景下，中央政府和地方政府应该进行公共住房制度的创新，改变原有的隐形的变相财政补贴模式，由划拨土地改为协议出让或者实行市场化的运作模式。通过扩大保障性住房的财政投入，通过财政转移支付、税收减免措施来保证公共住房制度的运行，这包括在公共住房征地环节提高对征地农民的补偿、福利水平和增加他们的各种保险，如医疗、养老、失业保险等。在此基础上通过融资机制的创新，扩大公共住房的保障水平和保障规模。

我国财政收入及其增长率　　表6.2

年　份	财政收入(亿元)	财政收入增长率(%)
1978年	1132.26	29.5
1980年	1159.93	1.2
1985年	2004.82	22
1990年	2937.1	10.2
1991年	3149.48	7.2
1992年	3483.37	10.6
1993年	4348.95	24.8
1994年	5218.1	20
1995年	6242.2	19.6
1996年	7407.99	18.7
1997年	8651.14	16.8

续表

年　份	财政收入(亿元)	财政收入增长率(%)
1998年	9875.95	14.2
1999年	11444.08	15.9
2000年	13395.23	17
2001年	16386.04	22.3
2002年	18903.64	15.4
2003年	21715.25	14.9
2004年	26396.47	21.6
2005年	31649.29	19.9
2006年	38760.2	22.5
2007年	51321.78	32.4

资料来源：中国统计年鉴，2008。

6.4.2 融资机制的创新

与国外多元化的房地产融资模式相异，我国房地产业融资渠道单一、对银行贷款依赖性高，房地产开发的资金来源主要是自有资金、国内银行贷款、建筑承包商的垫付款等等。房地产开发企业的资金来源如表6.3所示。国家统计局的数据显示，国内银行贷款的比率在20%左右，其他资金来源的比率在45%左右，在其他资金来源中，主要为建筑承包商垫付的建筑工程承包款和房屋预售所得到的预售收入，而以上两部分也主要来源于住房消费银行抵押贷款和承包商的抵押贷款，房地产开发企业的资金来源主要为国内银行贷款，贷款占开发资金在60%以上。我国房地产业融资机制的贷款依赖性模式存在着一定的弊端，如贷款模式单一，加剧了银行的风险，由于贷款期限比较长，数额比较高，房地产贷款流动性较差，使商业银行面临着流动性风险。因此，为了保持房地产业的发展，降低商业银行的风险，应该进行金融创新。通过金融创新，使中小投资者也能够进入房地产市场，这既能够拓展房地产业的融资渠道，充分利用社会闲散资金，又为中小投资者提供了较好的投资渠道。

房地产开发企业的资金来源（单位：万元） **表 6.3**

年份	本年资金来源小计	国内贷款	利用外资	外商直接投资	自筹资金	其他资金来源	国内贷款占比(%)	其他资金来源占比(%)
1997 年	38170650	9111902	4608565	3279010	9728831	14547872	23.87	38.11
1998 年	44149422	10531712	3617581	2588698	11669821	18118509	23.85	41.03
1999 年	47959012	11115664	2566022	1804807	13446210	20631956	23.18	43.01
2000 年	59976309	13850756	1687046	1348026	16142122	28192905	23.1	47.01
2001 年	76963877	16921968	1357044	1061150	21839587	36705562	21.97	47.69
2002 年	97499536	22203357	1572284	1241285	27384451	46198961	22.77	47.38
2003 年	131969224	31382699	1700040	1162667	37706891	61060503	23.78	46.26
2004 年	171687669	31584126	2282001	1425587	52075627	85625867	18.4	49.87
2005 年	213978389	39180778	2578111	1714093	70003924	102215576	18.31	47.77
2006 年	271355516	53569795	4001541	3030476	85970853	127813327	19.74	47.10
2007 年	374779610	70156355	6410425	4853862	117725316	180487514	18.72	48.16

资料来源：中国统计年鉴，2008。

对于保障性住房而言，在我国经济适用住房和廉租住房实行分离化的制度安排和实施策略的情况下，两种保障性住房融资机制有所差异。经济适用住房主要以新增房源、销售为主，城市政府作为委托人将经济适用住房的开发、供应与销售委托给房地产开发商，在土地供应、税费等方面给予相应的优惠，经济适用住房的开发资金早期主要来源于金融机构的贷款和住房公积金贷款，随着住房消费贷款的增加，住房公积金贷款逐步向住房消费倾斜，用于开发领域的贷款规模逐步萎缩，在我国房地产开发企业上市融资受到诸多限制、房地产信托投资基金（REITS）存在制度瓶颈、债券融资和基金融资规模偏小的情况下，经济适用住房开发资金主要来源于金融机构的贷款和开发企业的自有资金，和其他类型的房地产如商业、办公以及商品住宅房地产开发资金的来源趋同，在融资机制上存在着贷款依赖性的特征。相对而言，廉租住房保障资金来源渠道较多，根据已经颁布的相关廉租住房管理和实施办法，我国廉租住房保障资金有中央政府、地方政府的财政投入，住房公积金的部分增值收益，社会捐赠，土地出让金按一定比例投入等，由此可见，廉租住房融资渠道具有多样化的特点，但是由于缺乏相应的法律、法规和严格的监督机制，在以 GDP 为导向的经济发展模式下，中央政府和城市政府在廉租住房制度上存在着目标差异，城市政府对廉租住房制度的实行缺乏应有的驱动力，导致廉租住房投资严重不足，廉租住房房源极度匮乏。根据建设部 2006 年 4 月发布的《关于城镇廉租住房制度建设和实施情况的通报》，截至 2005 年底，全国累计用于最低收入家庭住房保障的资金为 47.4 亿元，只有 32.9 万户最低收入家庭被纳入廉租住房保障范围。其中，租赁补贴 9.5 万户，占保障总户数的 28.9%；实物配租 4.7 万户，占保障总户数的 14.3%；租金核减 18.2 万户，占保障总户数的 55.3%；其他方式保障 4796 户，占保障总户数的 1.5%。从保障资金的构成上分析，根据建设部发布的信息，截至 2005 年底，财政预算资金投入为 20 亿，占比为 42.16%；公积金增值收益投入为 15

亿元，占比32%；其他资金为12.3亿元，占比为26%。

公共住房融资机制的创新是指在原有的融资模式的基础上，随着住房保障制度的运行，不断优化融资模式，并拓展公共住房融资渠道。关于公共住房融资机制的创新，本书着重探讨两种创新融资模式，即保障性住房建设的PIPP模式和房地产投资信托(REITs)模式，并以PIPP模式为主，随着时间的推移，在政策允许、时机成熟、相关法律法规健全的情况下，逐步导入后一种模式。关于PIPP模式在前面的第3章、第4章中已经进行了详细探讨，在此不再赘述，下面介绍公共住房融资创新的第二种模式——房地产投资信托模式，也就是公共住房REITs。

6.4.2.1 房地产投资信托(REITs)的内涵和类型

REITs是一种证券化的产业投资基金，主要是通过发行基金券，筹集社会上的资金，然后通过专业化的管理机构进行管理，进行多元化的投资组合，投资于不同的物业类型，如商业地产、住宅、办公类物业、购物中心等，然后，将投资收益分配给基金券持有者的一种规范化融资模式。

房地产作为不动产，具有价值量高、保值增值的特性，房地产价格具有抵御通货膨胀的能力，房地产属于比较好的投资品，但是也存在着流动性较差、变现能力差的弊端。对房地产进行实物投资，需要投资者拥有较高的货币财富。社会上的中小投资因受到资金的限制，往往无法直接进行房地产投资。发展房地产投资信托(REITs)既可以改变我国房地产业过度依赖银行贷款的现状，又可以充分利用社会资金，为中小投资者提供投资房地产的机会，使中小投资者获得房地产业发展带来的利益；此外，还有效地规避了投资房地产所存在的变现难的弊端，REITs基金的持有者，可以在证券市场上方便地出售所持有的证券。

房地产投资信托基金可以分为权益型REITs、抵押型REITs和混合型REITs三种类型。权益型REITs是指完全参与房地产的开发与投资，或者直接购买并持有已经竣工的各类收益性的房地产进行经营和出租，将所得到的收益分配给 REITs 的持有者。抵押型 REITs 是指将所募集的资金，以金融中介的角色，以抵押贷款的方式贷给房地产开发商，并将贷款利息所得分配给 REITs 的持有者。混合型 REITs 既投资于房地产，也进行房地产抵押贷款的发放，所以它是权益型 REITs 和抵押型 REITs 的混合体。

6.4.2.2 美国房地产投资信托（REITs）的发展简介

自 20 世纪 60 年代美国国会通过《房地产信托法》以来，虽然在 20 世纪 70 年代经历了艰难的时期，房地产 REITs 仍得到了较快的发展，特别是 1986 年《税制改革法》的颁布，由于放松了一些限制条件，扩大了 REITs 投资的物业范围，使 REITs 成为有吸引力的投资工具之一。美国早期的 REITs 主要是抵押型的，主要进行抵押贷款的投资而不是直接投资房地产或者购买已经竣工的物业。随着时间的推移，房地产信托投资公司开始进行房地产长期权益投资，权益型 REITs 逐步出现，随后出现了混合型 REITs。

20 世纪 70 年代，由于房地产市场处于萧条期，房地产市场供大于求，房屋空置率较高，银行信贷利率的提高，造成建筑承包商的破产和大量抵押贷款的违约，从而影响到房地产投资信托的发展。加之，源于贷款者之间的竞争，REITs 的管理者缺乏房地产投资的经验，造成 REITs 为一些有问题的房地产项目进行贷款，如为共管式住宅和公寓提供贷款；此外，由于银行、REITs 管理机构和外部顾问之间存在着利益冲突，外部顾问作为贷款的决策者在利益的驱动下，增加抵押贷款的发放，增加了贷款风险。这一时期，由于房地产开发商的大量倒闭，使 REITs 抵押贷款中不良贷款明显增加，根据这一时期所出版的《全美房地产投资信托实情报告》，全部 REITs 普通股的市值减少了 68%，回报绩效指数下降了 60%，REITs 资产减少了 40%。与抵押型 REITs 的运行状况相反，这一时期权益型 REITs 则保持了较好的绩效，如在 1975～1979 年，权益型 REITs 的年度总回报均值分别为 23.83%、51.25%、45%、16.76%、52.09%。①随后，大部分 REITs 通过出售抵押的物业以减少银行的债务，提高贷款资产的质量来试图恢复房地产信托投资基金的活力。1976 年颁布的《税制改革法》通过相应条款的修改，使房地产投资信托基金适应经济低迷时期的市场环境。相关法律条款的变化以及 REITs 管理机构和顾问对过度使用财务杠杆和不良资产贷款的风险的关注，他们在房地产市场处于萧条时通过抛售抵押的物业来挽回损失。20 世纪 70 年代后期，在房地产市场萧条期生存下来的房地产信托投资基金通过购买低廉的物业，拥有物业的所有权、经营权和出租权，许多抵押型的 REITs，在法律的框架下，处置抵押的物业时，也具有了物业的所有权，因此，在 20 世纪 80 年代初，许多抵押型 REITs 转为权益型 REITs。

20 世纪 80 年代随着房地产市场的回暖，1981 年《经济复苏法》的颁布，规定了新的投资房地产缩短折旧年限、经营亏损结转的相关条款，为房地产投资者提供了相应的税收优惠，以上因素刺激了人们投资房地产的热情。1986 年的《税制改革法》赋予了 REITs 更优惠的减税条件。此外，相关管理机构赋予了 REITs 更大的物业经营权以及采用内部顾问的管理决策方式，避免了外部顾问与管理机构的利益冲突，降低了代理成本，提高了 REITs 经营决策绩效。

20 世纪 90 年代以后，全部 REITs 的权益市值大幅度地增加，公开交易的 REITs 数量增加，在 1990～1995 年期间，权益型 REITs 增加的数量特别明显，权益型 REITs 成为房地产信托基金市场上起决定作用的角色。1993 年《综合预算调整法》的颁布，改变了养老基金投资于 REITs 时对股东所有权方面的要求，由于 REITs 限定条件规定，每年必须将其应纳税收入的 90%分配给股东，房地产信托投资公司才能够获得免税待遇，因

① 陈淑贤等. 房地产投资信托：结构、绩效与投资机会. 刘洪玉等译. 北京：经济科学出版社，2004：19-21。

此，REITs属于高红利收益的股票，所以受到养老基金等机构投资者的青睐。但是在《综合预算调整法》颁布以前，REITs必须满足至少有100个股东，其中前5大股东的持股不能超过50%的条件。由于对于一只养老基金来说，投资于某一家REITs股票，只能算作一个投资者，而不属于养老基金多个所有者的投资，所以，以上限制条件降低了养老基金投资REITs的吸引力，但是《综合预算调整法》改变了上述的约束条款，也就是其中前5大股东的持股不需要低于50%，并允许养老基金按其基金的所有者数目来计算其投资的人数。法律条款的变更，刺激了养老基金对REITs的投资，为REITs市值的增加创造了条件，而且提高了投资银行和证券分析师对REITs的关注度，这又反过来增加了REITs投资者的数量，提高了REITs股票市场的流动性。[①]在机构投资者持有REITs以后，加强了对房地产信托投资基金管理层的监督，扩大了REITs的声誉，并且机构投资者的增加使REITs股票市场更加透明和有效，因而，有较多机构投资者参与的REITs股票比较少机构投资者参与的REITs股票具有更好的业绩。

这一时期，房地产REITs的变化趋势是专门的特定物业的REITs逐步出现，许多房地产投资信托基金专门进行购物中心、商业地产、住宅、公共住房、旅游地产的投资。集中化投资可以使投资者和管理者更加关注房地产某一子市场，减少了投资者与管理者所关注的房地产市场的数量，减少了物业多样化投资带来的运营成本的增加，使他们成为房地产特定子市场的投资专家。

1997年《纳税者减免法》和1999年《REITs现代化法》的颁布及实施，极大地促进了房地产信托投资基金的发展和规模的扩大，伴随着REITs在房地产市场专业化程度的提高，以及管理组织机构的优化，养老保险等机构投资者的进入，加强了RE-

---

① 陈淑贤等. 房地产投资信托：结构、绩效与投资机会. 刘洪玉等译. 北京：经济科学出版社，2004：28-31。

ITs 的监督与管理，提高了运行绩效。

6.4.2.3 美国公共住房 REITs 发展简介

美国联邦政府和州政府为了保证公共住房的供应和消费，对开发商和非盈利的房屋供应机构采取了税收优惠、信贷支持以及通过发放免税证券等政策；对消费者实行了抵押贷款利息所得税扣减计划、住房租赁房租补贴计划，并建立了发达的住房贷款二级市场，在对住宅市场不进行直接干预的情况下，通过税费减免、住房消费补贴等手段来提高国民的住房消费水平。在房地产 REITs 发展规模不断扩大、管理机构日渐成熟、结构不断完整、投资物业的类型不断多样化以及服务多样化的环境下，联邦政府通过制定和颁布低收入住房返税政策来引导或者吸引房地产 REITs 或者私营的开发机构投资公共住房，增加公共住房的供应。如在 1986 年的《税制改革法》中规定，对混合收入和低收入住宅的投资实行 10 年期联邦所得税优惠，如果一个物业想得到税收优惠，必须满足的条件是：至少 20％的单元必需提供给最低收入家庭（这些家庭的收入在该地区收入中值的 50％及其以下），或者至少 40％的单元必需保留给其他的低收入家庭（这些家庭的收入在该地区收入中值的 60％及其以下），符合条件的物业可以申请低收入住宅税收优惠。税收优惠政策的实行，改变了投资公共住房收益低、风险较高的状况，吸引了一部分房地产 REITs 和私营开发机构转向公共住房的投资，刺激了低收入住宅的投资与供应。《税制改革法》颁布以后，自 1989 年开始，全美国每年低收入住宅的建造量都超过 10 万套，到 1995 年共有 80 万套低收入住宅被开发或者重建，其中有很多低收入住宅是通过房地产 REITs 所投资开发的。[①]

2005 年以后，伴随着新一轮的联邦税制改革，公共住房投资环境发生变化，税收优惠政策可能被取消，政策的变化，对投

---

① 迈克·E·米勒斯等. 房地产开发：原理与程序. 刘洪玉等译. 北京：中信出版社，2003：307-310。

资公共住房的私营开发机构和公共住房 REITs 产生了消极作用，这一度抑制了公共住房的投资和公共住房 REITs 的发展。①

6.4.2.4 我国发展保障性住房 REITs 的作用

(1) 利用社会资金扩大保障性住房的供应，减轻政府的财政负担。由于财政支付困难，受到资金瓶颈的制约，我国公共住房，特别是廉租住房一直存在着供需不相匹配的矛盾，供给严重不足。发展保障性住房 REITs 可以充分利用社会资金来扩大廉租住房和经济适用住房的开发、建设、运营，弥补保障性住房的供需缺口，有效改善低收入居民的住房条件。保障性住房 REITs 因其投资风险较低、租金收入稳定，如果再借鉴美国房地产 REITs 的税费减免措施，实行高派息比率和零公司所得税率以及低收入住宅的税费减免措施的情况下，将会吸引大量的社会资金，直接投资于保障性住房，充分利用社会资金，这将会减轻政府用于住房保障上的投入，并降低保障性住房的实施成本。

(2) 为中小投资者进行房地产投资提供了投资渠道，提高了住宅投资的变现能力。由于房地产价值量高，在房地产 REITs 出现以前，房地产投资者仅仅限于非常富有的高收入阶层，中小投资者因货币支付能力的制约往往被排斥在房地产投资市场之外。特别是在我国，随着居民收入的提高，城乡居民在获得了基本的生活条件和居住条件以后，还拥有了一定的货币财富，由于缺乏必要的投资渠道，居民往往将其可支配的剩余收入转化为银行存款，截至 2007 年，我国城乡居民人民币储蓄存款已经达到 172534.2 亿元。发展保障性住房 REITs，可以为中小投资者提供稳定、风险较低的投资渠道，中小投资者可以便捷地购买 REITs 基金，进行房地产投资，REITs 的高分红比率可以使投资者获得稳定的收益。另外，保障性住房 REITs 可以避免直接投资房地产所产生的变现困难，或者急于变现所产生的投资损失，购

---

① 刘颖．中国廉租住房制度创新的经济学分析．上海：上海人民出版社，2007：233-234。

买保障性住房 REITs，投资者可以在证券市场上进行交易，提高了住宅投资的变现能力。

(3) 发展保障性住房 REITs 有利于降低住宅存量市场的空置。为了避免保障性住房集中开发、承建、供应对商品住宅市场产生挤出效应，保障性住房 REITs 的运作应该以收购存量住房为主，即通过投资住宅存量市场中空置的普通商品住宅，拥有投资住宅的产权，并将其租赁给需要保障的城镇家庭。这样一方面解决了居民的居住困难，另一方面降低了住宅存量市场的空置，充分利用存量住宅资源，避免住宅资源的浪费。

6.4.2.5 我国保障性住房 REITs 的运行机制

与一般的房地产 REITs 运行机制有一定的差异，保障性住房 REITs 的运行涉及更多的参与主体或者部门，主要包括投资者（个人投资者、机构投资者）、专营保障性住房的信托公司、房地产开发商、基金托管银行、政府特设的保障性住房管理机构、土地资源管理部门、社保部门等。具体如图 6.6 所示。

信托投资公司通过发行保障性住房 REITs 证券，在证券市

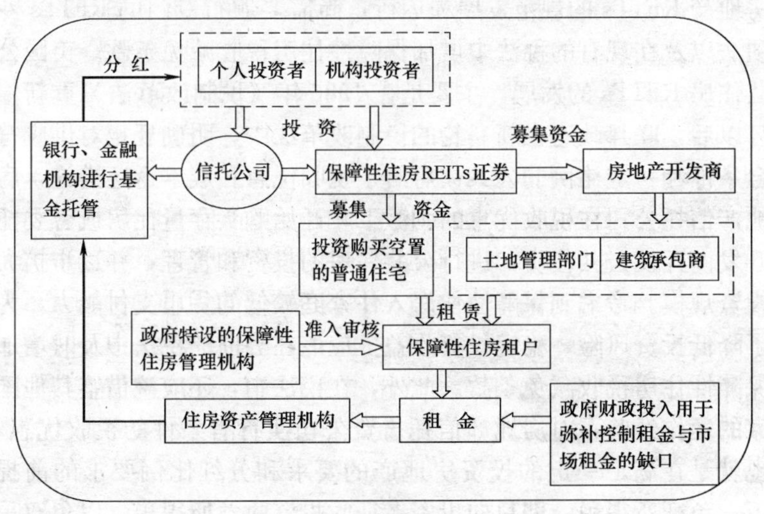

图 6.6 保障性住房 REITs 的运营

场上筹集资金，然后通过购买存量商品住宅或者部分通过开发商进行投资开发，形成保障性住房房源；在政府特设的保障性住房管理机构的协助下，将保障性住房承租给需要住房保障的家庭。政府特设的保障性住房管理机构的责任主要是制定准入标准、准入家庭的资格审核、保障标准和补贴标准的制定以及退出。住房资产管理机构负责保障性住房的管理与运营，包括租金的收取；基金托管的银行或者其他金融机构负责资金管理以及对投资者发放红利。

6.4.2.6 我国发展保障性住房 REITs 相关配套措施

（1）相关法律法规的制定与完善。

保障性住房 REITs 实际上是房地产证券化的分支，在证券市场上进行融资或者投资，涉及的投资主体众多，法律关系较为复杂。房地产 REITs 的运行需要复杂的运行机制，为了保障投资者的利益，规范市场各主体的行为，政府管理机构应该及时颁布相应的法律法规。当前，与房地产 REITs 相关的法律法规主要有公司法、房地产法、证券法和信托法等，以上法律法规为房地产 REITs 的运行提供了基本的法律依据和法律基础。但是，房地产 REITs 的规范发展和运行，尚需要颁布专门的 REITs 专项法以及在现有的税法中增加保障性住房税收减免条款。美国公共住房 REITs 的发展，主要是在 1986 年《税制改革法》重新修订以后，联邦政府在新一轮的税制改革法中，明确规定对供应符合条件和一定比例的公共住房给予税收优惠和成本返还措施，房地产信托公司在税收优惠的刺激下，开始购买存量住房或者委托开发商开发公共住房，进行公共住房的投资和管理，并逐步扩大投资规模。考虑到保障性住房入住家庭较低的货币支付能力，为了降低投资风险，稳定投资收益，应该在当前的税法中及时增加保障性住房税收减免条款。此外，在税法中，还应该借鉴其他国家的运作经验，对房地产信托投资公司实行有条件的税收优惠，也就是在满足一定的投资房地产的要求和分红比例要求的前提下，免征所得税，即只向投资者征收投资收益所得税，以免双重征税。当前我国与 REITs 有关的法律法规如表 6.4 所示。

我国与 REITs 有关的法律法规　　表 6.4

证券法	《证券法》、《证券投资基金法》、《证券公司客户资产管理业务试行办法》
公司法	《公司法》
信托法	《信托法》、《信托投资管理办法》、《信托投资公司资金信托管理暂行办法》等
房地产法	《土地管理法》、《土地管理实施条例》、《城市房屋权属登记管理办法》、《城市房屋转让管理办法》、《城市房地产管理法》以及《城市规划法》等

（2）持续、稳定的财政投入。

保障性住房的承租者支付租金的能力有限，控制租金和市场租金缺口需要由政府的财政投入来进行补缺，方能保证保障性住房 REITs 的投资者获得稳定的投资回报。基于此点，城市政府应该制订相应的保障性住房投资补贴计划，并形成一定的规章和条例，以保证财政补贴资金的定期投入，这是保障性住房 REITs 能够运行的基础。

6.4.3　廉租住房补贴标准的动态变化

公共住房补贴标准的动态变化是指随着时间的推移、住宅市场价格和租金的变化、住房市场供求状况的变化，公共住房的保障标准应该及时调整。

对于经济适用住房而言，其保障标准主要是指经济适用住房的建筑施工质量、品质、配套设施、户型建筑面积等指标。由于我国对住宅项目实行隐蔽工程验收、竣工前验收、建筑主体结构在建筑物的设计寿命内实行维修，因此，经济适用住房的施工质量和建筑品质与普通商品住宅基本相同，符合建设部所制定的住宅施工质量标准。对于经济适用住房的户型面积，国内主要城市根据建设部制定的小康住宅标准和联合国规定的基本居住标准，制定了相应的建筑面积指标。如北京市所制定的经济适用住房户型建筑面积标准为：多层建筑一室户为 54～60m^2、两室户为 74～80m^2、三室户为 94～107m^2；上海市在经济适用住房的开发建设中，执行一室户 50m^2、两室户 70m^2、三室户 90m^2 的标准。

由于受到诸多因素的影响，特别是经济适用住房开发商为了吸引具有一定住房货币支付能力的相对收入较高的居民购买经济适用住房，尽快收回投资，热衷于大户型的开发和供应。我国经济适用住房的实际开发户型面积一般超过规定的开发标准，就当前而言，各地经济适用住房的户型面积具有超前性。因此，公共住房补贴标准的动态变化主要是指廉租住房补贴标准的变化。廉租住房保障分为货币化补贴和实物配租两种方式，由于廉租住房房源有限，各地在廉租住房保障中，主要以货币化补贴为主，如上海市，截至 2007 年 10 月，获得廉租住房保障的家庭为 26126 户，其中实物配租家庭只有 397 户，实物配租占比仅仅为 1.5%。有鉴于此，廉租住房补贴标准的变化主要是指货币补贴标准的动态变化。

廉租住房货币化补贴，是指双困家庭，根据廉租住房的基本保障面积，扣除自有住宅面积，剩余面积为政府应该提供的保障面积，政府根据待保障面积，通过测定合理的市场租金，折算成货币，发放给双困家庭。而住宅市场租金受到房地产供求因素、宏观因素、社会因素的影响，呈现动态变化。特别是随着我国住房制度的货币化改革、经济的发展、居民收入的增长，我国商品住宅价格不断上涨，虽然在不同的时期中央政府通过货币政策、税收政策、土地政策、行政手段、法律、法规对住宅市场进行了一系列调控，在一些特殊时期，商品住宅价格有所下降，但总体趋势是上升的，并且在有的时期商品住宅价格上涨幅度较快，特别是我国东部沿海和北京、广州等一些国内主要城市，商品住宅价格上涨幅度是非常明显的，以上海市为例，上海市商品住宅价格在 2003 年、2004 年、2007 年、2008 年及 2009 年上涨幅度较大，商品住宅价格的上涨速度明显超过居民可支配收入的增长速度，上海市商品住宅价格指数的变化如表 6.5 所示，通过中房上海指数的数据分析可知，2003 年中房上海住宅指数上涨了 279 点，2004 年上涨了 197 点，2007 年上涨了 541 点。

中房上海指数的数据 表 6.5

时间	1995 年 2 月	1999 年 10 月	1999 年 12 月	2000 年 12 月	2001 年 12 月	2002 年 12 月	2003 年 12 月	2004 年 12 月	2005 年 5 月	2005 年 12 月
中房上海住宅指数	835	640	641	664	731	844	1123	1320	1456	1286
涨跌		−195	1	23	67	113	279	197	136	−170
时间	2006 年 2 月	2006 年 12 月	2007 年 12 月	2008 年 8 月	2009 年 1 月	2009 年 2 月	2009 年 5 月	2009 年 6 月	2009 年 7 月	2009 年 8 月
中房上海住宅指数	1266	1306	1847	1960	1868	1856	1886	1946	2045	2199
涨跌	−20	40	541	113	−92	−12	30	60	99	154

数据来源：http：//www. valuer. org. cn/scjg/zs09-09-11. htm。

房地产租金和价格分别是房地产使用价值和价值的货币表现形式，房地产租金更多地体现房地产的生活必需品特性，人们租赁住房主要是为了满足居住的需求，购买住房除了满足居住需求以外，在房地产市场上还存在着投资需求和投机需求，因此，房地产价格还反映了房地产的资产特性。实证分析表明，房地产价格在宏观经济因素、社会因素以及人们预期的正反馈作用机制下，经常处于波动之中，并且波动幅度较大；相对而言，房地产的租金更多地反映经济基本面对房地产的需求，租金的波动幅度小于价格的波动幅度。房地产租金和价格作为房地产价值的两种表现形态，反映了一定时期房地产产权市场和使用权市场的供求变化和市场状况，产权市场（买卖市场）和使用权市场（租赁市场）是相互联系、不可分割的。当产权市场价格变化时，对房地产消费者的购买决策产生影响，进而影响产权市场的供求；消费者购买决策的变化对租赁市场的需求也会产生影响，从而使使用权市场的租金发生变化，也就是说房地产租金和价格之间具有联动效应。当住宅价格逐步上升时，住宅租金也逐步提高。在这里，将住宅市场划分为资产市场和使用市场，资产市场和使用市场是相互联系的，资产市场交易价格的提高，会导致使用权市场租金的提高，具体如图 6.7 所示，其中住宅租金用 R 表示，住

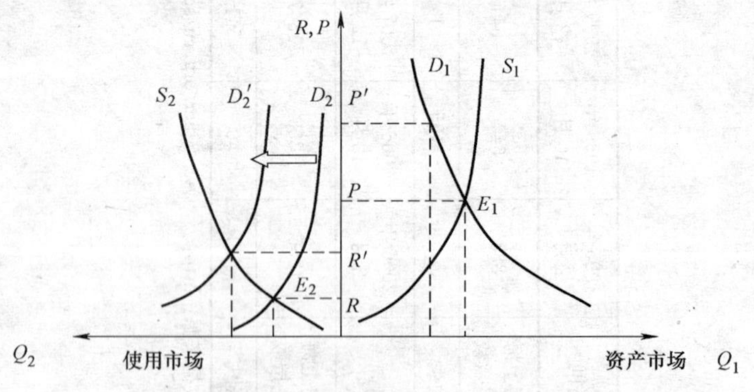

图 6.7　住宅市场价格与租金联动效应

（上图左侧部分将住宅租赁市场供求曲线以纵轴进行翻转而形成）

宅价格用 P 表示。E_1 和 E_2 分别是所有权市场和租赁市场的均衡点。P 和 R 分别是均衡价格和均衡租金，当在所有权市场上住房的价格由 P 上升到 P' 时，如果租金保持不变，住宅市场上的一部分消费者将会改变购买决策，由买房决策改为租房，这样会抑制住房买卖需求，住房租赁需求增加，在租赁市场上，需求曲线外移，而租赁住房的供给在短期内不可能及时增加，从而导致住房租赁价格，也就是租金的上升。①

通过以上的分析可知，住宅市场运行的结果，将会使住宅租金随着价格的上升而增加。理论分析表明，住宅租金和住宅价格之间应该按照一定的比例同方向变化，也就是租售价格比合理时，住房所有权市场和租赁市场才能保持平衡。

因此，随着住宅价格的不断上升，廉租住房实行货币化补贴时，为了更好地解决城市困难家庭和特殊困难群体的住房，补贴标准应该呈现动态变化。廉租办应该根据城市不同区位住宅租金的变动，及时增加补贴标准。关于补贴标准，可以根据城市不同区位的住宅租金指数进行测算，及时调整。

分析当前我国已经实行廉租住房保障的大中型城市，一方面许多城市在廉租住房货币补贴的实施过程中，廉租住房货币补贴额度确定以后，往往几年时间不发生变化；另一方面货币补贴额度较低，造成被补贴家庭获得货币补贴以后，仍然不能在住宅市场上租到适宜面积的住房，居住状况得不到根本改善，甚至存在一部分家庭将租金补贴用作基本生活补贴。从经济学的角度分析，廉租住房货币化补贴的实施效率要高于实物配租，但是，采用货币化补贴在运作中也存在一定的弊端，如实行补差补贴时，被保障住户需要将原有的住房出租，利用获得的租金和政府提供的廉租住房补贴在住宅市场上租房，由于我国住房租赁市场发展滞后，租赁房源供给有限，特别是随着城市动拆迁和城市更新，城市中可供低收入阶层租赁的房源较为稀缺，在租赁市场上被保

① 高晓慧．中国住房价格机制研究．北京：中国物价出版社，2003：94-95。

障家庭难以获得与其支付能力相匹配的住房。还有一部分廉租住房保障居民，在住宅市场无法出租自有住房时，只能利用政府的补贴租住面积较小的住宅单元，由于租住单元不能满足基本的居住要求，廉租住房保障家庭的成员只能一部分居住在原有住房，另一部分居住在租赁住房内，给日常生活带来了极度不便。

因此，政府在推行廉租住房政策，实行货币化补贴和实物配租时，不能仅仅从理论上分析和进入退出的操作难易度上来考虑，还应该从保障家庭的居住诉求、区域住宅市场的发展状况、租赁市场的供给等方面进行综合考虑，在存量廉租住房房源较少的情况下，增加廉租住房的财政投入，用于开发建设一定比例的廉租住房，定向供给城市双困家庭和特殊困难家庭，使廉租住房家庭根据自己的偏好，或者选择实物配租，或者选择货币化补贴。

根据上面的分析，我们认为，随着住房市场价格、租金的提高，廉租住房货币补贴额度应该随着时间的变化及时进行调整，调整的周期以一年为宜。同时为了防止补贴家庭将货币补贴用于非住房消费，可以借鉴美国可支付租赁住宅的运作模式，通过发放住房租赁代金券，强迫被保障家庭用于住房消费。

6.4.4 公共住房模式创新——经济租用住房

通过分析西方和日本、新加坡、韩国等国家公共住房的运作实践可知，公共住房往往采用以租赁为主的运作模式。随着经济的发展、住房短缺矛盾的稀释、住房条件的逐步改善，英美和亚洲一些国家从 20 世纪 80 年代开始，逐步实行公共住房私有化。例如，英国撒切尔政府在 20 世纪 80 年代通过住房制度的变革，将一部分公共住房通过出售的方式，让渡给原有的承租家庭，减轻了政府公共住房的财政支付负担。而我国的保障性住房，在保障制度实施之初，就被人为地划分为廉租住房和经济适用住房，廉租住房和经济适用住房相对独立运作，具有不同的准入标准。由于两部分保障性住房的分离化运作，造成一部分家庭被廉租住房排斥在保障边界之外，而受到经济条件所限，这一部分城镇家庭又没有货币支付能力购买经济适用住房，成为“夹心层”居民。另外，经济适用住房实行以售为主的运作模式，增量经济适用住房基本上全部出售给待保障家庭，由于受到土地供给的限制和政府财政投入的不足，经济适用住房供需之间存在巨大缺口，在经济适用住房需求得不到满足的情况下，城市政府始终面临着供给经济适用住房的巨大压力，也就是说由于制度的缺陷，城市政府处于一种开发经济适用住房——出售给保障家庭——再开发——再出售的被动压力之中。对于存量经济适用住房房源，在二次流转时，缺乏相应的管理机构和管理主体，二次流转没有实行封闭化、内循环机制，造成大量存量经济适用住房资源被非保障家庭获得。针对我国住房保障制度运作中存在的缺陷，基于制度创新的视角，在此，提出经济租用住房概念，并提出经济租用住房的运作模式。

6.4.4.1　*发展经济租用住房的必要性分析*

有别于域外国家的公共住房制度，我国所实行的廉租住房、经济适用住房分离化的运作模式，存在着诸多弊端，增加了政府在保障性住房的管理成本，降低了住房保障的运作效率，基于优化住房保障制度的视角，有必要对保障性住房制度进行创新，发展经济租用住房有其必要性和现实性。

住房保障政策是在住宅消费市场存在失灵的情况下而实行的对住宅市场直接的或者间接的干预措施。实行住房保障制度的最终目的是达到“居者有其屋”。所谓“居者有其屋”是指人人能够获得适宜的住房服务、适宜的住房条件。“居者有其屋”有两层含义：一是拥有住房的所有权；二是仅仅拥有住房居住权和使用权，没有所有权。实践表明，西方市场经济较为完善的发达国家，居民的住房自有化率并不高，通常在40%～75%之间。1998年，德国的住房自有化率仅为40%，瑞典为43%，1999年，荷兰为53%。以上数据说明，西方国家的居民有相当一部分把租赁住房作为获得住房服务的手段，也反映了以上国家住房租赁市场的健全与完善。我国通过公房出售和住房制度的货币化改革，城镇居民的住房自有化率已经超过83%。[1]因此，我国在实行住房保障制度时，应该调整以提供产权房为主的保障策略，对住房保障制度进行改革和创新，实行经济租用住房制度。域外部分国家住房租买结构和住房自有化率如表6.6所示。

域外部分国家住房租买结构和住房自有化率[1]　　表6.6

国家	时间	自有比例(%)	租赁比例(%)	其他住房比例(%)
韩国	1995年	75	25	—
巴西	1998年	74	25	1
西班牙	1999年	83	11	6
澳大利亚	1999年	50	50	—
加拿大	1998年	62	33	5
德国	1998年	40	60	—
荷兰	1999年	53	47	—
瑞典	1998年	43	39	18
英国	2000年	69	31	—
美国	2003年	68	32	—
印度	2001	87	11	2

资料来源：United Nations Human Settlement Programmes，renting Housing：an essential option for the urban poor in developing countries；UN，Annual Bulletin of Housing and Building Statistics for Europe，2002。

（1）发展经济租用住房可以充分利用保障性住房资源，减少保障性资源的福利损失。

前已述及，经济适用住房在产权重新让渡时，由于机制设计的缺陷、政府监督主体的缺失以及监督失效，经济适用住房进入普通商品住宅市场进行交易，产权二次承受人没有准入资格的限制，造成经济适用住房资源被非保障家庭购买和使用，使经济适用住房房源更加匮乏。例如，我国许多城市对经济适用住房的上市交易规定为5年，初次产权承受人在居住满5年以后可以出售所购买的经济适用住房，从卖房收入中提取一部分补交土地出让

① 郑思齐. 住房需求的微观经济分析：理论与实证. 北京：中国建筑工业出版社，2007。

金。上述交易机制的设计缺陷，造成城市政府应对待保障家庭的强大需求，被迫增加经济适用住房的供给。为了缓解经济适用住房的供需矛盾，减少政府在住房保障上的财政负担，必须加强对存量经济适用住房的管理，逐步改变经济适用住房以售为主的运作模式，发展经济租用住房。

（2）有效解决“夹心层”居民的住房问题。

“夹心层”居民是指没有能力购买经济适用住房，又未纳入廉租住房保障的家庭。这一部分家庭游离于两种保障房之间，居住困难迟迟不能解决。实行经济租用住房制度，可以有效地将两种房源进行对接，避免“夹心层”居民的出现，还能够抑制保障性住房的需求。这可以从两个方面来考虑，租赁模式产权无法让渡，首先，将一部分购买经济适用住房作为投资的群体排除在外；其次，对于具有一定的收入，在住房公积金和银行信贷支持下能够购买普通商品住宅的家庭，将会调整其住房消费决策，由购买经济适用住房转为购买普通商品住宅，产权不能让渡所产生的过滤效应把不需要住房保障的家庭自动排除掉，从而使真正需要保障的居民获得保障性住房的福利。

（3）便于动态管理和及时退出。

经济适用住房购买时产权的直接让渡机制，导致购买家庭在收入提高能够在住宅市场购买商品住房时，所有权的排他性使政府住房管理机构无法干预已经购买者退出经济适用住房。实行租赁模式可以规避以上弊端，便于城市政府对租赁住户进行动态管理，入住家庭一旦不符合保障准入条件，管理机构作为经济租用住房的产权拥有者，可以依靠法律法规的强制约束力，强迫入住家庭搬离经济租用住房，保证退出机制的形成，并把腾空的经济租用住房分配给轮候的家庭。

6.4.4.2 经济租用住房的内涵

所谓经济租用住房是指将廉租住房和经济适用住房进行对接，改变经济适用住房的运作模式，将经济适用住房以售为主改为以租为主，即把廉租住房和经济适用住房的租赁部分合成为一体，统称为经济租用住房。经济租用住房所有权为城市政府资产管理部门或者经济租用住房的投资主体。具体如图 6.8 所示。

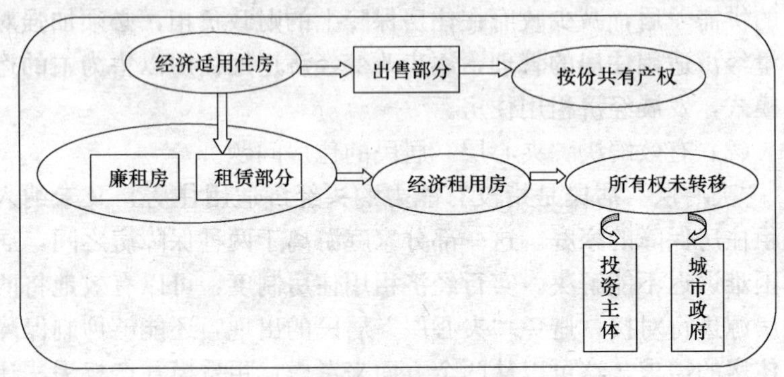

图 6.8 经济租用住房的内涵及产权

6.4.4.3 经济租用住房制度运行的主要障碍

由于当前实行廉租住房保障的城市存在着廉租住房房源极度缺乏的现实，实行经济租用住房制度，新增经济适用住房应该成为经济租用住房的构成主体。在原有的经济适用住房制度下，由于实行部分税费减免、土地划拨等优惠政策，经济适用住房规模开发所产生的规模经济效应以及经济适用住房的强大需求，可以形成较好的销售预期，使开发主体在较短的时间内收回投资，以上因素对营利性的开发商开发经济适用住房产生了较大的吸引力。

显然，实行经济租用住房制度由于开发商不能通过预售、竣工后的销售及时收回开发成本，不符合开发商当前“项目化运作，销售完撤离”的常规运作模式。经济租用住房还加大了开发商的项目运营和管理成本，在此种状态下，即使政府对经济租用住房实行一系列的优惠政策，营利性的房地产开发商基于短期利益最大化的考虑对经济租用住房也缺乏投资开发的动力。另外，有一部分保障目标群体由于受到货币支付能力的限制，存在着租金支付的压力；对开发商而言，租金的征收存在着较高的征管成本。以上因素，必然影响经济租用住房的供给，城市政府财政投入又明显不足，因此，实行经济租用住房制度的主要障碍为：开发商将退出经济租用住房的开发领域，城市政府将成为经济租用住房的投资主体。在制度运行之初，城市政府用于住房保障的财政投入明显增加，随着制度的运行，经济租用住房房源的增加和轮候退出机制的建立，城市政府在经济租用住房保障上的财政压力会减小。

6.4.4.4 公共住房融资机制创新的递进分析

为了保障经济租用住房的供给，有必要改革当前的变相财政补贴模式，并进行融资机制的创新。

前已述及，由于财政支付困难，在住房保障制度运行之初，我国经济适用住房就实行变相财政补贴模式。对变相财政补贴模式进行深层次的分析可知，这种模式就是城市政府通过土地征用环节，低价征用农村集体所有的土地，将农村集体所有的土地转为国有土地，然后将土地免费划拨给经济适用住房开发商，以达到降低经济适用住房房价的目的。概括分析这种变相财政补贴模式，实际上就是剥夺农民集体所有土地的收益，以损害被剥夺土地农民的收益为代价，来补贴城市居民，城市政府承担中间人的角色，也就是通过剥夺农民的土地来补贴城镇待保障家庭，因此，变相财政补贴制度存在着巨大的弊端，这也彰显了我国土地使用制度的不合理以及我国《土地法》的不完善。随着我国经济的迅速发展，城市政府的财政收入不断增加，税收收入占 GDP 的比重不断提高，城市政府的财政支付能力不断增强。在这样的条件下，有必要改革我国住房保障制度中变相财政补贴的模式，实行完全财政补贴和税收减免措施，对开发经济适用住房的用地实行市场化的方式，完全由城市政府投资，通过招投标机制，并实行合理低价中标的评标方法，选择有实力的建筑承包商或者房地产开发公司开发经济租用住房，政府投资的经济租用住房产权清晰，归城市政府资产管理部门所有。

对于依靠财政投入来开发经济租用住房存在财政困难的城市，可以借助于本书前面所介绍的公共住房创新性的融资模式——PIPP 模式或者发展经济租用住房投资信托基金，即经济租用住房 REITs。由于产权是房地产投资信托中最主要的法律关系，如果产权不清晰，REITs 将无法运作，实行经济租用住房制度，改变了经济适用住房按份共有的特征，经济租用住房具有产权清晰的特征，这也为发展经济租用住房 REITs 创造了条件。

6.4.4.5　经济租用住房运行的其他保障机制

将廉租住房制度和经济适用住房制度接轨，实行经济租用住房制度，需要建立健全制度运行的保障机制，如供给主体、管理机构、融资模式、准入审核标准、退出机制、租金标准、建成后物业的运营及维修管理、产权登记等等。经济租用住房运行的其他保障机制为：

（1）设立独立的经济租用住房管理机构，明确管理机构的权利和责任。为了保证经济租用住房的供应、管理和实施，借鉴新加坡和西方国家公共住房的运作经验，建议设立独立的城市公共住房管理运营机构，全面负责经济租用住房的土地征用、投资、开发、分配、物业的后期管理、确定经济租用住房的开发标准和租金收取标准、制定经济租用住房的保障准入标准、对保障家庭进行准入审核和退出管理。

（2）明确经济租用住房的投资主体。关于经济租用住房的供给主体如果不考虑投资来源，仅仅从住宅实物形态而言，主要是建筑承包商或者房地产开发商；从投资主体进行分析，如果政府特设的保障性住房管理机构利用财政资金开发经济租用住房，则供给主体为保障性住房管理机构；如果在住房保障领域通过纳入社会资本开发经济租用住房，则供给主体为经济租用住房的投资者。为了保障经济租用住房制度的运行，城市政府必须在进行融资模式创新的基础上，明确投资主体并制定相应的与政策配套的措施。

（3）制订经济租用住房的年度和中长期发展计划及保障实施计划。新加坡住房发展局为了实现“居者有其屋”的目标，在不同的发展时期制订了明确的公共住房发展计划，并根据所设定的发展计划确定土地征用计划、投资计划及开发规模，在计划执行结束期对计划的实施情况、完成情况进行反馈和总结。由于新加坡政府赋予住房发展局在土地征用、中央公积金管理等方面相应的权利，同时通过大量财政投入来发展保障性住房，在不同的发展时期，住房发展局较好地完成了所设定的计划目标。因此，城市政府在实行经济租用住房制度时，为了提高运作绩效，应该根据城市居民的居住现状和对保障性住房的需求，制定合理的3～5年的近期发展计划和中期发展计划，根据计划确定土地供应、投资规模、资金来源以及供给方式，以保证计划的完成。

（4）制定经济租用住房的准入退出标准。将廉租住房和经济适用住房合并以后，经济租用住房的保障目标群体既涵盖城市双困家庭又包括低收入家庭，这样需要合理地确定保障标准。由于我国区域经济发展的不平衡、不同区域居民收入的差异以及住房条件的不同，在全国范围内制定统一的准入退出标准不具有实践意义。因此，当地城市政府应该根据本地居民的收入状况、居住状况以及经济租用住房的供给分别确定具体的准入退出标准，经济租用住房的准入标准主要应该涵盖以下几个指标：现有的住房面积、房屋类型、家庭人均住房面积、房屋是否成套、家庭总收入以及平均可支配收入、家庭主要成员的就业性质、家庭财富等多个方面。由于原有的廉租住房保障家庭属于对保障性住房需求最迫切的家庭，因此，在制定准入标准时，可以制定两套标准，即一级标准和二级标准，符合一级标准的家庭具有优先入住经济租用住房的权利；在满足一级标准的家庭获得住房服务后，符合二级标准的家庭才能入住，这样才能保证住房最困难的家庭优先改善居住条件。

6.5 公共住房保障边界的拓展与动态演化

在长期二元社会的发展背景下，我国所实行的制度存在着明显的制度分割性，中央政府和城市政府作为制度的供给主体，在制定制度时分别针对城乡居民形成了相互分割、互不统一的二元制度，这体现在诸多方面，如城乡分离的就业制度、社会保障制度等。以上制度，特别是社会保障制度主要以城镇居民作为保障主体，非城镇居民往往未纳入社会保障制度的范畴，从而造成了制度的不公平和制度歧视。而以上二元制度的运行完全建立在户籍制度之上，因此，户籍制度及其附加在户籍制度之上的其他制度所形成的制度环境不利于农民的生存、就业和生活状况的改善。

与其他制度一样，我国所实行的住房保障制度也具有二元制度的分割性。我国住房保障制度在实施之初，就把保障目标群体锁定为具有城镇户籍的城镇居民，根据城镇居民的收入状况、家庭资产、居住条件确定住房保障的准入资格，对符合保障的家庭提供廉租住房或者经济适用住房，非户籍居民也没有纳入住房保障制度的范畴。公共住房保障制度的运行还存在着刚性效应，没有根据我国城市化进程中大量流动人口在乡城流动的现实，及时调整住房保障政策。

6.5.1 公共住房保障边界的拓展与动态演化的内涵

公共住房保障边界的拓展与动态演化是指基于制度创新的视角，结合我国城市化的进程、流动人口在乡城之间的转移、统一劳动力市场的逐步建立和完善以及户籍制度的改革，在住房保障领域逐步突破二元制度的限制。一方面，把流动人口逐步纳入城镇住房保障的范畴，形成覆盖流动人口的住房保障制度；另一方面，在原有城镇居民住房保障的基础上，结合城市住房市场的供求状况，适度把新生居住困难群体纳入经济租用住房体系之内，特别是刚刚步入社会的城市新白领居住困难阶层纳入保障体系之内，并根据他们的收入状况、居住诉求制定差异化的准入退出标准，形成不同的差异化的准入退出机制。

6.5.2 公共住房保障边界的拓展与动态演化的迫切性和必要性分析

当前，对我国保障性住房进行制度创新，拓展保障性住房的保障边界有其必要性和迫切性，具体体现在以下两个方面：

(1) 流动人口在大中城市大量集聚，受多种因素的制约，他们在城市中的居住状况极度恶劣，迫切需要城市政府提供保障性住房。

随着我国工业化、城市化的进程，大量的农村剩余劳动力在经济因素和其他因素的驱动下，从农村迁徙到城市，在城市从事非农产业的劳动，农村剩余劳动力已经成为我国制造、建筑业、房地产业、服务业的主要劳动力供给，也正是廉价、充足的农村剩余劳动力，使我国以低成本优势成为世界制造中心。截至2008年，我国流动人口已经达到2.1亿，流动人口在城市中定居时间逐步延长，常住流动人口也已经达到了相当的规模。流动人口或者农民工在我国经济高速增长中作出了重要的贡献，农民工已经成为城市基础设施建设、重点工程建设的主要力量。

由于农民工受到人力资本的制约以及个人技能水平的限制，缺乏相应的技能和专业知识，主要在城市次属劳动力市场或者非正规部门就业，他们的收入远低于城镇居民，并且经常面临失业的困境，收入低而且不稳定。受到收入的制约和货币支付能力的限制，他们在城市中的居住状况非常恶劣，通常租住在城乡结合处的农民住房、城中村、城市危旧房之中，或者临时居住在由雇主提供的非正规住房内，甚至建筑工棚内，居住状况极其不理想，这严重影响了他们的身心健康；另外，流动人口住房是城市住房体系的重要组成部分，其外部形态和内部构成也反映了城市的居住风貌。在构筑和谐社会的背景下，流入地城市政府应该承担起相应的责任，帮助农民工改善居住条件，特别是对于居住时间超过半年，在流入地城市具有较稳定的职业和工作的常住流动人口提供适宜的保障性租赁住房。

(2) 城市新生居住困难群体需要通过保障性住房缓解住房困难。对我国大中城市而言，还存在一部分新增居住困难群体，即刚刚步入社会的城市新白领。这一部分群体，通常属于户籍迁入型群体，虽然具有相对较高的收入，但是缺乏财富积累的过程。

他们应对高额的商品住宅价格，即使通过银行信贷，短期内仍无法购买适宜的住房。在住房服务逐步市场化的背景下，他们往往需要通过租赁住房来解决住房问题。我国住房租赁市场和产权市场的非均衡发展，在住房消费市场出现了一种特殊的住房消费形式——住区群租。

最近几年，我国上海、北京、广州等大型城市，出现了严重的住区“群租”。所谓住区“群租”是指供单户居住的住宅单元，通过任意分割，供多户居住，共用厨卫设施，或者通过过度分割，供多人居住，房屋共租人共同支付住宅租金的居住形态。住区群租的本质在于住房租赁市场租金超出承租人的货币支付能力，为了降低租金的支付额度而被迫选择的一种住房消费形式。

笔者曾经对上海市“群租”现象非常严重的住区进行问卷调查，通过调查发现住区“群租”的目标群体主要是流动人口和城市新白领。大中城市住区“群租”现象，反映了我国商品住宅市场发展以及城市建设中存在的问题。在住宅市场方面，突出表现在：①商品住宅价格过高，超出一般市民的消费水平；②住房供应结构不合理，可供一般居民消费的普通住房供给明显不足；③住房租赁市场发展滞后，租赁房源有限。在土地供应层面，城市政府作为土地一级市场供给的垄断者，在土地出让时，普通商品住宅用地供应不足；在城市更新和城市改造中，以经济利益为导向，普遍忽视被拆迁居民和租赁住户的居住诉求，恣意改变土地的原有居住用途，改为商业用途或者高档住宅，造成可供低收入居民居住的房屋极度萎缩。在以上多动因素的驱动下，城市住区“群租”现象愈演愈烈，严重影响了住区的和谐与稳定。住区“群租”是在需求推动下，我国大中城市出现的一种特殊居住形态，这一居住形态的出现，凸显了我国住房市场发展中存在的严重问题。

在住房服务日益社会化的状态下，对保障性住房有需求的群体，不仅限于城市低收入家庭，流动人口和城市新白领同样迫切需要通过公共住房获得住房服务。北京市城中村唐家岭的“蚁族”们对保障性住房的强烈需求就是很好的佐证。因此，消除住房保障刚性效应的负面影响，适时进行制度创新，拓展住房保障的边界，具有非常重要的意义。

6.5.3 流动人口和城市新白领住房保障的实施建议

6.5.3.1 流动人口住房保障的实施建议

对流动人口实施住房保障，必须结合流动人口的居住诉求制定适宜的政策并采取相应的措施。如果简单地将流动人口和城镇户籍人口的住房保障进行对接，不考虑两类群体在住房需求方面的差异，采用相同的保障标准和准入审核办法，将会导致保障目标群体数量极度膨胀，大幅度提高城市政府在住房保障方面的财政投入；另外，采用统一的保障准入标准，流动人口因其在流入地的居住状况明显劣于城镇居民，在保障性住房供给不足的状态下，将会降低城镇居民获得保障性住房的机会。

基于此，现阶段对居住困难的流动人口实施住房保障，适宜的策略是采用分离化的操作模式，采取有别于城镇居民住房保障的政策。首先，流动人口的构成主体是农民工，农民工在流出地一般拥有农村住宅，住房面积一般超过城镇居民；其次，流动人口的就业具有临时性、不稳定性，随着就业地点的转移经常迁徙；第三，农民工在其生命周期内，随着年龄的增长，可能会重新返回家乡继续从事农业劳动，在城市具有较稳定的工作，能够在城市长期居住的农民工所占的比例并不高。

流入地政府解决流动人口住房问题，所采取的措施应该呈现多样化的特点，不仅体现在住房保障领域，还包括其他措施和实施路径，如通过土地政策、税收政策、城市规划政策以及金融政策加强对住宅市场的调控，保持住宅市场的均衡发展；鼓励雇用流动人口的企业承建产业工人公寓，以低租金或者免收租金的形式承租给在职的流动人口；制定政策，消除已售公房二次上市的制度瓶颈，扩大住宅市场低端房源的供应。

在住房保障方面，具体的实施措施为：

(1) 承建农民工公寓，或者农民工保障性住房，以低于市场租金租给常住流动人口。流动人口就业的临时性和易变动性，以及较低的收入水平，决定了城市政府在对其实施住房保障时，提供经济适用住房对多数流动人口而言是不适宜的，提供临时性的、较低标准的过渡性租赁性住房往往和流动人口的住房支付能力、就业性质相匹配。

(2) 借鉴廉租住房货币补贴的运作经验，对居住困难的流动人口实行货币补贴，通过提高其住房支付能力，在住宅市场租赁住房。

6.5.3.2 城市新白领住房保障的实施建议

城市新白领是指刚刚步入社会的大学及以上学历的毕业生，工作期限未满5年的特殊群体。这一部分群体主要从事技术、管理、科研工作，特别是高校教师、企业高级管理及技术人员。他们具有较高的收入水平，通常不能购买经济适用住房和租赁城市政府提供的廉租住房。这一部分人员因缺乏财富积累过程，应对高企的房价，即使能够获得商业银行的信贷支持，在大中城市购买商品房也具有相当大的难度，因此，当前适宜采用的住房保障措施为：①承建人才公寓——过渡安置；②实行个人收入所得税减免；③实行住房抵押贷款利息的所得税扣减计划等。

具体而言，由城市政府、雇佣企业或者房地产开发商投资开发城市人才公寓（给予开发商一定的税收减免和土地供应优惠政策），通过租赁的方式租给目标群体，对租金实行控制，作为过渡安置方式缓解目标群体的居住困难。

为了形成人才公寓进入退出机制，缩短城市新白领的轮候时间，对人才公寓租金实行梯度控制，即人才公寓的目标群体以5～7年作为租赁最高年限，第1年租金最低，和同类子市场住宅的市场租金差别最大，随着租赁期限的延长，每年租金梯度增加，第5～7年以后和同类子市场住宅的市场租金趋同或者明显高于同类子市场住宅的市场租金。通过实行租金梯度控制方案，保障人才公寓轮侯机制的形成。

参考文献

［1］ 郑思齐，刘洪玉，任荣荣，余秋梅．中国地级及以上城市的住房消费特征．城市与区域规划研究，2009（3）．

［2］ 郑智峰．落实廉租住房制度的三大“绊脚石”——对“九部委意见”中加快廉租住房建设意见的思考．中国房地信息，2006（11）．

［3］ 万解秋，贝政新，黄晓平．社会保障基金投资运营研究．北京：中国金融出版社，2003年．

［4］ 姚玲珍．中国公共住房政策模式研究．上海：上海财经大学出版社，2003．

［5］ 田东海．住房政策：国际经验借鉴和中国现实选择．北京：清华大学出版社，1998．

［6］ 丹尼斯·迪帕斯奎尔，威廉·C·惠顿．城市经济学与房地产市场．龙奋杰译．北京：经济科学出版社，2002．

［7］ 钱瑛瑛．房地产经济学．上海：同济大学出版社，2004．

［8］ 李维哲，吕萍．完善的住房保障——澳大利亚住房资助计划．城市问题，2003（3）．

［9］ 卢有杰．安居工程——社会保障性商品房体系．北京：中国建筑工业出版社，1994．

［10］ 厉以宁．中国住宅市场的发展与政策分析．北京：中国物价出版社，1999．

［11］ 王微．住房制度改革．北京：中国人民大学出版社，1999．

［12］ 胡彬．制度变迁中的房地产业——理论分析与政策评价．上海：上海财经大学出版社，2002．

［13］ 金俭．中国住宅法研究．北京：法律出版社，2004．

［14］ 陆玉龙．共有产权：经济适用住房制度创新研究．中国房地信息，2005（9）．

［15］ 秦虹，张智．经济适用住房的产权与收益．中国房地产，2006（10）．

［16］ 刘晓君等．廉租住房纵览．北京：中国建筑工业出版社，2005．

［17］ 迈克·E·米勒斯等．房地产开发原理与程序．刘洪玉译．北京：中信出版社，2003．

［18］ 林坚，冯长春．美国住房政策．国外城市规划，1998（2）．

［19］ 高鸿业．西方经济学．北京：中国人民大学出版社，2001．

［20］ 张静．法团主义．北京：中国社会科学出版社，1998．

［21］ 詹姆斯·M·布坎南．公共财政．赵锡军等译．北京：中国财政经济出版社，1991．

［22］ 陈伟强，章恒全．PPP与BOT融资模式的比较研究．价值工程，2003（2）．

［23］ 潘祥武，张德贤，王琪．生态管理：传统项目管理应对挑战的新选择．管理现代化，2002（5）．

[24] 陈迅，尤建新．新公共管理对中国城市管理的现实意义．中国行政管理，2003（2）．
[25] 王灏．伦敦地铁 PPP 模式中的仲裁机制．中国投资，2005（4）．
[26] 苗天青．我国房地产业：结构、行为与绩效．北京：经济科学出版社，2004．
[27] 王旭．美国城市发展模式：从城市化到大都市区化．北京：清华大学出版社，2006．
[28] 吴庆玲．房地产产权产籍管理．北京：首都经济贸易大学出版社，2005．
[29] 奥利弗·E·威廉姆森，西德尼·G·温特．企业的性质：起源、演变与发展．姚海鑫，邢源源译．北京：商务印书馆，2007．
[30] Y·巴泽尔．产权的经济分析．费方域，段毅才译．上海：上海三联书店，上海人民出版社，1997．
[31] 德姆塞茨．关于产权的理论//R·科斯等．财产权利与制度变迁——产权学派与新制度学派译文集．上海：上海人民出版社，1994．
[32] 杨德才．新制度经济学．南京：南京大学出版社，2007．
[33] 道格拉斯·诺斯．经济史中的结构与变迁．上海：上海人民出版社，1994．
[34] 尹德洪．产权理论及其法律制度的经济学分析．北京：对外经济贸易大学出版社，2008．
[35] 谢在全．民法物权论．北京：中国政法大学出版社，1999．
[36] 王利明．物权法论．北京：中国政法大学出版社，1998．
[37] 金俭等．中国不动产物权法．北京：法律出版社，2008．
[38] 李培．中国经济适用住房政策制定的演变与区际差异．城市与区域规划研究，2009（3）．
[39] 陈淑贤等．房地产投资信托：结构、绩效与投资机会．刘洪玉等译．北京：经济科学出版社，2004．
[40] 刘颖．中国廉租住房制度创新的经济学分析．上海：上海人民出版社，2007．
[41] 高晓慧．中国住房价格机制研究．北京：中国物价出版社，2003．
[42] 郑思齐．住房需求的微观经济分析：理论与实证．北京：中国建筑工业出版社，2007．
[43] 曹振良．房地产经济学通论．北京：北京大学出版社，2003．
[44] 宋伯通．过滤条件下住房规模研究及政策分析．博士论文．上海：同济大学经济与管理学院，2000．
[45] 印坤华．关于经济适用住房政策的经济学思考与理论再探讨．财经研究，1999（11）．
[46] 张维迎．博弈论与信息经济学．上海：上海人民出版社，2002．
[47] 谢识予．经济博弈论．上海：复旦大学出版社，2002．
[48] 姚小涛，席酉民．企业与市场相结合的中间组织及其博弈分析．西安交通大

学学报（社会科学版），2001（4）.
[49] 池泽新．中介组织主导型市场农业体制探索．北京：中国农业出版社，2004.
[50] 向为民，斯威尼．住房过滤模型研究．理论与探索，2004（4）.
[51] 罗珉，王雎．中间组织理论：基于不确定性与缓冲视角．中国工业经济，2005（10）.
[52] 郭国庆．现代非营利组织研究．北京：首都师范大学出版社，2001.
[53] 吴锦良．政府改革与第三部门发展．北京：中国社会科学出版社，2001.
[54] 何增科．公民社会与第三部门．北京：社会科学文献出版社，2000.
[55] 张维迎．企业的企业家——契约理论．上海：上海三联书店，1995.
[56] 陈振明．评西方的"新公共管理"范式．中国社会科学，2000（6）.
[57] 冯锋，张瑞青．公用事业项目融资及其路径选择——基于PPP模式之比较分析．软科学，2005（3）.
[58] Albert N. Link，John T. Scott：Public/private partnerships：stimulating competition in a dynamic market，International Journal of Industrial Organization，2001（19）：763-794.
[59] B. Guy Peters. The Future of Governing：Four Emerging Models. Kansas：University Press of Kansas，1996，19.
[60] Charles H. Wurtzebach，Mike E. Miles，Susanne. Ethridge. Cannon：Modern Real Estate，John Wiley&Sons，Inc，2001：529-533.
[61] C. Hood，A Public Management for all Seasons，Public Administration，1991.
[62] Connelly，Luke B，An economic evaluation of plasma production via erythroplasmapheresis and whole blood collection，Transfusion and Apheresis Science Volume：27，Issue：2，October，2002：101-111.
[63] Daniel F. Spulber，Market Microstructure：Intermediaries and the Theory of the Firm，Beijing：China Renmin University Press，Issue：5，Part 1，October，2002：25-49.
[64] Darrin Grimsey，Mervyn K. Lewis：Evaluating the risks of public private partnerships for infrastructure projects. International Journal of Project Management，Volume：20，2002：107-108.
[65] David B. Audretsch，Albert N. Link，John T. Scott：Public/private technology partnerships：evaluating SBIR-supported research，Research Policy，Volume 31，2002：145-158.
[66] Denise. Dipasquale，William C. Wheaton：Urban Economics and Real Estate Markets，Pearson Eduacation Press，Issue：1，Part 1，October，2002：20-22.
[67] Gillbert A. Churchill，Jr.，J. Paul Peter：Marketing：Creating Value for Cus-

tomers，China Machine Press，Issue：1，Part 1，October，1998：30-50.
[68] Klaus，D& Hans，H：Economic benefits and costs of land redistribution in Zimbabwe in the early 1980s，World Development，Volume：32，Issue：10，October，2004：1697-1709.
[69] Kung，J. K：Choice of Land tenure in China：The case of a county with quasi-private property rights，Economic Development and Cultural Change，Volume：50，Issue：4，October，2002：793-818.
[70] Louis，L：Property as rhetoric：land ownership and private law in pre-soviet and post-soviet Russia，Europe-Asia Studies，Issue：6，2003：889-905.
[71] Mike Goodliffe：The new UK model for air traffic services——a public private partnership under economic regulation，Journal of Air Transport Management，Issue：8，2002：13-18.
[72] Norman Flynn，Public Sector Management，Beijing：China Childeren's Press，Issue：1，Part 1，January，2004：24-30.
[73] Vickers，J. and Yarrow，G：Privatization：An Economic Analysis，MIT Press，Issue：1，Part 1，January，1998：428.
[74] Philip Kotler：Marketing for Nonprofit Managers，Wikey sons，1984.
[75] Owen E. Hughs：Public Management and Administration：An introduction，New York：St. Marion's Press，Second Edition inc：52-53.
[76] Timothy，J：The economic consequences of regulatory taking risk on land value and development activity，Journal of Urban Economics，1997：56-77.
[77] Yao，Y：Three essays on the implications of imperfect markets in rural China，1996，University of Wisconsin-Madison.
[78] Demsetz. H. the private production of public goods. Journals of Law and Economics，1997.
[79] John F. Kain. Housing Segregation，Negro Employment，and Metropolitan Decentralization. Quarterly Journal of Economics，1968，No. 2.
[80] John F. Kain. The Spatial Mismatch Hypothesis：Three Decades Later. Housing Policy Debate，1992，No. 2.
[81] Thorstein Veblen. The Beginning of Ownership. The American Journal of Sociology，1898 (4).

尊敬的读者：

感谢您选购我社图书！建工版图书按图书销售分类在卖场上架，共设22个一级分类及43个二级分类，根据图书销售分类选购建筑类图书会节省您的大量时间。现将建工版图书销售分类及与我社联系方式介绍给您，欢迎随时与我们联系。

★建工版图书销售分类表（见下表）。

★欢迎登陆中国建筑工业出版社网站www.cabp.com.cn，本网站为您提供建工版图书信息查询，网上留言、购书服务，并邀请您加入网上读者俱乐部。

★中国建筑工业出版社总编室

电　话：010—58337016

传　真：010—68321361

★中国建筑工业出版社发行部

电　话：010—58337346

传　真：010—68325420

E-mail：hbw@cabp.com.cn

建工版图书销售分类表

一级分类名称（代码）	二级分类名称（代码）	一级分类名称（代码）	二级分类名称（代码）
建筑学（A）	建筑历史与理论（A10）	园林景观（G）	园林史与园林景观理论（G10）
	建筑设计（A20）		园林景观规划与设计（G20）
	建筑技术（A30）		环境艺术设计（G30）
	建筑表现·建筑制图（A40）		园林景观施工（G40）
	建筑艺术（A50）		园林植物与应用（G50）
建筑设备·建筑材料（F）	暖通空调（F10）	城乡建设·市政工程·环境工程（B）	城镇与乡（村）建设（B10）
	建筑给水排水（F20）		道路桥梁工程（B20）
	建筑电气与建筑智能化技术（F30）		市政给水排水工程（B30）
	建筑节能·建筑防火（F40）		市政供热、供燃气工程（B40）
	建筑材料（F50）		环境工程（B50）
城市规划·城市设计（P）	城市史与城市规划理论（P10）	建筑结构与岩土工程（S）	建筑结构（S10）
	城市规划与城市设计（P20）		岩土工程（S20）
室内设计·装饰装修（D）	室内设计与表现（D10）	建筑施工·设备安装技术（C）	施工技术（C10）
	家具与装饰（D20）		设备安装技术（C20）
	装修材料与施工（D30）		工程质量与安全（C30）
建筑工程经济与管理（M）	施工管理（M10）	房地产开发管理（E）	房地产开发与经营（E10）
	工程管理（M20）		物业管理（E20）
	工程监理（M30）	辞典·连续出版物（Z）	辞典（Z10）
	工程经济与造价（M40）		连续出版物（Z20）
艺术·设计（K）	艺术（K10）	旅游·其他（Q）	旅游（Q10）
	工业设计（K20）		其他（Q20）
	平面设计（K30）	土木建筑计算机应用系列（J）	
执业资格考试用书（R）		法律法规与标准规范单行本（T）	
高校教材（V）		法律法规与标准规范汇编/大全（U）	
高职高专教材（X）		培训教材（Y）	
中职中专教材（W）		电子出版物（H）	

注：建工版图书销售分类已标注于图书封底。